广东省哲学社会科学“十一五”规划2010年度青年项目（编号：GD10YWW01）

本书获汕头大学出版基金资助

外语输出型教学与“形式协商”

罗钱军　编著

暨南大學出版社
JINAN UNIVERSITY PRESS

中国·广州

图书在版编目（CIP）数据

外语输出型教学与“形式协商”/罗钱军编著．—广州：暨南大学出版社，2014.8

ISBN 978－7－5668－1114－1

Ⅰ.①外…　Ⅱ.①罗…　Ⅲ.①外语教学—教学研究　Ⅳ.①H09

中国版本图书馆 CIP 数据核字（2014）第 188654 号

……………………………………………………………………………………………

外语输出型教学与“形式协商”

编 著 者　罗钱军

出 版 人　徐义雄
策　　划　杜小陆　刘　晶
责任编辑　潘江曼
责任校对　杨柳婷

地　址　中国广州暨南大学
电　话　总编室（8620）85221601
　　　　营销部（8620）85225284　85228291　85228292（邮购）
传　真　（8620）85221583（办公室）　85223774（营销部）
邮　编　510630
网　址　http：//www.jnupress.com　http：//press.jnu.edu.cn
排　版　广州市天河星辰文化发展部照排中心
印　刷　佛山市浩文彩色印刷有限公司
开　本　787mm×1092mm　1/16
印　张　14.75
字　数　234 千
版　次　2014 年 8 月第 1 版
印　次　2014 年 8 月第 1 次
定　价　35.80 元

序

我与罗钱军老师相识于2009年，当年他通过汕头大学的“人才引进计划”，从杭州师范大学调入我校工作。他为人谦虚真诚，热爱教学事业，乐意在教学上投入时间，也乐意参加学生活动，因此在学生中人气极旺。更难能可贵的是，在繁忙的教学工作之余，他对科研始终抱有不渝的热情。来汕大第一年就成功申报了一项校级教改项目和一项校级文科基金项目。第二年再接再厉，成功申报了广东省哲学社会科学“十一五”规划2010年度青年项目，眼前的这本书就是该项目的研究成果之一，其探讨的问题主要涉及外语教学法。我有幸在该书出版之前，先睹为快，学到不少知识。

纵观外语教学法的发展历程，主要存在着两对“论争”，其一为“输入与输出”之争；其二为“形式与意义”之争。

先说说“输入与输出”之争。Stephen Krashen的输入假设认为感受性语言行为（如听和阅读）在语言学习过程中起主导作用，只要提供足够数量的可理解语言输入，语言技巧的提高和语法知识的获得就会随之产生。该学说于20世纪80年代被介绍到我国，当时国内的外语学习环境正处在输入匮乏的年代，输入假设似乎让我们找到了外语教学不理想的症结，语言输入便成为当时教学与研究的热点。但是随着时间的推移，该教学理念的弊端日益显现，重输入轻输出的结果是学习者的理解能力确实有了显著提高，但表达的准确度和复杂度却相对滞后，甚至出现石化现象。在人们学习语言的过程中，语言输入与语言输出都是不可或缺的，这二者在人们学习语言的不同阶段发挥着不同的作用。对于初级阶段的学习者来说，由于受语言发展水平的制约，语言习得处于以理解为基础的阶段，即在与语言材料接触的过程中，主要通过对材料的理解而习得语言。在语言习得的高级阶段，学习者已经具备较高的语言发展水平，具有了在语言运用中习得语言的能力，这时的教学可以不同于初级阶段，而由以输入教学为主转变为以输出教学为主。我国当前外语教学现状是小学、中学、大学各行其道，缺乏有机联系。小学、中学阶段的词汇和基础知识输入量明显偏低，在大学阶段又耗费时间重复输入或补充输入，从而忽略对输出技能的培养。这正是造成我国目前英语教育“费时低效”的重要原因之一。也正是在此背景下，Swain 的输出假设无疑是值得我们关注的，如何让语言输出研究突破“现象描述”的瓶颈，一方面要向理据研究纵深发展，旨在探讨其影响语言习得的长效机制；另一方面要加强应用研究，以形成真正具有可操作性的教学手段，这是需要我们扎扎实实去做的工作。

再来谈一谈外语教学中的“形式与意义”之争。语言教学研究者常常将各种教学方法归为两类：一类是“以形式为中心”的教学（Form-Focused Instruction，简称 FFI）；另一类是“以意义为中心”的教学（Meaning-Focused Instruction，简称 MFI）。FFI 通常分为传统的 Focus-on-forms（通常译为“纯形式教学”）和时下新兴的 Focus-on-form（通常译为“聚焦形式教学”）两种。“纯形式教学”是基于结构主义语言观的综合教学法，课堂活动的中心首先是语言形式而不是意义。在“纯形式教学”中，课程设计者首先对目标语言进行分析，将语言形式分解为孤立的学习对象，然后以线性的方式将其排序，形成教学大纲。教师按照教学大纲进行授课，学生按照既定的顺序系统地学习一个个语言点，并通过各种课堂练习，巩固所学的知识。也就是说，该教学方法不注重学习者在真实语境下的交流，而是关注学习者对持续呈现的语法结构的掌握与否，事实证明此方法并不有益于学习者的二语发展。

而“聚焦意义教学”（Focus-on-meaning）的支持者们则认为，只要向学习者（成人或青少年）呈现足够的可理解的二语输入，他们就能够像儿童习得母语那样习得二语。自然主义教学法（The Natural Approach）、沉浸式教学法（The Immersion Approach）等都可以归为这种取向。尽管研究者的观点和具体教学方法不尽相同，但他们大多持“不干预”（noninterventionist）的立场，不将语言本身作为学习目标，而将语言作为意义交流的媒介，提倡所有语言活动以意义的理解和表达为核心，教师只给学习者提供正面证据和大量的交际机会，避免外显的语法教学。这一模式曾非常盛行，以至让“语法教学”一度成为教师们避之唯恐不及的字眼。但这种取向也渐渐暴露出一些问题，加拿大沉浸式（immersion）项目的研究表明：学习者的语言能力在以意义为中心的沉浸式课堂中不太可能达到很高的水平。由此，启发了二语习得研究者如 Merrill Swain（1995）的观点：学习者不仅需要在交际互动中使用语言，还应当注意具体的语言形式。二语习得及教学实验研究证明：如果二语教学完全集中在经验式的语义交流上，而不注重语言形式的使用及练习，虽然可能提供大量的语言输入（language input）甚至语言互动（language interaction），但结果并不一定理想。其问题表现在学习者的语言使用有很多表达错误，其中介语发展过程拉得较长，语言发展到了一定阶段后停滞不前，语言表达能力无法提高到接近母语者的水平。越来越多的二语研究者提出，应当在以意义为中心的交际课堂中引导学习者把注意力转到语言形式中来，这样才能真正有效地提高其语言交际能力。“聚焦形式教学”（Focus-on-form）就是在这种共识下应时而生的；尽管在表述上与“纯形式教学”（Focus-on-forms）只是 form 一词后有无 s 的差别，但在内容上却大相径庭。Focus-on-form 是指语言形式和意义两者兼顾的教学方法，提倡语言教学仍以有目的的交际和语意表达为核心，但不忽视语言形式的学习；其理念是：强调二语教学应以意义和交流为核心，但当教师和学习者在理解或输出过程中遇到问题时，应暂时将注意转移到语言形式本身，这种对语言形式的关注并不妨碍语言意义的沟通，它同时能够使学习者更有效地学习语言形式，并在语言的形式与意义之间建立联系。但如何将上述理念付诸实践，形成完备的、可操作的教学模式，目前尚处于摸索阶段。

罗钱军老师的可贵之处在于，将上述两对“论争”（“输入与输出”之争和“形式与意义”之争）纳入整体性研究视野，敏锐地察觉到将这两者结合后可能产生的研究价值，进行了深入的探索和研究，提出当前高校外语教学要以“输出型课堂”为依托，以“形式协商”为核心教学策略，以保持语言形式与意义的平衡。统观全书，作者的文献查阅和整理工作扎实而细致，观点阐述有理有据并富有创见，不仅丰富了该领域的理论成果，还注重理论与实践的结合，探讨了“输出型教学”、“聚焦形式教学”和“形式协商”等核心理念在课堂中的表现和应用，因此能够为实际教学提供参考和借鉴。希望罗钱军老师学术肌理日益丰满，学理基础日益扎实，在已有的研究成果上继续探索，继续向前发展。

李　杰

2014 年 6 月 2 日于汕头大学

前　言

美国语言学家 Stephen Krashen（1981）提出的语言输入假设（The Input Hypothesis）认为，只要人们接收得到足够的输入性语言知识，同时这些输入性知识又是可理解的，人们就能习得语言。在他的假设中，输入是第一性的，输出是第二性的。这一观念在我国现行英语教学中有着普遍的认同，高校也不例外。在实际的高校英语教学中普遍存在着重输入轻输出的现象，这种以输入为教学起点和主要教学手段的教学模式，对于已具备一定的英语知识积累和英语技能的学习者，不能充分调动其英语学习资源，制约了他们英语学习积极性的发挥，不利于其形成英语实际应用能力。

语言学习的最终目的是实际的应用，如果学习者只接受语言输入而无输出，便不能保证可理解输入假设的可行性。多年来，我国高校英语教学经历了一系列基础建设和改革发展，教学条件尤其是英语语言输入途径与输入量等问题有了显著改善，但教学效果仍不理想。在此背景下，Merrill Swain（1985）提出的输出假设开始引起我国外语界的注意，已有相当一部分研究者和教师以语言输出方面的说和写为切入点，探究和深化高校英语教学改革，以促进大学生英语交际能力的提高。本书旨在顺应这一改革的潮流，探讨如何在高校输出型课堂教学中有效开展外语的形式教学。

语言运用的目标有三个方面：流利性、准确性和复杂性（Tarone & Yule，2000），其中语言的流利性与语言的意义相关，而语言的准确性和复杂性则与语言的形式相关。语言教学中若只是注重意义的表达，虽有利于提高学习者表达的流利性，但其语言的准确性势必受到影响。Peter Skehan（1999）认为，学习者在交际活动中如果过多地注意语言的意义，则会导致在实际语言运用中更多地趋向于实例和记忆系统，这样其内在的句法化压力就无法起作用，语言系统就得不到发展，所以语言教学应该创造机会使学习者注意语言的形式，促进其中介语系统的发展。众多的研究也表明，兼顾语言的形式和意义能够获得更为理想的教学效果；本书的核心理念“形式协商”即基于此目的。

本书的内容安排就是按以上的思路进行的，全书分为十四章：

第一章和第二章分别从理论上探讨了输入假设的不足和输出假设兴起的背景与核心理念。第三章从我国高校英语教学的实际情况出发，阐述了开展输出型教学的必要性。Swain（1993）认为输出假设对语言习得有三大功能，即注意功能（noticing function）、假设检验功能（hypothesis-testing function）和元语言功能（metalinguistic function）。本书的第四章至第六章对此三大功能进行了深入的探讨。第七章从假设检验功能这一角度引入“协商互动”和“纠错性反馈”等概念，并探讨了彼此间的内在联系。第八章引入交互式教学理念，着重探讨了交互中的协同机制，以及输出在促进协同中的潜在价值。第九章从语言学习中过度使用交际策略带来的负面影响出发，引入“形式教学是否必要”这一论题，指出在语言教学中保持形式与意义之间平衡的重要性。大量的教学实践表明，教师给学习者提供大量的可理解输入和交际机会后，虽然学习者的理解能力和表达的流利度接近母语使用者，但其语言表达的准确度和复杂度却不尽如人意，甚至出现中介语石化现象。因此，第十章从中介语发展的角度探讨语言形式控制的必要性，重新审视形式教学在语言学习中的地位与作用。没有一种教学法能全然摒弃形式教学，但在具体的教学中，究竟应以形式为重还是意义为重始终是困扰语言工作者的一个难题。第十一章对形式教学在各大外语教学法中的地位进行了大致的梳理，认为总的发展趋势是从“纯形式教学”（Focus-on-forms）走向“聚焦形式教学”（Focus-on-form）。第十二章对“纯形式教学”、“聚焦意义教学”（Focus-on-meaning）和“聚焦形式教学”三者的概念内涵做了分析，列述了各自的特征，重点阐述了聚焦形式教学的教学理论基础和教学策略。任务型教学在创造接近真实自然的语言学习环境、提供交流互动和协商机会、促进学生积极的认知参与、培养用语言做事和解决问题的能力等方面的潜能和价值备受关注，因此第十三章从任务型教学的角度审视聚焦形式教学。第十四章探讨

“形式协商”的认知理据和策略优势，认为输出型教学是“形式协商”得以有效开展的教学环境，而“形式协商”作为一种教学干预手段，并不会阻断学习者本身的语言学习加工过程，它在保持课堂互动的前提下，能兼顾语言的形式与意义，加快陈述性知识向程序性知识的转化，因而具有极大的策略优势。

受限于时间和篇幅，本书侧重于理论层面的探讨，一些教学构想的可操作性和有效性尚有待实践的检验。由于作者学识尚浅，撰写中一定存在疏漏和不妥之处，敬请各位专家、学界前辈和教学同仁批评指正。

罗钱军

2013 年 10 月于汕头大学桑浦山麓

目　录

第一章　语言输入假设之不足

在应用层面上，外语学习通常被归结为听、说、读、写四种语言技能的学习。“说和写是主动的行为，因此是语言产出技能；而听和读是被动的，所以是语言接受技能”（Widdowson，1999）。20 世纪下半叶，语言的输入和输出在外语教学中的作用是国内外研究者们经常探讨的问题。许多研究认为，如果一个学习者有较强的语言接受能力，他的语言产出技能就会同时得到较好的发展。美国南加州大学教授、著名语言学家 Stephen Krashen（1981）提出了语言输入假设（The Input Hypothesis），认为只要人们收到足够的输入性语言知识，同时这些输入性知识又是可理解的，人们就能习得语言。在他的假设中，输入是第一性的，输出是第二性的。这一观念在我国英语教学中得到普遍的认同，高校也不例外，在实际的高校英语教学中依然普遍存在着重输入轻输出的现象。结果往往是投入多、产出少，即英语教学费时多，效率低；学生学习英语的时间长，会用英语者少。长期以来，这已成为困扰我国高校英语教学的一个难题，中国的大学生虽已学了好多年英语，但开口说英语、动手写英语文章的能力却远远不能适应实际形势的需要。有鉴于此，我们有必要对 Krashen 的语言输入假设做一回顾，以期发现其存在的不足之处。

一、Krashen 语言输入假设述要

（一）产生背景

西方语言学界从 20 世纪 60 年代开始专门探讨母语以外的语言的学习。到 20 世纪 70 年代时，研究者逐渐把视野从语言学转向心理学，以探索外语学习过程的心理规律作为建立有效的外语教学体系的突破口。由此兴起了“第二语言习得”这一研究领域，并对外语教学实践产生了很大的影响。美国

南加州大学语言系教授 Stephen Krashen（1981）提出了一套完整的第二语言习得模式，即可理解的输入假设（The Comprehensible Input Hypothesis），全面解释了第二语言的习得过程。Krashen 的第二语言习得理论实质上是对之前二三十年以来第二语言或外语学习研究的总结，并把各种研究成果加以理论化、系统化，从而形成了自己的体系。

（二）要义概述

Krashen 的二语习得理论包括五个假设：习得—学得假设（The Acquisition-Learning Hypothesis）、监控假设（The Monitor Hypothesis）、输入假设（The Input Hypothesis）、情感过滤假设（The Affective Filter Hypothesis）和自然顺序假设（The Natural Order Hypothesis）。在这五个假设中，输入假设可以说是其中最重要的一个。Krashen 的输入假设认为：语言习得是通过接收大量可理解输入而产生的，即学习者首先接触大量易懂的实际语言，通过上下文和情景去理解其意思。这样，寓于交际语言中的句子结构就自然学会了。Krashen 认为感受性语言行为（如听和阅读）在语言学习过程中起主导作用，只要提供足够数量的可理解语言输入，其他语言能力包括语言技巧的提高和语法知识的获得就会随之产生。

输入假设是 Krashen 第二语言习得理论的核心部分。这一假设表明了 Krashen 对第二语言习得者是如何接受并吸收语言材料这一过程的实质的认识。以前的外语教学由于受结构主义语言学的影响，大力提倡先学句子结构（即句型），然后再将这些学得的句型在交际中加以练习。他们认为只有这样才有可能培养学生流畅地说外语的能力。而 Krashen 认为，只有当习得者接触到“可理解输入”（comprehensive input），即略高于他现有语言技能水平的第二语言输入，而他又能把注意力集中于对意义或信息的理解而不是对形式的理解时，才能产生习得。如果习得者现有水平为“i”，能促进他习得的就是“i+1”的输入。根据 Krashen 的观点，这种“i+1”的输入并不需要人们刻意去提供，只要习得者能理解输入而且又有足够的量时，就自动地提供了这种输入。按照输入假设，说话的流利程度是随时间的流逝自然而然地达到的，不能直接教会。

（三）理想的输入

Krashen（1981）认为，理想的输入应具备以下几个特点：

（1）可理解性（comprehensibility）。理解输入语言的编码信息是语言习得的必要条件，不可理解的（incomprehensible）输入只是一种噪音。

（2）既有趣又有关联（interesting and relevant）。要使语言输入对语言的习得有利，就必须对它的意义进行加工，输入的语言材料越有趣、越有关联，学习者就越能在不知不觉中习得语言。

（3）非按语法序列安排（ungrammatically sequenced）。语言习得关键是足量的可理解的输入。如果目的是“习得”而不是“学习”，那么按语法序列安排的教学不仅不必要而且不足取。

（4）要有足够的输入量。要习得一个新的语言结构，单靠几道练习、几篇短文远远不够，它需要连续多个小时的有内容、有乐趣的广泛阅读和许多的会话才能发挥作用。

（四）可理解输入

“可理解输入”理论是由 Krashen（1981）首先提出的。该理论的基本公式是“i+1”。“i”代表习得者现有的语言知识，“1”代表略高于习得者现有语言知识的部分。该理论认为：决定习得者是否能从一个等级向更高一个等级迈进的必要条件是输入的内容要为习得者所理解，但又不能完全是习得者已有的知识。这是因为，如果输入的内容全部为习得者已有的知识，习得就不能发展。相反，如果输入的内容完全不为习得者所理解，习得也不可能发生。所以“可理解输入”必须包含超过习得者已有知识的部分。

根据 Krashen 的观点，“可理解输入”理论有四个方面的含义：

（1）“可理解输入”理论与习得（而不是学习）有关。学习是有意识地获取知识、了解规则的过程，而语言习得是一个下意识的过程。习得者并没有真正意识到他在习得语言，只知道他在用这种语言交流。习得的结果也是无意识的。一般习得者对所习得的语言规则没有明确的意识，只有一个“对”或“错”的感觉。语法正确的句子他就感觉“对”，错误的句子他也能感觉到“错”，即使并不知道错在哪里。习得是一种隐性的、非正式的和自然的学习。Krashen 认为，有效地获得语言的方式是习得而不是学得。

（2）习得是通过理解超出学习者已有语言知识的部分而完成的。Krashen（1981）认为：超出部分的新知识是可以被习得者理解的，因为人类理解语言，不仅仅借助已有的语言知识，还要依靠上下文、背景知识以及非语言信息，如表情、眼神、手势、体语等。

（3）当交际成功、输入得以理解时，也自然就有了“可理解输入”。Krashen 认为最理想的输入并非是刻意地设计和追求“i + 1”，而是大致地去遵循这一原则。他用 Herbert Clark（1977）对儿童母语习得研究的结果解释了这一观点。他认为这一观点与保姆或家长在抚育儿童时的语言运用情况相近。Clark（1977）指出，保姆用一种经过修饰而简化了的语言对儿童讲话以便被理解，她没有刻意设计采用什么样的难易程度的语言去和孩子讲话，而是大致接近孩子现有的语言水平。换句话说，她的语言并非正好符合孩子现有的语言水平，而是在孩子不断进步的过程中试图用更复杂的语言去与孩子沟通。如果通过这种自然的交流能够提供“i + 1”的话，那么保姆就没有必要刻意设计考虑语法结构等内容。第二语言习得和母语习得具有共同性。Krashen 所谓的不刻意追求“i + 1”是指不主张按照教学大纲把一项项的语法内容作为“1”的输入内容。

（4）习得者输出（产出）的能力是逐步自然产生的，而不是被直接教出来的。Krashen（1981）认为，口语表达的流畅性不是直接教出来的，而是经过一段时间以后自己显现出来的。支持这一理论的论据是儿童母语习得的研究实验。儿童在会说话前都有一段“安静期”（silent period）。二语习得与母语习得有相似性，人们是先通过听和理解周围人的话来构建语言知识的。因此，说的能力是于建立在听和理解基础上的语音能力获得之后自然显现出来的。他认为最好的口语教法是先提供大量的“可理解输入”。否则，在习得者没有接受足够的输入的情况下就让他输出，势必会导致他求助于母语语法规则，从而产生一种中介语。

二、基于输入假设的课堂教学模式——自然法

（一）产生背景

基于输入假设教学模式的典型代表就是“自然法”（The Natural Approach）。1977 年加利福尼亚大学的西班牙语教师 Tracy Terrell 提出语言教学中的自然法。Terrell 同 Krashen 进行了一系列的合作，力图用 Krashen 颇具影响的第二语言习得理论给自然法提供详尽的理论依据。1983 年，他们两人合作出版了《自然教学法：教室里的语言习得》一书，向人们阐述了自然法的原理及实践，由于 Krashen 第二语言习得理论的影响力，此书获得了广泛的关注。

“自然”（natural）一词表明：这一教学法的基本教学原则是与儿童自然习得语言的学习原则相一致的。这一新的语言教学理念试图提出新的教学建议，把儿童习得语言的“自然”方法应用到第二语言习得的研究中。自然法强调语言理解的核心作用，并认为：

（1）在语言学习过程中理解能力先于表达能力。

（2）理解能力的教授应先于口头表达能力的教授。

（3）通过听力获得的能力可转化成其他能力。

（4）教学应注重意义而不是形式。

（5）教学应尽量减少学习者的压力。

（二）理论基础

Krashen 和 Terrell（1983）认为交际是语言的首要功能，由于自然法注重对学生交际能力的培养，因此自然法同交际法是相一致的。Krashen 和 Terrell 声称，自然法同当时正在使用的其他交际法是相类似的。他们放弃了早期的语言教学法，如视听法、听说法，它们把语法结构看作语言的核心组成部分。Krashen 和 Terrell 在自然法中强调了语言意义的首要性。他们强调词汇的重要性，认为语言的基础是词汇；语法仅具有次要的功能，它只是确定如何用词

汇来表达意思。Krashen 和 Terrell（1983）认为语言是交流意义的工具，认为只有当学习者理解了目的语的信息时，才会出现语言习得。尽管如此，他们还是把语言学习看作是逐步掌握语言结构的过程。Krashen 把这一过程用“i+1”来表示，意思是语言输入中的结构内容要稍微高出学生当时的水平。意义在自然法中起着首要的作用，而词汇在语言的理解和表达上起到了关键作用。在建构和理解信息的过程中，蕴含信息的词汇必然是按照语法规则组织起来的，信息越复杂，其语法结构也就越复杂。Krashen 和 Terrell（1983）认为语法结构不必明确地解释，教师、学习者没必要注意语法，教学材料也没必要体现语法。他们认为，如果我们组织讨论，就要有语言输入；在为达到交际目的而展开的各种话题的讨论中，语法结构会自动地出现在语言材料之中。

Krashen 第二语言学习理论的中心是监察模式（Monitor Model），它是在 20 世纪 70 年代晚期出版的一系列文章和著作的基础上逐渐发展形成的，力图为第二语言习得提供普遍的原则或“总的理论”，对语言教学具有重要的指导意义。该模式包括五个假设，具体如下：

1. 习得—学得假设

Krashen 强调，第二语言学习者具备两种不同并且独立的方法用来提高第二语言的能力。其一是习得，其二是学得。在一个自然的交际情境中会话双方进行有意义的相互交流，习得就会产生，此时交谈者所注重的不是语言形式而是意义。与习得形成对照的是语言学习，在语言学习的环境中，学生力求不犯错误，教师一旦发现学生的错误就立即加以改正。在课堂教学的环境中，语法规则和反馈是语言教学的基础。Krashen 认为习得语言要比学习语言成功率更高，持久力更强。根据这一理论，语言学习不可能产生语言习得。

2. 监察假设

按照 Krashen 的观点，学得和习得在第二语言运用中的具体表现方式是不一样的。监察假设表明学得仅具有一种功能，就是自我监测的功能。它利用清楚的语法知识来确定要表达语言的形式。自我监测器（用这种隐喻来指语法规则的知识）在第二语言学习过程中所起的作用是次要的。而习得则使说话者产生语言表达并决定其流利程度。因此自我监测器在真实的书面和口语表达之前或之后修正语言的表达，但最初的话语表达则完全是通过习得体系形成的。Krashen 认为，有意识掌握的语法规则并不能有助于习得过程，它只不过能使学习者对语言交际中的习得内容加以“修饰”而已。语言教学的重点不是学习语法规则，而是进行语言交际。

3. 自然顺序假设

自然顺序假设认为，习得语言规则的顺序是可以预测的，有些规则出现得早，有些规则出现得晚。这一顺序的出现并不仅仅由形式上的简单或复杂来确定，而且习得语言规则的顺序也并不依赖语言课堂上讲授规则的顺序。换句话来讲，无论先教哪些规则，后教哪些规则，学习者总是以一定的顺序习得语言规则的。此外，无论在课堂上还是在自然环境中学习语言，语言规则的习得顺序都是同样的。例如，学习者习得“一般现在时”总是先于“一般过去时”，掌握名词复数形式的“-s”总是先于名词所有格“'s”，等等。

4. 输入假设

此部分内容上文已有相关论述，此处不再赘述。

5. 情感过滤假设

Krashen 认为可理解的输入是成功习得的必要条件，但不是充分条件，情感因素在第二语言习得中同样起作用。Krashen 划分了三个情感变量：①动机：有强烈动机的学习者通常更有可能习得成功；②自信：自信心强和自我感觉好的学习者更容易成功；③焦虑：个人焦虑感的减轻有助于第二语言习得。

Krashen 认为学习者的情绪或态度如同一个可调节的过滤器，学习者需要有一个低情感过滤器（即心理障碍小），因为它允许更多必要的语言输入顺利通过。如果学习者的心理障碍小，具有强烈的学习动机和自信心，积极乐观，较少受焦虑困扰，他们就会主动寻求并接受更多的语言输入。如果学习者有一个高情感过滤器（即心理障碍大），那么可理解的语言输入就不能被大脑充分吸收，从而阻碍语言习得。在 Krashen 看来，第二语言习得中的个体差异最主要的根源就是情感因素。

（三）主要原则和特征

自然法认为语言输入是任何一种语言教学大纲中最重要的部分。当语言是用于传播信息，而不是为了有意识的学习而被教授的时候，才最有利于语言的习得。自然法认为语言习得中说的作用并不重要。人们习得语言是通过他们听到、读到和理解到的语言内容，而不是通过说。输入假设称口语教学的最佳途径是集中精力听或读。在此基础上流利的口语表达就会自动形成。在自然法的课堂上，大部分时间用来开展有助于语言习得的活动：为了让学生按照自然顺序习得语言，教师允许学生犯错误，不过分强调纠正错误，但教师会鼓励学生使用适当和最令人满意的语言规则进行自我监测。教师不要求学生在课堂上的口头交际活动中有意识地使用语言规则。教师会尽力减少学生的心理障碍，例如，不期望学生过早进行语言表达，这意味着在学生准备好用目标语会话前，教师不会强迫学生产出言语。这样，是否运用以及何时运用目标语讲话的决定权落到了学生手中，而教师只会激励学生尽力讲话，只有当学生有了充分的准备时，教师才让他们说目标语。如果学生说话时犯了语法形式上的错误，教师不必直接去纠正。以上这些做法会在很大程度上减轻学生的心理障碍。

自然法有如下特征：

（1）课堂时间应主要提供有助于习得的语言输入。

（2）教师在课堂上只能讲目标语，学生则可以使用母语或目标语。如果他们选择用目标语来回答问题，除非影响到意义的理解和表达才会被纠正。

（3）家庭作业包括正式的语法练习，此时教师可对学生所犯错误进行纠正。

（4）语言活动可以包括某些语法结构的运用，但目的是使学生发表意见，完成布置的任务和解决问题。

自然法是把语言习得者看成可理解输入的处理器，习得者会面临这些输入所带来的挑战，因为这些输入会略微超出他目前的语言水平，但习得者可以通过积极地运用语境和超语言信息来获得对意义的理解，同时习得者可以决定什么时候说、说什么和在说的过程中运用哪些语言表达方式。在语言能力发展的不同阶段，习得者的角色也相应地发生变化。习得者应同其他学习者共同参加交际活动，参加有意义的交际活动越多，他们接受的语言输入就越多，从而语言习得也就越多。（韩新民，2003）

三、对输入假设理论的质疑

Krashen 的输入假设问世后，学术界对其准确性和实用性一直争论不休，它的某些不足和片面性也逐渐显现出来。批评意见归纳起来主要有以下三大类。

（一）对一些基本定义的质疑

首先，心理学家 Barry McLaughlin（1983，1987）对 Krashen 关于潜意识习得过程和自觉学习过程的模糊区分提出了尖锐的批评，他认为应在外语习得理论中避免使用“自觉”、“潜意识”这些术语，因为这些术语含有过多的意义，在经验上很难下定义，所以在理论上没有什么作用。

其次，对 Krashen 观点的批评更多地源于他声称习得和学得之间无接口。实际上，在人类行为中，这种所谓的区分一直被定义为一个连续体的两端，它们不应是两个相互排斥的范畴。Gregg（1984）指出：“Krashen 的定义草率而不严谨，如果潜意识的知识可以变成有意识，而有意识的知识又可以变成潜意识，那么在没有证据的情况下，没有任何理由接受 Krashen 的观点。”很显然，外语学习是一个过程，其中学得和习得并存，因学习者自己不同的风格和策略起着不同程度的作用。Long（1988）、Ellis（1990）、Doughty（1991）等人在一些试验研究中都证明了，对有意识规则学习的指导确实能够帮助获得成功的外语交际能力。

再次，Krashen 对“可理解输入”的定义并不明确。从某种程度上讲这是一个循环论证：任何促成习得的输入一定是可理解的，因此“可理解输入”就是任何可促成习得的输入。王荣英（2008：20）认为，Krashen“可理解输入”中的“i+1”模式的定义模糊，在实际语言教学中很难实现。学习者各自的学习情况不同，老师不能准确测知学生知道什么或不知道什么，只能猜测学生现有的“i”水平，无法确定“i+1”的内容和难度，无法把握语言输入到何种程度才属于“i+1”水平，而不是“i+0、i+2、i+3”等水平。

（二）对输入假设不能解释某些二语习得现象的质疑

对于二语习得中的一些常见现象，输入假设很难提供合理的解释。

第一，这一假设不能准确地解释为何同一组学习者在接受同样的“可理解输入”的情况下，他们的语言习得却不一样。这一假设也不能解释新输入的信息内容又是如何同学习者已有的知识相结合而演变成新知识的。

第二，此假设强调新的输入必须是“可理解”的，而忽视了在很多情况下人们语言习得也可以在接受不理解输入时产生。行之有效的方法就是合理地猜测，人们努力利用猜测去理解新的信息内容，此方法在儿童学习语言和口头交际时更为常见。而且多数情况下，“可理解”与“不理解”很难做明确的区分，某些原本“不理解”的言语信息随着语境的推移变化会逐渐变得“可理解”，其动态性应纳入考虑的范围。

（三）对忽视输出的质疑

Krashen 的输入假设一味强调可理解的语言输入在语言习得中的关键作用，而否认输出对习得具有直接影响。Krashen 认为“可以理解输入是外语习得中唯一的因果变量”。换句话说，外语学习的成功只能取决于输入。首先，这一提法几乎没有考虑学习者以及他们追求语言能力时的积极努力。其次，输入假设过分强调输入，忽视和排除输出，不利于学习者交际能力的培养。在 Krashen 看来，感知语言行为（如听和读）在语言习得中占主要地位，而其他的语言能力（如口语能力）的发展和语法知识的获得会在大量的、各种各样的输入中自然形成。这种观点未免有失偏颇，因为它直接导致了这样一个后果，即学生的口头参与和笔头作业（学生的语言输出）不一定是教学设计中必不可少的环节。最后，语言习得过程应该是一个语言输入与语言输出的双向过程，而且输入是手段，输出才是目的。实际上，在输出过程中，学习者可以得到他们所需要的各种语言习得的反馈。就这层意义而言，输出对语言习得具有积极的正面作用，而且是对输入的一种必要补充。

对于学习者的输出是否有利于他们语言习得的获得，许多语言研究者有着不同的看法。Terrell（1986）认为，学习者，尤其是初学者，在听目的语的同时，口头输出是不容忽视的。他具体说明了这种输出的益处：①通过与人对话，学习者能促使交谈对象不断产出他们所需的输入信息，从而使习得产生；②在试图与一位更流利的目标语使用者保持交际的同时，学习者能不断地向对方提供信息以便使对方调节合适的输入内容，从而使学习者接受和理解；③会话能使学习者检测他们对目的语的种种假设并获得对他们尝试的反馈；④与以目的语为母语的使用者或目的语流利使用者交流，能使学习者比较自己与对方的输出，从而帮助学习者对自己的语言交际能力做出比较现实的评判。而 Terrell 观点中的第三点，即假设检验原则一直是人们普遍认为的语言习得的关键。Terrell 的观点肯定了输出在语言习得中的作用。

Swain 则针对 Krashen 的“输入假设”提出了她的“输出假设”。Swain（1985）认为，尽管理解输入对二语学习很重要，但并不能保证学习者在语法准确性方面达到近似本族语者的水平。学习者只有通过使用所学语言才能达到这一点。Swain（1985）在对加拿大的法语沉浸式教学进行调查时发现，课堂上教师讲多听少，学生听多讲少，大部分时间都用于做笔记。许多以英语为母语的学习者接受了多年的以法语为教学语言的教学后，他们的法语理解水平有了极大的提高（接近法语母语者），但他们的口头和书面表达水平仍停留在中介语的水平上。这是因为“心理学研究表明，句子有两类表征，即逐字逐句表征（表层形式）和命题表征（即意义）。人们在听完句子后保存在记忆中的主要是意义而不是表层形式即语言形式”。（朱纯，1994：204）

四、结　语

在 Krashen 的二语习得理论的五个假说中，输入假设可以说是其中最重要的一个。Krashen 的输入假设认为：语言习得是通过接收大量可理解输入而产生的，即学习者首先接触大量易懂的实际语言，通过上下文和情景去理解其意思。这样，寓于交际语言中的句子结构就自然学会了。Krashen 认为感受性语言行为（如听和阅读）在语言学习过程中起主导作用，只要提供足够数量的可理解语言输入，语言技巧的提高和语法知识的获得就会随之产生。

对于输入假设的批评意见，上文已有陈述。此外，笔者认为，上述观点还涉及的一个误解是有关语言知识与能力之间的关系问题。我们知道，知识可分“陈述性知识”（declarative knowledge）和“程序性知识”（procedural knowledge）两种。陈述性知识是关于“是什么”的知识（knowing what），而程序性知识是有关“如何做”的知识（knowing how）。学习者通过“可理解输入”获得的知识仅仅是陈述性知识。语言使用还需要一定的程序性知识，而这种程序性知识需要通过具体而真实的交际活动才能获得。

语言学习的最终目的是实际的应用，如果学习者只接受语言输入而无输出，便不能保证“可理解输入假设”的可行性。许多人也提出外语课堂教学的重点应从以听和读（接受技能）的训练为主转向以说和写（产出技能）的培养为主。多年来，我国高校英语教学经历了一系列基础建设和改革发展，教学条件尤其是英语语言输入途径与输入量等问题有了显著改善，但教学效果仍不理想。在此背景下，Swain 的输出假设开始引起我国外语教师和研究者们的注意。这是形势使然，国内研究者也纷纷从语言输出方面的说和写为切入点，探究和深化高校英语教学改革，以促进大学生英语交际能力的提高。

参考文献

[1] Clark, Herbert H., Clark, Eve V. *Psychology and Language: An Introduction to Psycholinguistics*[M]. California: Harcourt Brace Jovanovich, Inc., 1977.

[2] Doughty, C., Williams, J. Second language instruction does make a difference: Evidence from an empirical study of SL relativization[J]. *Studies in Second Language Acquisition*, 1998, 13(4): 431 – 469.

[3] Ellis, R. *Instructed Second Language Acquisition*[M]. Oxford: Blackwell, 1990.

[4] Gregg, K. Krashen's monitor and Occam's razor[J]. *Applied Linguistics*, 1984(5).

[5] Krashen, S. D. *Second Language Acquisition and Second Language Learning*[M]. Oxford: Pergamon Press, 1981: 67 – 80.

[6] Long, M. H. Instructed Interlanguage Development[A]//Beebe, L. M. *Research in Second Language Acquisition* [C]. New York: Newbury House Publishers, 1988.

[7] McLaughlin, B., Rossman, T., McLeod, B. Second language learning: All informa-

tion-processing perspective[J]. *Language Learning*,1983(33):135 - 157.

[8] McLaughlin, B. *Theories of Second Language Learning*[M]. New York: Edward Arnold,1987:133 - 143.

[9] Swain, M. Communicative competence: Some roles of comprehensible input and comprehensible output in its development[A]//Gass, S. M., Madden, C. G. *Input in Second Language Acquisition* [C]. Rowley, Massachusetts: Newbury House Publishers,1985:235 - 253.

[10] Terrell, T. , Krashen, S. *Natural Approach*: *Language in the Classroom* [M]. Oxford: Alemany Press,1983.

[11] Terrell, T. D. Acquisition in the national approach[J]. *Modern Language Journal*,1986.

[12] Widdowson, H. G. *Teaching Language as Communication*[M]. Oxford: Oxford University Press,1999:57 - 58.

[13] 韩新民. 高等教育自学考试指定教材同步配套题解：外语教学法（第2版）[M]. 北京：光明日报出版社，2003.

[14] 李春侠. 高等教育自学考试同步辅导/同步训练：外语教学法 [M]. 北京：中国社会科学出版社，2001.

[15] 王荣英. 大学英语输出教学论 [M]. 上海：上海交通大学出版社，2008.

[16] 朱纯. 外语教学心理学 [M]. 上海：上海外语教育出版社，1994.

第二章　语言输出假设之兴起

综观国内外研究情况，过去人们对外语学习的听、说、读、写四种语言技能的研究比较注重语言接受技能对语言输出技能的影响，认为接受技能的培养有利于输出技能的提高，语言习得的过程要通过加大输入来使语言顺利输出。但是随着外语教学的发展和研究的深入，人们越来越注重输出技能的培养，探讨如何以输出性的语言手段调动学习者的主动性和积极性，力求通过有效的语言输出，形成实际的外语综合应用能力。

一、语言输出假设的产生背景

Stephen Krashen 于 1981 年提出了语言输入假设，认为只要人们收到足够的输入性语言知识，同时这些输入性知识又是可理解的，人们就能习得语言。在 Krashen（1981）看来，感知语言行为（如听和阅读）在语言习得中占了主要地位，而其他的语言能力（如口语能力的发展和语法知识的获得）会在大量的、各种各样的输入中自然形成。在他的假设中，输入是第一性的，输出是第二性的；输出的作用被认为只是强化已有的知识（这种传统观念在以句型操练为主的教学方法中可见一斑），或者仅仅帮助学习者获取更丰富的输入资源，在习得中不具备什么作用。

而事实上，多项研究表明，仅靠“可理解输入”不足以使二语学习者达到高水平（Izumi et al. 1999；Swain & Lapkin，1995）。在 Swain 于 1985 年提出“可理解输出”（comprehensible output）概念之前，输出在语言学习中的作用没有引起研究者足够的重视。

从 20 世纪 70 年代开始，加拿大对部分说英语的学生进行法语沉浸式教学（Immersion Program）。法语作为学校的教学语言，其目的是既要使学生掌握所学科目的知识，又要达到较高的法语水平。在这种教学环境中，学生得到的可理解输入是十分丰富的。那么，学生的语言输出能力如何呢？为调查教学效果，Swain 等人（1985）进行了一项大规模的双语能力发展过程研究，比较六年级沉浸班学生和六年级母语为法语的学生的语言能力。结果显示，沉浸班学生的听力和阅读能力与母语为法语的孩子不相上下，但他们的语言输出能力（即说写能力）却逊色多了。即使是高年级的学生，他们的词汇、语法和话语方式与地道的法语仍然有一定的距离，尤其在语法准确性方面表现出极大的弱势。究其原因，Swain 发现，沉浸班的学生虽然在课堂上用法语交流，但法语输出长度非常有限，几乎半数的话语长度仅为 1 ~ 2 个单词或一个短语，很少超过一个单句，并且发现他们在语言能力有限的情况下，借助各种交流手段，设法让教师和同学理解自己，而不求进一步提高自己的语言表达能力。Swain 认为，这一现象一是因为学生缺乏来自课堂或者社会那种迫使他们充分利用现有语言资源的压力，而仅仅停留在简单的理解和被理解的程度上，以致不能最大限度地运用他们的语言资源和充分发挥语言能力，提高语言输出的可理解性和准确性；二是因为教师对学生所犯语误的反馈多属随意、偶然，不能引起学生充分的重视。

二、输出假设的基本思想和二语学习模式

基于上述观察，Swain（1985）提出了“可理解输出假设”（The Comprehensible Output Hypothesis）理论，指出仅仅依靠“可理解输入”还不能使二语学习者准确而流利地使用语言；成功的二语学习者既需要接触大量的“可理解输入”，又需要产出“可理解输出”。

（一）基本思想

输出在二语学习中具有重要的作用，除了能提高学习者二语的流利程度外，输出还能提高学习者二语的准确性，使用目的语表达可以促使学习者注意自己语言表达的方式，以便能成功地传达想要传达的意思。Swain（1985）认为，要真正掌握一门外语，学习者必须被赋予正确运用语言的机会，通过写和说这两种输出性的语言运用手段，给予学习者压力，迫使学习者运用所

学的知识，充分调动学习者学习语言和运用语言的积极性，从而使学习者在写和说的过程中，实现可理解输出，达到知识内化的目的。“可理解输出假设”明确地阐明了二语学习者的“强制输出”（pushed output）有助于促进他们准确而流利地使用语言。

语言的输入和输出涉及不同的认知过程。在输入时，学习者的重点放在对意义的理解上；但输出的过程却要复杂得多，输出能迫使学习者注意语言形式，特别是当交际受阻时，双方必须通过协调意义来传递信息。输出中的意义协调，意味着说话者不得不使用准确、恰当、连贯的语言完整地表达自己的意愿。Swain（1995）在对输出假设的解释中指出：“输出能激发学习者从以语义为基础的认知处理转向以句法为基础的认知处理。前者是开放式的、策略的、非规定性的，在理解中普遍存在；后者在语言的准确表达乃至最终的习得中十分重要。因此，输出在句法和词法的习得中具有潜在的重要作用。”

（二）学习模式

Swain 和 Lapkin（1995）根据大量的实验结果，建立了如下图所示的语言输出与二语学习模式图。

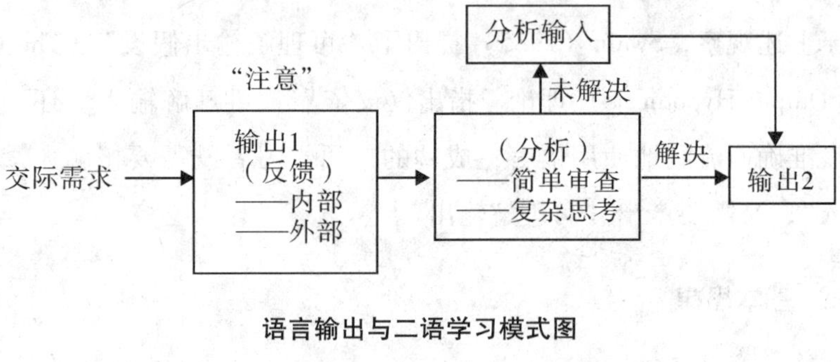

语言输出与二语学习模式图

上图显示，一旦说话者用目的语进行交流，即为输出 1。这时的输出可能在语法结构、措辞等方面还不够准确、恰当。但是，如果来自内部或外部的反馈引起说话者的注意，他就会分析所用的语言形式（包括简单审查和复杂思考）。所得的分析结果有二：一是找到了可行的方案，这时说话者产出的语言可能具有相对的完整性，此为输出 2（可代表说话者的中介语最高水平）；二是没有找到可行的方案，即说话者在其中介语中没有找到相应的语言形式来完成交际，在以后的学习中，他将会特别注意类似的语言输入，补充和完善自己的中介语系统。从该模式中，Swain 分离出了两种意义不同的习得：一是内化新的语言形式；二是加强已内化语言形式的自动性。

三、输出假设的主要功能

Swain（1993）认为输出假设对语言习得有三大功能，即注意功能（noticing function）、假设检验功能（hypothesis-testing function）和元语言功能（metalinguistic function）。

（一）注意功能

注意功能指目的语的输出过程能引起学习者对自己语言问题的注意，发现其语言知识与语言运用之间的差异性，即自己想表达的语义与能够表达的语义之间的差距，这种差距促使他们意识到自己所不知道的目标语知识。换句话说，在某些情况下，使用目标语会促使学习者意识到自身的语言问题，进而把注意力转向他们所需要学习的二语知识方面（Swain，1995），从而激发学习的主动性，努力去面对这些问题，增强语言能力，缩小差异，提高语言输出的准确性，以期达到正确的输出。这个过程诱发或刺激二语习得的认知过程，促使学习者获取新的语言知识并巩固已有的知识。

在语言输出假设的三个功能中，注意功能尤其重要。学习者在输出的过程中，注意到了自己语言体系中的问题，触发了他们对语言形式的关注和分析，而对语言形式进行有意识的关注构成了整个假设的关键性环节。可以说，没有对语言形式进行有意识的关注，学习者就不可能对自己的语言进行分析，也就不能产出修正后的输出，也就不能提高语言产出的准确性，进而就不能对语言知识的内化过程有所促进。因此，如果说输出可以促进二语习得，就是依赖它的注意功能。（王荣英，2008a：27）

（二）假设检验功能

二语习得被认为是一个对目的语不断做出假设，并对此假设不断进行修正的过程，所以假设检验这一环节在二语习得过程中占据着重要的地位，同时也可知语言学习中反馈是必需的，否则学习者无从检验假设。学习者笔头或口头的表达形式表明他们对如何使用目的语持有某种假设，而输出正是一种对目的语潜在假设进行检验的手段。学习者扩展他们的中介语以达到目的语交际需求时，就是形成新的假设并通过“输出”尝试新的语言结构形式，并使用从对话者那里获取的反馈来检验哪些假设是可行的，哪些假设是不行的；在修改与调整中，学习者的语言判断能力和解决问题的能力得到提高。倘若学习者不去检验这些假设，他们的输出就不会随反馈而改变。

（三）元语言功能

所谓元语言，是指学习者所具有的“关于语言”的知识总和，即他们通过反思和分析语言所得到的关于语言的形式、结构及语言系统其他方面知识。Swain（1995：126）强调：“当学习者反思他们自己的目标语用法时，输出即起着元语言功能。输出能使他们控制和内化语言知识。”换句话说，输出可以使学习者更多地参与句法认知处理，而不是仅仅参与理解所需的语义认知处理。Sharwood Smith（1986）发现，理解所需要的处理过程与输出乃至最终的习得所需要的处理过程是不同的，这种句法处理可以导致修改过的或再处理过的输出的产生，使学习者朝着习得又迈进了一步。Donato（1994），La Pierre（1994）和 Swain（1995）对输出的元语言功能进行了研究，结果显示语言表达及用语言反思对语言习得过程有着积极作用。学习者通过协商来获得意义。学习者把语言形式与他们试图表达的意义连接起来，用语言来表达意义，然后用语言来反思语言形式，因此输出能促使学习者从以语义为基础的处理转向以句法为基础的处理。

卢仁顺（2002）认为，上述语言输出假设的三个功能都与语言表达的准确性有关，在他看来，输出还具有第四个功能——使目标语表达自动化，即语言输出能提高表达的流利度。他认为，人的大脑是一个处理能力有限的系统，某些认知过程需要大量的时间和大量的工作记忆容量，而另一些认知过程是常规的、自动化的，只需要较少的时间和容量；当某种输入与某种输出形式之间有着一致的、规律的连接时，这种过程即成为自动化。

上述输出假设的四大功能对语言习得的作用主要体现在四个方面：一是多说和多写目的语有利于培养学习者语言运用的流利性和主动性；二是语言输出迫使学习者从语义加工过程转移到句法加工过程；三是说、写的目的语能让学习者检验自己对目的语学习所做出的假设；四是语言输出能获得相应的反馈，而反馈作为互动交际的核心要素之一，对语言习得的作用是不可替代的。

四、输出假设提出后国内外相关研究综述

Swain 的语言输出假设一经提出，就引起各国学者的广泛关注。尤其在 Krashen 的语言输入假设经过多年的论争而某些方面依然难以有新突破的情况下，输出假设提供了一种全新的视角。赞同并投身于深化完善该学说的人不在少数。当然也有不同的看法，特别是来自语言输入假设学者的不同意见。我国学者对语言输出假设也倾注了高度的热情和关注。

（一）国外的理论探讨

对 Swain 的输出假设颇有异议的是 Krashen（1989）。他认为可理解输出假设存有四个疑惑：①通过可理解语言输出培养学习者的语言能力的可能性很小或者说根本不可能；②即使不经过语言输出活动，学习者的语言能力也有可能达到较高水平；③到目前为止，还没有足够的证据证明可理解输出有助于语言习得；④有些证据表明学生不喜欢被“逼着”说目的语。

但是，相当多的学者对输出假设持肯定的态度。Yu L. M.（1990）从一个英语学习者的角度出发，以在英语国家所遇到的交际策略问题为例，证明仅有可理解输入是不够的，可理解输出必不可少。因此，他认为输出假设不仅仅是对输入假设的补充，更是纠正了输入假设的不足之处，是二语习得理论走向更加成熟阶段的标志。围绕输出的功能，学者们开展了一系列的研究。

按 Swain 和 Lapkin（1995）的观点，学习者的输出触发了“一系列的注意”，是“注意”促进了语言学习的进程。那么，输出要发挥作用，重要的前提是学习者必须有足够的认知资源来完成对语言形式和语言意义的注意，要了解输出在什么条件下才能引起学习者对自己语言体系中问题的注意。Pica 等人（1989）对输出的假设检验功能进行了相关研究，结果证明，在意义协商过程中，学习者会根据会话中的澄清请求（clarification request，如：What? Huh?）或者证实询问（confirmation checks，如：Is this what you mean?）来修改他们的言语输出。虽然尚无研究直接证明修改过的或者说再处理过的输出能成为学习者中介语的一部分，但他们认为修改的过程确实有助于习得，指出：“在修改他们的输出时，学习者实际上是在检验二语的假设，尝试新的结构和形式，创造性地开发中介语资源。因此，可以认为修改了的或再处理过的输出代表着学习者中介语知识的前沿。”Donato（1994）、La Pierre（1994）和 Swain（1995）对输出的元语言功能进行了研究，结果显示语言表达及用语言反思对语言习得过程有着积极作用。学习者通过协商来获得意义，协商的内容是语言的结构形式，学习者把语言形式与他们试图表达的意义连接起来，用语言来表达意义，然后用语言来反思语言形式，因此输出能促使学习者从以语义为基础的处理转向以句法为基础的处理，这有助于加深学习者对语言的形式、功能和意义三者之间关系的理解，这是语言能力和语言技能发展的基础。Skehan（1998）指出语言输出还有另外两个功能：①语言输出能培养学习者的话语能力；②能树立个人的话语风格（personal voice），建立自信心。Izumi 等人（1999）通过对有指导的写作和短文重构两种输出任务做实验，检验输出假设的注意功能。结果显示，受试者使用了大量目的语的语言形式，尽量准确地根据图片重构短文所述的故事。

（二）国内的理论探讨

20 世纪 80 年代 Krashen 的输入假设理论被介绍到我国时，正值国内的外语学习环境“输入”匮乏的年代，输入假设似乎让我们找到了外语教学不理想的症结。语言输入成为当时教学与研究的焦点。（王荣英，2008a：33）直到 20 世纪 90 年代中期，我国外语教学中语言输入途径与输入量不再是核心问题，但教学效果仍不理想、仍不能上一个新的台阶时，Swain 的输出假设才开始引起我国外语教师和研究者们的注意。卫乃兴、周英（1994）首次在语言习得研究中提到 Swain 的可理解输出。

其实，我国学者真正关注输出假设是在 2000 年以后。自 2000 年开始，国内期刊纷纷刊登有关输出假设的理论研究，介绍输出假设理论以及国外研究成果，探讨输出假设与我国外语教学的关系。卢仁顺（2002）、李萍（2006）认为在外语教学实践中应重视语言输出作用，强化输出训练是解决我国英语教学费时低效现象的一个有效途径，并提出我国英语教学应该改变观念，重视输出，积极探索强调语言输出作用的教学模式和测试方法。赵小沛（2003）通过调查发现我国外语教学活动对输出的重视不够，建议教师通过小组合作学习、协商意义的活动，鼓励学生积极大胆地说、写外语。冯纪元、黄姣（2004）通过研究有引导的写作和短文重构两种语言输出活动对语言形式的注意和习得的影响，发现实验组在输入材料中注意了目的语的语言形式。实验组对目的语的语言形式的习得强于对照组，两种特殊的输出任务确实促进了受试对目的语的语言形式的习得，而且其效果是长期的。杨淑梅（2003）认为培养和激发学生的自主性，可以加快学生二语学习从输入到输出的进程。

当然，也有人对输出假设提出批评意见，如李红（2002）对输出假设的注意功能提出质疑。她认为输出要发挥作用，首要前提是学习者必须有足够的认知资源来完成对语言形式和语言意义的注意。由于语言形式和意义都在抢占学习者有限的注意力，因此注意力资源是输出发挥作用的一个重要的认知前提，她认为输出假设忽视了这一问题。

语言输出假设不仅影响大学本科英语教学，而且还涉及高职生、硕士生、博士生以及成人教育的英语教学。王灵芝、符永道（2004）指出强化语言输出是解决“高分低能，哑巴英语”的主要途径，同时也符合高职教育的特点和要求。张承平、谭雪梅、万伟珊（2003）通过教学实践表明高层次的输出活动能激发博士生英语学习的积极性，促进其英语运用能力的提高。

近几年的研究中，有不少是比较输入和输出两种假设理论对我国外语教学影响的。王奇民（2003）从语言输入与输出理论和中西教育模式对比的角度，探讨和分析了造成大学英语教学事倍功半的原因。他认为改变我国传统的外语教学方式，提高输入质量，使输出与输入并重，是提高教学效果的保证。王颖频（2003）从介绍、分析现代外语教学理论中语言输入、吸收、输出三者的概念和关系入手，阐述语言输出在第二语言习得中的作用和强化输出对提高中国学生外语应用能力的重要性及其在教学实践中的运用。赵培（2004）认为单纯片面地强调语言输入或输出都是不够的，需要两者的密切结合才能促进外语学习。顾琦一（2007）的研究运用 Anderson 思维适应性控制理论和实验心理语言学研究方法，探讨输入、输出在课堂教学下的二语习得过程中的作用。她通过对比实验发现，基于输入的理解练习和基于输入与输出的重构练习对学习者掌握目的结构产生了不同的影响。实验得出的初步结论是：输入并不能保证陈述性知识的程序化，输入与输出的结合是语言能力发展的必要条件。

还有不少学者或把输出假设与其他理论结合起来研究，或将输出假设与外语教学实践相结合进行研究，或探求适合语言输出教学的教方式方法，均有新的进展。郑银芳（2005）认为建构主义学习理论的出现给我们理解输出在二语习得中的作用提供了新的理论依据。她从建构主义的主体能动性、交互合作性、实践性角度讨论输出在二语习得中的积极作用。对教学方式的探讨还涉及电化教学形式，如曾文雄（2005）认为基于输出假设理论的外语电化教学更加注重学习者的注意力，它将为建构新型的外语电化教育模式提供有益的方法指导。王荣英是国内对输出型教学研究得较为全面、深入并且著述颇丰的学者。2006 年时她认为，大学生已经具备中小学多年的英语知识基础，完全可以开展以英语输出为中心的大学英语教学；方法上则可以将信息论和系统工程方法引入以输出为中心的英语教学，设计相应的输出型教学模式，并探讨了实用的语言输出教学策略。王荣英与段彬彬（2008）提出，采用任务型教学活动、主题研讨活动和模拟交际活动三种模式，综合运用各种方法与手段，可显著提升学生语言产出技能。王荣英（2008b）还对语言输出中的内隐学习和内隐知识转化进行了研究，认为：内隐学习和内隐知识支配和影响着人们的语言学习；分析语言输出中内隐学习的心理语言学习基础，可以发掘出激发、促进和强化内隐学习的心理机制；内隐知识的层状结构及其相互转化关系，则是语言输出过程中实现内隐知识交流、转化和升华的依据和切入点。她于2008年出版了专著《大学英语输出教学论》，全书以语言输出假设为理论基石，结合学习心理学和认知心理学的相关理论，如输入假设、图式理论、内隐学习理论、交互假设等，对大学英语教学进行了深入的理论探析，将理论研究成果与现代信息系统和计算机网络技术相结合，总结和探索了与之相应的语言输出教学的系列方法和实践经验。

五、今后研究展望

早在2002年，Shehadeh就认为，尽管对输出假设研究已有十几年，但仍缺乏证据证明学习者的语言输出及输出话语的调整对语言学习有明显效果。造成这种现象的原因，在于目前对可理解输出的研究大部分是描写性的，主要研究焦点在学习者的表面语言现象（occurrence），而不在语言习得研究上，也不在输出是否或如何成为二语能力发展的来源上。他坚持认为很有必要把研究重心从语言现象转移到考察学习者的输出对第二语言的发展有哪些长期或短期的影响上面来，并为将来的研究构思一个进程表，分两个方向进行研究。一个研究方向与输出修正（modified output）有关，包括输出修正对二语学习的影响效果、语言修正的方向、学习者具体进行哪些类型的语言修正、输出修正频率对语言学习的影响效果。另一个研究方向与输出假设的功能有关，重点在检验输出假设的四大功能和四个方面的作用。

令人遗憾的是，自Swain于1985年提出语言输出假设至今已近三十年，尽管国内外的相关学者进行了一系列的研究，但Shehadeh（2002）所忧虑的问题依旧存在。如何让语言输出研究突破“现象描述”的瓶颈，使之一方面向理据研究纵深发展，旨在探讨其影响语言习得的长效机制；另一方面加强应用研究，以形成真正具有可操作性的教学手段，这是今后需要我们扎扎实实去做的工作。

参考文献

[1] Donato, R. Collective scaffolding in second language learning [A]//Lantolf, J., Appel, G. *Vygotskian Approaches to Second Language Research* [C]. Norward,

New Jersey: Ablex, 1994.

[2] Izumi, S., et al. Testing the output hypothesis: Effects of output on noticing and second language acquisition[J]. *Studies in Second Language Acquisition*, 1999 (21).

[3] Krashen, S. D. *Second Language Acquisition and Second Language Learning* [M]. Oxford: Pergamon Press, 1981: 67 – 80.

[4] Krashen, S. D. *Language Acquisition and Language Education*[M]. New York: Prentice-Hall International, 1989.

[5] La Pierre, D. *Language output in a cooperative learning setting: Determining its effects on second language learning* [D]. MA dissertation, Toronto: University of Toronto, 1994.

[6] Pica, T., Halliday, L., Lewis, N., Morgenthaler, L. Comprehensible output as an outcome of linguistic demands on the learner[J]. *Studies in Second Language Acquisition*, 1989(11): 63 – 90.

[7] Sharwood Smith, M. Comprehension vs. acquisition: Two ways of processing input [J]. *Applied Linguistics*, 1986(7): 118 – 132.

[8] Shehadeh, A. Comprehensible output, from occurrence to acquisition: An agenda for acquisitional research[J]. *Language Learning*, 2002, 52(3): 597 – 647.

[9] Skehan, P. *A Cognitive Approach to Language Learning*[M]. Oxford: Oxford University Press, 1998.

[10] Swain. M. Communicative competence: Some roles of comprehensible input and comprehensible output in its development [A]//Gass, S. M., Madden, C. G. *Input in Second Language Acquisition*[C]. Rowley, Massachusetts: Newbury House Publishers, 1985: 235 – 253.

[11] Swain, M. The output hypothesis: Just speaking and writing aren't enough [J]. *The Canadian Modern Language Review*, 1993(50): 158 – 164.

[12] Swain, M. Three functions of output in second language learning[A]//Cook, G., Seidlhofer, B. *Principles and Practice in Applied Linguistics*[C]. Oxford: Oxford University Press, 1995: 125 – 144.

[13] Swain, M., Lapkin, S. Problems in output and the cognitive processes they generate: A step towards second language learning[J]. *Applied Linguistics*, 1995 (3): 371 - 391.

[14] Yu L. M. The comprehensible output hypothesis and self-directed learning: A learner's perspective[J]. *TESL Canada Journal*, 1990, 8(1).

[15]冯纪元，黄姣．语言输出活动对语言形式习得的影响［J］．现代外语，2004（2）．

[16] 顾琦一．输入与输出在陈述性知识程序化过程中的作用［J］．解放军外国语学院学报，2007，30（2）：40 - 45.

[17] 李红．可理解输出假设的认知基础［J］．外语与外语教学，2002（2）．

[18] 李萍．语言输出假设研究二十年：回顾与思考［J］．外语与外语教学，2006（7）：60 - 64.

[19] 卢仁顺．“输出假设”研究对我国英语教学的启示［J］．外语与外语教学，2002（4）：34 - 37.

[20] 王灵芝，符永道．输出假设对高职英语教学的启示和指导作用［J］．职教论坛，2004（9）．

[21] 王奇民．大学英语教学中的输入与输出探究——中西教学模式比较及其对大学英语教学的启示［J］．外语教学，2003（4）．

[22] 王荣英．以输出为中心的大学英语教学及实施策略研究［J］．河南师范大学学报，2006（4）．

[23] 王荣英．大学英语输出教学论［M］．上海：上海交通大学出版社，2008.

[24] 王荣英．语言输出中的内隐学习与内隐知识转化研究［J］．四川外语学院学报：2008b（4）：127 - 131.

[25] 王荣英，段彬彬．可理解输出与学生英语产出技能的培养［J］．湖南财经高等专科学校学报，2008（2）：151 - 153.

[26] 王颖频．强化输出是提高中国学生德语应用能力的关键［J］．同济大学学报（社会科学版），2003（4）．

[27] 卫乃兴，周英．SLA 研究中的认同观点［J］．河南师范大学学报（哲学

社会科学版)，1994（1）.

[28] 杨淑梅. 调动学生自主性是加快输入到输出过程的关键［J］. 外语教学，2003（2）.

[29] 赵培. 大学英语教学中“输入”与“输出”角色的重新评估［J］. 山东外语教学，2004（5）.

[30] 赵小沛. Swain 的输出假设及其对我国外语教学的启示［J］. 安徽大学学报（哲学社会科学版)，2003（4）.

[31] 张承平，谭雪梅，万伟珊. 输出性活动在博士生英语教学中的实践研究［J］. 长沙电力学院学报（社会科学版)，2003（4）.

[32] 曾文雄. 基于输出假设的外语电化教学［J］. 江汉大学学报（社会科学版)，2005（3）.

[33] 郑银芳. 从建构主义角度看二语习得中输出的作用［J］. 广州大学学报（社会科学版)，2005（3）.

第三章　高校英语教学应侧重语言输出

输入与输出这两者的关系，体现在语言学习中，既是互补互动、相互关联、缺一不可的，又是相对存在并可以依一定条件而相互转化的。教和学语言，应清楚地认识语言输入与输出的关系，以及在不同的教学阶段中语言输入与输出的表现和作用。对大学阶段的英语学习者而言，他们已经在小学、中学阶段接受了多年的以输入为主的英语教育，积累了大量的英语基本知识，已经具备良好的输入型技能（input skills）并为英语输出打下了良好的基础。因此，大学阶段的英语教学，关键是要加强学生英语产出技能的培养，将学生多年接受输入所积累的英语知识，通过有效的输出，转化为实际的英语综合应用能力。

一、当前外语教育环境对“学生主体性”的认识和要求

韩新民（2001）认为，外语教育界需要全面地认识这样一个问题：“成功的外语教与学在教育环境下是如何设计和完成的?”也就是说，不应该以教学方法来决定课程，相反地，学校与课堂应该成为进行教学设计、发展和辅助性活动的环境。

（一）“以学生为中心”教学理念

几个世纪以来，人们一直在探索外语教学的最佳途径，出现了很多方法，但似乎都不足以成为公认的最好方法。相反，人们发现不管使用什么方法、什么教材，也不管是在何种环境中学习外语，总有一些人比另一些人学得更好，而且似乎不可避免地总有一些彻底的失败者。这一现象使得研究者去思考这样一个问题：“当外部环境相同时，是否因个人差异问题导致了最后的结果不同?”他们开始将注意力转移到“个体差异”研究上。其基本理由是：教

科书、教学法、技巧、大纲、课程、教师等固然重要，但它们毕竟是外部因素，而真正起决定作用的很可能是内因——学习者自身，内因才导致学习结果的不同。

那么，成功的语言学习者都有哪些特点呢？到目前为止，大部分研究者认为引起个体差异的重要变量有智力、语言能力、认知风格（场依赖型或独立型）、个性特点（如内向与外向、持久力、焦虑感等）、学习策略（如认知的、元认知的）、动机（如融入性的或工具性的），以及对待目标语及使用目标语的人的态度，等等。

在研究成功的语言学习者时，由于认识到学习者学习风格上存在的巨大差异，人们对“以学生为中心”的教育有了更复杂的认识，以教师为中心的课堂教学方式也越来越受到质疑和批评，人们认识到对教师作用进行重新定义的紧迫性。教师须为学生提供或营造一种学习环境，在这种环境里，学生既能得到适当的语言输入，又能参与创造性的交流。只有在这时，教师认为有效的语言发展策略才会发挥作用。他们要做的是培养学习者自然地用另一种语言进行交际的能力。教师不再是这个过程的主宰，也不是使那些专家提供的方法得以在教室里应用的工具。他们是指导者，是咨询者，是顾问，是为学生的学习扫除障碍的人。

（二）活动教学论

活动教学的基本主张及其规范要求可概括为四点：第一，坚持“以活动促发展”的基本指导思想；第二，倡导以主动学习为基本习得方式；第三，侧重以问题性、策略性、情感性、技能性等程序性知识为基本学习内容；第四，强调以能力培养为核心，以素质整体发展为取向。显然，输出型教学是活动教学观在语言教学领域的一种实践。

输出型教学以活动贯穿教学始终，激发学生主动学习。从教学内容的选择到课堂教学的组织、实施乃至评价，输出型教学都围绕“输出”来进行。事实上，“输出”就是有明确目的的交际活动。一方面，活动贯穿教学始终为学习者提供了丰富的目的语输入和输出机会；另一方面，输出有利于激发学生的参与热情、交流互动和意义协商，完成输出任务的过程使参与者有机会就目的语的使用相互学习借鉴、进而促进交流各方中介语系统的扩展、修订、重构。这一切使得活动教学倡导的合作学习、交往学习、探索发现学习、体验学习等主动学习方式真正落到了实处。

二、语言输入与输出的关系：相互依存和相互转化

输入是输出的语言前提和基础，回顾完整的语言学习过程，无论是儿童学习母语还是成年人学习二语，首先在时间上输入就是第一性的，而输出是第二性的。但仅仅有输入尚不能实现充分的学习，仅靠输入还不足以内化所学的语言规律。输出亦是语言学习必不可少的条件，其对语言习得的重要意义 Swain 已有详细论述（详见第二章）。但是，强调语言输出对语言习得具有积极意义并不是否认输入的重要性，而是更为客观地承认输出可以促进输入，增强输入的可理解性。输入与输出是相互依存的。

在具体的学习和交际环境中，语言输入与输出二者之间是可以互相转化的。在交际中，每个学习者的可理解输出，即可成为交际对方的可理解输入。你说的话越多，别人对你所说的理解也就越多，反之亦然。换句话说，你输出越多，你得到的可理解输入也就越多。输出能够增强学习者对输入材料中新知识的敏感性。当一个学生用英语表达时，往往会发现自己想表达的和能表达的之间存在差距，急切地想知道该用怎样的词句来表达。此时，教师巧妙地引入新词语、新知识、新课文，就能激起学生的求知欲，引起他们对“i + 1”可理解输入中“ + 1”部分的注意和兴趣，从而有利于学生较快地掌握新知识。就这个学生自身的学习过程看，他的语言输出成功地实现了向输入的转化。接下来，由于新的输入增长了他的语言知识，将引发他成功地向下一轮语言输出转化。

可见，在人们学习语言的过程中，语言输入与语言输出都是不可或缺的，这二者在人们学习语言的不同阶段发挥着不同程度的作用。当然，输入与输出也在不同阶段对语言习得（或教学）的条件和环境有着不同的要求，国内学者王荣英教授（2008：36 – 46）对此有着精辟的论述，她根据学习者二语发展的程度，将语言习得区分为初级阶段和高级阶段：初级阶段是处于语言

初始发展中的习得阶段；高级阶段是已具备较高语言发展水平的习得阶段。她认为，输入与输出，尤其是可理解输入和可理解输出，在二语习得的不同阶段分别发挥着不同的作用，并产生不同的效果。

三、语言习得初级阶段的输入与输出

对于初级阶段的学习者来说，由于受语言发展水平制约，语言习得处于以理解为基础的阶段，即在与语言材料接触的过程中，主要通过对材料的理解而习得语言。

（一）对语言材料的“输入性”要求

显然，初级阶段的语言材料主要考虑“输入”问题。因为语言输入是第一性的，语言习得之初，首先是通过理解信息，即通过接收大量的“理解性输入”而实现语言习得。语言输入必须是可理解的语言材料。尤其是对于初始学习者，可以说，没有可理解输入，就没有语言习得。可理解的输入是第二语言学习者吸收语言输入的前提条件，不可理解的输入对学习者来说等于浪费时间。学习者只有把“输入”变成“吸收”以后，其内在机制才开始运行，语言水平才有可能提高。Krashen（1982）明确提出了理想输入的条件：

1. 输入材料的可理解性

所谓的“可理解输入”是学习者听到或读到的可以理解的语言材料。Krashen 认为单纯地主张语料输入是不够的，学习者需要的是可理解输入。输入的语言材料必须是学习者可以理解的，这是语言习得的必要条件。不可理解的输入对学习者毫无用处。

2. 输入的难度

可理解的语言输入，在难度上应该稍微高于学习者目前已经掌握的语言知识。语言输入的作用就是激活大脑中的习得机制，而激活的条件就是恰当的可理解的语言输入。如果语言材料中仅仅包含学习者已经掌握的知识或者语言材料太难，则对语言习得都没有意义。Krashen 把当前的语言知识状态定义为“i”，把语言发展的下一阶段定义为“i + 1”。这里的“1”就是当前语言知识与下一阶段语言知识之间的距离。只有当学习者接触到属于“i+1”水平的语言材料时，才能对学习者的语言发展产生积极作用。

3. 输入材料的趣味性和相关性

输入的语言材料要有趣并要有关联，这样学习者就可在不知不觉中轻松地习得语言。趣味与关联往往是相联系的。语言材料应尽可能与学习者的既有知识、文化背景、日常生活、专业技术等相关联，这样既可以激起学习兴趣，又能增强对语料的理解。

4. 输入的语法无序性

理想的语言输入不按既定语法程序安排。若程序性过强，往往将二语习得者导入学得的轨道，而失去习得的意义。

5. 输入的量

语言习得的关键是足量的可理解输入，因此在一定的时段（如课时）内，可理解输入材料要有一定的量。合适的量也可以用“i+1”来表示。这里的“i”表示学习者当前的语言知识，在一定的时段里应该可以承载或接受的输入量，而通过努力能够接受的量就是“i+1”。只有以这样的量坚持学习，学习者语言水平才会有进步。

应当注意，学习语言知识的目的是使用语言。接触大量的可理解语言材料，可以获得必要的语法，有助于形成语言使用能力。这种能力最终体现在语言输出上。反过来，学习者通过自己的语言输出，既可检验所输出的语言能否被人们理解接受，也可验证自己以往对输入的理解是否正确。因此，语言习得初级阶段也需要有适量的语言输出，尤其是可理解的语言输出。

（二）语法知识的作用

输入是课堂教学活动的开始，也是语言内化的前提。在教学中，外语语言知识（语音、词汇、语法）是输入的核心内容。其中，如果说语音、词汇是语言体系的基本材料，那么语法就是构建这个体系的基本规则。借助于可理解输入，学生才有语言积累的可能；而通过语法，学生将语言积累构建成语言体系。同时，学生在有了大量的语言输入的情况下，才可能创造性地运用语法规则，最后通过语法能力的提高来促进学生语言运用能力的提高。语法教学活动应该有针对性地进行。在语言习得的初级阶段，由于对学生语言运用能力的要求不高，主要是检测学生对一些基本句型的掌握程度。因此，应重点加强学生基础知识的训练，尤其是以基本句型为表现形式的语法知识的训练，但应在交际情景中呈现语法形式，而不能走上机械的“句型操练”这条老路。

（三）教师的角色

传统的以“学得”理念为导向的英语教学中，教师是整个教学活动的中心。教师是语言知识的讲授者，主要任务是对学生进行全方位的语言输入。课堂教学主要以教师讲授的形式展开。一切课堂活动，一切教学目标，一切为实现教学目标所采用的手段，以及教学效果的评估标准等都完全由教师掌握。在这种教学模式中，教师是教学的主体。教师的角色可以概括为知识的传授者和课堂教学的主宰者。

而语言“习得”理念下的英语教学，在课堂教学有限的时间里，教师要尽可能多地将授课时间用于构建语言习得环境。教师要重新认识自己的作用，他不再是简单的“知识灌输者（deliver），而应该是导演（director）、指挥者（conductor）、组织者（organizer），是为学生学习提供便利的人（facilitator）”。（Brown，1994）他的工作是建立一个学习舞台，把原来以讲授为主的教学内容，转换为语言输入的内容要点，通过形式多样的课堂活动呈现给学生，把学习英语的方法教给学生，把学生引进语言输入和语言输出的大门。教师在课堂上创造良好的英语环境，学生沉浸在英语的氛围中。在语言习得教学的初级阶段，教师的作用主要是提供给学生足够的最优化输入，并在语言知识方面做必要的归纳和总结。

四、语言习得高级阶段的输入与输出

在语言习得的高级阶段，学习者已经具备较高的语言发展水平，具有了在语言运用中习得语言的能力。人们运用语言或输出语言，是以其语言产出能力为基础的。因此在高级阶段，语言习得处于以产出为基础的阶段。

（一）“输入为主”向“输出为主”转换的语言习得理据

人们通常把语言技能分为听、说、读、写四种。根据语言输入与输出的观点，听和读是被动的行为，属语言的输入技能；说和写是主动的行为，属语言的输出技能。一般就语言学习全过程而言，语言输出以语言输入为基础，语言输入先于语言输出。但当学习者已经建立起自己的语言体系并具有较高的语言水平，也就是达到语言习得的高级阶段时，在语言习得中就难以区分输入与输出孰先孰后。实际上，输入与输出已是互为先后了。

Swain（1985）认为，学习者需要利用自己学到的语言资源来进行有意义的使用。输出促使学习者在言语产生时实现由语义（自上而下）过渡到句法（自下而上）的过程，提高其语言能力。她还认为，语言产生促进语言习得必须有一个条件，即“只有在学习者被推动的时候”。“推动”可以是外部的，也可以是内部的，而说话、写作迫使学习者更多地做可理解的输出。如果这些输出得到及时的反馈，作用会更大。

（二）语言交流的作用

英语学习的效果在很大程度上取决于学生的主观能动性和参与性。要将新知识和已有的知识相结合，要将语言技能从理论形态转换为实践形态，都必须通过学生自身的实践活动来实现。（邵永真、应惠兰，1998）这就是学生自主学习的要义。而语言实践活动，主要就是语言交流活动。语言交流既是语言习得的目的，也是语言习得的关键和前提条件。只有当学生处于积极主动的交际语境中时，才会产生比较强烈的语言输出和信息交换的交际欲求，才会有效地激活头脑中已有的语言知识和语言技能，达到语言知识信息重新整合的目的。因此，为学生创造真实而丰富的语言交流环境就显得特别重要；而在各种教学活动中的语言交流，又将有效地活跃和改变教学氛围，创造出新的、更为适合语言习得的交际语境。在提高语言能力素质的各种活动中实施有效的语言交流，既可活跃课堂，改善教学的语言环境，还将改变传统的以教师为中心的课堂教学模式，将“满堂灌”的学得变为讨论式的习得，改“教师中心”为“学生中心”，使教师不再单纯地“教”，而是全方位地服务于“学”。同时，语言交流还将为教师提供信息，以便根据“学”的需要随时调整“教”。

课堂上，教师应该根据师生间交流和学生间交流的情况，为学生设置必要的交际场景和交际任务，提供必要的语言输出所需的关键信息，让学生在语言输出练习中随时可以获得教师或同学的帮助，当然也应该教给学生获取帮助的方法和手段。在课堂中设置交际语境时，必须注意两点：一是交际活动的真实性，应以信息的交流为目的，而不是纯粹的课堂表演作秀；二是要从学生的需要和水平出发，从知识的相关性和连贯性出发，考虑各种语境的设置。

（三）学生的主体作用

高级阶段的语言输出教学要求以学生为中心，充分重视学生在英语学习中的主体意识和自主意识。近年来大量的教学改革实施方案都将学生的中心和自主作用提高到重要的地位。教师从课堂的主宰变成了课堂组织者。学生被看作是有情感、有思想、有创造精神的教学活动主体，学校和课堂正是这一主体充分展示和不断发展的园地。教师围绕着学生的需要设计教学计划，安排教学活动，充分发挥学生的学习主体作用。课堂内，学生能有更多的机会参与交流、讨论等活动；课堂外，大量的自主学习实践活动，如听力、口语等教学内容可由学生自学的形式完成。学生的自主空间越来越大，学生获得了前所未有的自由和独立。

教学中发挥学生的主体作用，要注意处理好下述问题。

1. 要激活和发挥学生的主体意识

学生是语言习得的主体，要提高语言习得的质量和效果，首先要激活和发挥学生的主体意识。传统的英语教学中，通常由教师主宰课堂，教师成为知识的传授者，被看作是知识的来源，学生对教师有着强烈的依赖心理。学生在教师的操纵和指挥下学习，按照教师布置的学习任务进行统一的学习。英语教学课堂成了语言知识加工的作坊，学生成了批量生产的半成品，按照教师预设的模块和模式进行统一加工。学生在整个学习的过程中始终处于相对被动的地位。这样的学习具有整体的规律性和统一的操作性，但因为缺乏个性化而显得枯燥，学生的能动性不能得到有效的激活和发挥。

2. 要充分调动学生语言输出的主动性和积极性

习得理念下的英语教学，教师的输出（讲授）相对少了，需要由学生的主动输出来填补课堂教学在时间上和形式上的空缺。要通过有效的输出训练，使学生认识到，英语学习的有效方法便是通过“说”学会说、通过“写”学会写，从而主动地以积极的语言输出投入到课堂活动中来。

3. 输出需要得到反馈才能向准确靠近

重视学生的学习自主性，并不是让学生完全自学，甚至让学生放任自流，整个学习过程仍然需要得到教师的监控和指导。当学生遇到表达上的困难或问题时，那种听任他们自己处理的方式往往会导致一些消极的后果。所以，教师应积极地介入，给学生以启发和正确的反馈，才能产生可理解输出。

（四）教师的角色

区别于初级阶段教学中教师以向学生提供优化的语言输入为主要任务，在语言习得的高级阶段教学中，教师尤其要牢记“语言知识的学习不等于语言技能的掌握”。教师要改变传统的教学观念，不能一味地给学生讲解语言知识，要积极地创造语言输出环境和机会，加强学生说、写技能的训练。这样不仅使学生意识到自己语言输出中存在的问题，还可以使教师更好地了解学生对已学知识的掌握程度以及学生当前的水平和需要提高的部分，在以后的教学中不断提高语言输入的质量。在以学生为中心的语言习得教学中，学生和教师的主观能动性都得以调动起来，因此对教师提出了更高的要求。教师要做一个教学上的组织者、设计者和指导者（王蔷，2003）。总之，教师在整个教学过程中起着多重作用，扮演着多重角色。

1. 教师是课堂教学活动的策划者、组织者和参与者

教师要根据教学目标的要求，根据学生的实际水平及需求来设计、组织、安排丰富多彩、合理有效的教学内容和教学活动。同时，教师应对教学任务和目标进行宏观的布置和调控，对完成任务的方法提出建设性的意见供学生参考。教师应该了解自己的教学对象，并能针对教学对象进行课堂教学设计和规划。根据学生的需要和具体情况对教学任务进行调整，使其更加符合语

言学习的规律，并能提高语言教学的效率，从而促成师生间的沟通和理解。在组织课堂教学活动时，教师不是作为旁观者，而是作为参与者直接参与到活动中去，以饱满的热情在学生需要帮助时给予启发和指点。教师应重视学生意志、兴趣和人际合作、自我意识等心理品质与能力的培养。

2. 教师是学习的促进者和帮助者

在新的教学模式下，教师的职责不再仅仅是向学生进行语言输入，更要注重学生创造性的语言输出。教师要鼓励学生运用所学的语言知识与同学及老师在特定的情景下进行有效的交流。教师除了需要对所教的语言知识熟悉以外，还需要对学生语言学习的元认知及其规律进行指教和引导。元认知是学习主体在进行和完成学习任务时，以自身的学习活动为认知对象，通过内省和反思等方式获得的对学习过程有所影响的知识。此外，当学生在学习过程中以及在课堂活动中，如双人活动、小组讨论等遇到各种问题和困难时，教师要能作为学生所需信息来源为学生提供及时的帮助。学生在学习过程中遇到的语言障碍和心理障碍都需要在老师的疏导下消解和排除。

3. 教师是语言环境的营造者和学生潜能的挖掘者

教师要能为学生的语言输出创造机会，营造最佳的语言环境，使学生在这种环境中能最大限度地发挥自己的潜能，通过语言的学习与应用，逐步提高自己的语言水平和语言技能。认知语言学强调语言实践中的整体知觉，学习和记忆过程依凭整体结构。所以，在设计课程时，应根据学生特点和学校的实际，以学生在社会上竞争的需要设置课程体系，强调在应用中学会语言。

五、大学阶段英语教学应侧重语言输出

（一）《高等学校英语专业英语教学大纲》的要求

经教育部批准于2000年实施的《高等学校英语专业英语教学大纲》（下文简称为修订版《大纲》）对全国各类英语专业均有指导作用，是高校英语专业组织教学、编写教材与检查教学质量的依据，也是落实和贯彻教育部批准下发的《关于外语专业面向21世纪本科教育改革的若干意见》的重要保证。

《高等学校英语专业英语教学大纲修订说明》（下文简称为《修订说明》）中明确指出，21世纪的外语人才应该具备五个方面的特征：扎实的语言基本功、宽广的知识面、一定的专业知识、较强的能力和较好的素质。扎实的语言基本功主要是指语音、语调正确，词法、句法、章法（包括遣词造句与谋篇布局）规范，表达得体，听、说、读、写、译技能熟练，具有较强的英语综合运用能力。打好英语基本功是英语专业学生业务素质最重要的部分，应该贯穿于大学四年教学的全过程。对英语专业的学生要强调听、说、读、写、译技能的均衡发展，尤其要注重说、写、译表达能力的培养。在执行修订版《大纲》时，要注意改变过去教学中对英文写作和口笔译重视不够的情况。在教学方法上，修订版《大纲》强调课堂教学应以学生为主体，以教师为主导，改变以教师为中心的教学模式。教师要在教学中充分发挥学生的能动性、创造性，培养学生的自主性、独立性和合作精神，教师要采用灵活多样的教学方式（启发式、讨论式、发现式、研究式等），引导学生在主动积极的思维活动中获取知识、掌握学习方法。

由上可知，当前的教学环境要求高校英语教师转变思想，改变既往以“输入”为教学起点和主要教学手段的教学模式，要认识到这种模式的局限性。侧重于输入型的英语教学，其传统的教学模式是：英语知识输入→存储与记忆→应试性输出→判卷→反馈再输入。这种教学模式以输入为教学起点和主要的教学手段，对于已具备一定英语知识积累和英语技能的学习者来说，这不能充分动员其英语学习资源，制约了他们英语学习积极性的发挥，不利于其提高英语实际应用能力。

（二）语言习得高级阶段的要求

小学、中学、大学的外语教学是前后相续的，应该合理分布外语学习输入量，避免重复与浪费。目前的状况是小学、中学、大学外语教育各行其道，缺乏联系。小学、初中和高中阶段的词汇和基础知识输入量明显偏低，在大学阶段又耗费时间重复输入或补充输入，从而忽略输出技能的培养。这正是我国目前英语教育“费时低效”的重要原因。所以，小学、初中和高中阶段应加大英语知识的输入，使学生能较好地具备英语知识体系和技能。就高校英语教学而言，学生的英语发展水平已经达到了语言习得高级阶段的层次。教学可以不同于初级阶段（如小学、中学），而由输入教学为主转变为以输出教学为主。足够的语言信息资料的积累和储备，是语言输出——说、写的前提条件。当学生的语言输出技能达到一定程度后，必将对自己的语言知识储备提出更高的要求，反过来促进语言接受技能——读、听的发展。语言输出教学的核心就是以加强说写教学，即加强学生的语言输出技能培养为手段，最大限度地引导甚至迫使学生进行可理解输出，并在输出的过程中不断获得反馈和修正，逐步培养学生的英语输出技能。（王荣英，2008：41）

（三）广义知识观的要求

现代认知心理学广义知识观将知识划分为陈述性知识和程序性知识两大类。所谓“陈述性知识”主要指事物的名称、概念、命题等方面的知识，可以通过教师的讲解为学生所掌握和记忆。“程序性知识”主要涉及概念、规则和原理的理解与应用，以及解决问题的技能、方法与策略的形成等。这类知识具有较强的特殊性、个体性和动态性，单靠讲授、告知难以掌握，还必须通过操作、探究和体验，将储存于头脑中静态的命题知识转化为动态的应用操作技能和解决问题的能力（Anderson，1993）。广义知识观的上述观点揭示了在外语教学中给予输出应有地位的极端重要性。因此，输出型教学遵循了知识的内在特性规律。学习语言知识的目的是为了运用，只有在丰富的语言情境中领悟、体验、运用规则，才能实现规则的内化，并最终转化为语言交际能力，即实现陈述性知识的程序化。这也解释了为什么传统高校英语教学中老师辛辛苦苦地讲，学生花费了大量时间和精力背单词、学语法、做习题，英语运用能力却长期在低水平徘徊。这种把语言当成静态的知识来教、来学的做法，由于违反了语言活动的本质特征和使用规律，其结果必然事倍功半。

（四）应用能力的要求

输出型教学模式的建立以学习者既有的英语知识和技能为基础，根据社会对英语交际的实际需要设定具体的教学任务，并以此为激发因素，展开英语教学，从提取和调动学习者的英语知识储备着手，引导他们主动输出英语认知资源，经过综合分析，形成解决实际问题的对外输出。同时，在整个教学过程中，以英语应用的实际标准不断检测、矫正和完善学习者的输出，提高其英语输出水平，即提高其英语实际交际应用能力。（王荣英，2008：94）英语输出教学模式图如下图所示。

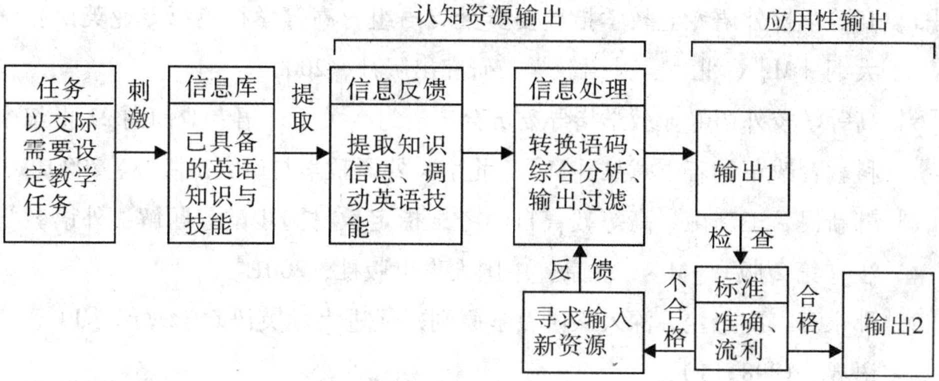

英语输出教学模式图

这里所说的交际应用能力，包括语言表达能力和用语言做事的能力。应该说，应用能力才是我们社会实际真正需要的能力。因为，学习吸收能力还仅仅局限在一定的个人被动的小范围内。对吸收能力的检验，也就是对所学内容是否真正接受、接受程度有多大的验证，最终还是由个人应用能力的强弱来体现。只有个人的应用能力表现出色，才能证明我们所学、所吸收的东西是真正为自己所有，而时代所要求大学生具有的创新的思想和行为，也才会在此基础上产生并同时有所体现，这样的学习者才能逐步成长为如修订版《大纲》所要求的21世纪外语人才。

参考文献

[1] Anderson, J. R. *Rules of the Mind* [M]. Hillsdale, New Jersey: Lawrence Erlbaum Associates Inc., 1993.

[2] Brown, H. D. *Teaching by Principles: An Interactive Approach to Language Pedagogy*[M]. New Jersey: Prentice Hall Regents, 1994: 44.

[3] Krashen, S. D. *Principles and Practice in Second Language Acquisition*[M]. Ox-

ford: Pergamon Press, 1982.

[4] Swain, M. Communicative competence: Some roles of comprehensible input and comprehensible output in its development [A]//Gass, S. M., Madden, C. G. *Input in Second Language Acquisition* [C]. Rowley, Massachusetts: Newbury House Publishers, 1985: 235 – 253.

[5] 高等学校外语专业教学指导委员会英语组. 高等学校英语专业英语教学大纲 [M]. 北京: 外语教学与研究出版社, 2000.

[6] 高等学校外语专业教学指导委员会英语组. 关于外语专业面向21世纪本科教育改革的若干意见 [M]. 北京: 外语教学与研究出版社, 2000.

[7] 韩新民, 王新谦. 高等教育自学考试指定教材同步配套题解: 外语教学法（第2版）[M]. 北京: 中国人事出版社, 2001.

[8] 邵永真, 应惠兰. 深入探讨教学原则, 促进大学英语教学改革 [J]. 外语界, 1998 (1).

[9] 王蔷. 英语教师行动研究 [M]. 北京: 外语教学与研究出版社, 2003.

[10] 王荣英. 大学英语输出教学论 [M]. 上海: 上海交通大学出版社, 2008.

第四章　语言输出与注意

从 20 世纪 70 年代起，注意和学习之间的关系问题就构成了认知心理学和二语习得研究的重要问题。随着对这一问题研究的逐渐深入，越来越多的研究者认为“注意”是我们了解语言学习的一个重要概念。注意也是语言输出假设理论的重要心理学基础和基本内容之一。注意之于输出假设的作用，体现在其与学习及二语习得的关系中。

一、注意的定义和功能

认知科学认为，注意是意识对一定事物的指向和集中，在人类的认知活动中起着重要的调节作用。注意能力也被认为影响到整体认知能力或者说是一般智力因素的主要因素之一。Sternberg（1999）把注意视为一个认知过程，他认为注意是“人积极处理通过感觉器官、存储记忆或者其他认知过程获得的大量信息的手段。它包括有意识的注意和无意识的注意两个过程”。很显然，注意处理的信息包括人的认知机制所能操纵的全部信息。这里我们还需要提及另一个相关的术语——意识（consciousness）。按照 Sternberg（1999）的观点，意识是与察觉（awareness）直接相关的。它包括人们感觉意识到了某种信息，也包括意识到的信息的内容。不过意识的某些部分是在注意的控制之下，因而两者之间有一定的重合。注意的作用之一是使人能够利用有限的认知资源去对外部环境中有意义的刺激做出快速和准确的反应。

在目的语输出过程中，注意是指学习者意识到自己使用的语言相对于母语使用者所用语言之间的差距，从而发现自身语言表达的不足。这时，认知过程受到刺激，学习者产生了学习新的语言知识或巩固他们现有语言知识的策动力（Swain，1995）。有效的注意能不断地促进显性知识（explicit knowledge）向隐性知识（implicit knowledge）转化，并能帮助学习者利用隐性知识去发现更多、更新的知识，扩充自身的语言知识。

二、注意的选择性

我们每天都面临大量的外界信息输入，其中被关注的信息经过筛选幸存了下来并得到大脑进一步的加工和存储。正是这种具备信息选择和过滤能力的注意系统为我们的心理内存把关，保持我们大脑的信息平衡。注意的这种特性就是注意的选择性。

新异、动态和强烈的刺激会自动捕获我们的注意。这是由人的注意系统的生理特征所决定的，也是刺激驱动捕获的形成机制。刺激驱动捕获是外界刺激的特征所引起的自下而上的选择性注意。新异的刺激能够引发大脑皮层的兴奋，有创意的广告之所以能够吸引观众的眼球就是因为它具有新颖性，能够给观众带来异常的惊喜和好奇感。对于教师来说，在课堂上以新颖的方式讲课，或者加入新颖的内容，如一些和学生的原有经验相冲突的知识，就能够很好地抓住学生的注意力。新颖的方式如果和重要的知识点相联系，则有助于学生对新知识的掌握。

那么这种刺激驱动的注意捕获对我们的学习有什么启发呢？Duncan 和 Humphreys（1989）提出了注意相依理论（Attentional Engagement Theory）。根据这个理论，当目标和非目标之间的相似性增加时，我们搜索目标的速度将变慢，而当非目标之间相似性很高但与目标相差较大时，我们更容易注意到目标。这一理论为我们在学习中提高效率提供了一个很好的启示：我们在学习中常常面临信息的搜索，如果我们能够对那些重要信息的表征方式进行加工以使它们与其他信息的某方面属性相差很大，那么重要信息就能够自动地捕获我们的注意力。

Lavie（1995）提出了知觉负载理论，认为注意选择取决于当前加工资源的多少，而这种资源只有有限的容量。如果当前的知觉加工负载高，耗尽了资源，则注意只能选择与当前任务有关的客体或信息，没有多余的资源用来加工与任务无关的信息，从而产生注意的早选择；如果当前的知觉加工负载低，多余的资源就会自动扩散到其他无关客体或信息上，而对无关信息的加工会干扰对当前任务的执行，从而产生注意的晚选择。因此，注意的早、晚选择取决于当前任务的知觉负载。

除了被动地受刺激驱动外，注意有时也是积极主动的。詹姆斯（James，1890，转引自艾森克、基恩，2001）将注意分为主动注意和被动注意。当外部刺激（如噪音）引起自下而上的加工时，注意是被动的。当个体受到目标驱动而进行自上而下的加工时，注意则是主动的。除目标以外，动机和情绪状态等都会影响我们主动选择信息。从信息加工过程的角度来看，注意主要有两类：自下而上的注意和自上而下的注意，如图 4－1 所示。

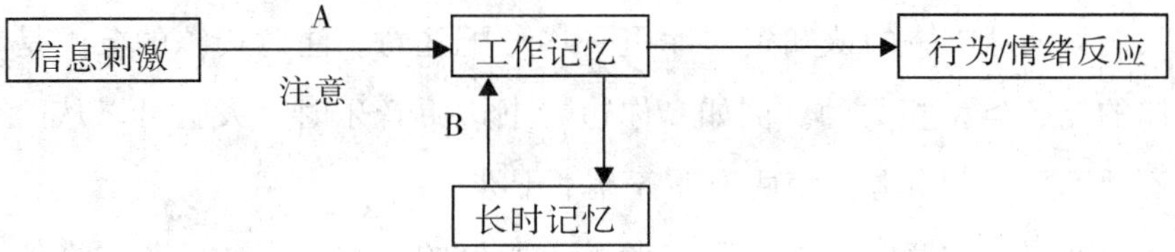

图 4－1　信息加工中的注意

图 4－1 中 A 表示自下而上的注意，是指外界刺激的相关特征能够自动抓住我们的注意。B 表示自上而下的注意，指个体受到目标的驱动而产生的有意识的控制。（刘儒德，2010）

学习过程不是从感觉经验开始的而是从选择性注意开始的。学习与注意密切相关，对外界信息的注意是学习的起始阶段，在注意的参与下，学习者能够激活长时记忆中的相关知识，并形成学习的准备状态。

三、注意资源的分配

无论在学习中还是在生活中，我们常常需要在同一时间做两件事情。例如，我们需要在做饭的时候一边切菜一边留意锅里油温的情况。法国心理学家勃朗可以一面向听众朗诵一首诗，一面又在写另一首诗；或者一面朗诵诗，一面完成复杂的乘法演算。这些例子所体现的就是人们注意资源的分配。注意的分配是指个体在同一时间内将注意分配在两个或者多个不同对象和活动上的注意品质。如果不能进行有效的资源分配，很多事情我们很难顺利完成。

（一）注意资源理论

人有注意力，并且相应的注意资源有限，存在注意分配的现象。注意资源理论（Kahneman，1973）可以用来解释人们如何利用有限的注意资源同时进行一个以上的需要高度注意的工作。注意资源理论强调人们可以根据具体任务对注意力的要求来支配注意资源；注意力被比喻为聚光灯，可以随着任务对注意力的要求，调节注意的强度。Robin（1995）、Kahneman（1973）的注意资源理论模式根据人所处的觉醒（arousal）状态，从现有的一个认知资源库中为信号输入支配注意资源。当需要同时进行两项需要高度注意的任务时，人们只能从唯一的认知资源库里平均分配注意。注意资源的分配是与某个具体的任务类型相关的。例如，你边看书边听音乐时，大脑可以从两个独立的资源库里分配资源，使两项任务互不干涉。

要全面揭示注意的本质，还应考查人所处的觉醒状态、任务的性质、操纵任务的熟练程度、对任务的兴趣等。但目前我们至少可以清楚了解到这样的观点：注意资源是有限的；人们可以同时从事一个以上的工作；注意分配是由多种因素决定的。（王荣英，2008）

（二）注意分配与主观预期

一个形象的比喻是，当警察预期某个嫌疑犯在 A 地点出现的概率是 70%，在 B 地点出现概率是 30% 时，警方就会在 A 地投入更多的警力资源。同样，如果我们预期下周的考试考到这本书前三章内容的概率是其他章节的 3 倍时，我们自然会投入更多的精力去复习前三章。注意资源的分配也具有这个特点。当你对即将出现的目标的位置有不同的预期时，大脑的相关部位会在刺激出现前就被不同程度地激活而处于准备状态中，与你的预期位置一致的目标的出现更快地抓住你的注意。如果你预期某一边的出现概率是 100%，而目标却在完全相反的地方出现了，这一出乎意料的情形会严重拖慢你的反应速度。

对目标产生预期时，个体会形成心理准备状态。预期能够影响我们的注意这一心理现象对我们的学习有何帮助呢？什么能够引发我们对新知识学习的预期和准备状态呢？正式上课之前的预习就能够起到这个作用。预习能够提前告知我们的大脑即将学习的新知识中有哪些难点和重点，如果学生提前把它们记录下来，听课时就会始终带着一种期待。而当预习时没看懂的内容被老师提及时，学生便能够更快地集中注意去听这部分内容，从而使其注意资源得到有效利用。同时，预习还能够帮助学生有效选择注意的时机，在面对非重要的信息时适当休息，劳逸结合，这也符合注意的脉动规律。此外，自我提问也有同样的功效。问题往往导致心理完形的打破，而对完形的追求会激发我们去投入心理资源以解决问题，而注意资源就是其中最重要的一部分。作为学生的你可以在课前给自己提出几个本节课需要解决的问题，然后尝试在听课的过程中思考并寻找这些问题的答案。而作为教师的你也可以在课前设置本节课要实现的目标，将待解决的问题列在黑板上或者 PPT 上，如告诉学生："这节课我们需要解决这样几个问题……"这些问题设的目标既可以引领学生的注意，也有助于你组织讲课的思路。

（三）自动化与注意分配

我们的注意资源是有限的，当一个任务需要耗费我们很多注意能量的时候，我们就没有足够的资源去同时做好其他事情。例如，当我们执着于一个数学难题而绞尽脑汁的时候，或者集中精力和人下棋的时候，我们很难同时去欣赏周围美妙的音乐，或者留意周围观众的表情。既然是这样，那我们为什么能够分配注意到不同的任务上呢？Kahneman（1973）提出了对此注意的中枢能量理论，该理论认为在执行双重任务的时候，我们大脑中有一个类似于电脑内存一样的中枢能量系统，这个系统就像限制电脑能够同时开启的程序数量一样限制了我们的注意资源，当两个任务所消耗的注意资源的总和不超过这个限制时，我们就能够同时完成两个不同的任务，否则就会造成整体反应能力的下降甚至"死机"现象。

我们之所以能够分配注意是因为在同时进行的两个任务中，至少有一个是处于自动化加工水平上的，这保证了我们耗费的注意资源不会超过大脑的"内存"限制。

我们常说"熟能生巧"，学生对一类题型熟悉之后，在看到相似的问题情景时，便能够自动提取记忆中存储的原理、概念以及相应的解题策略，这实际上也是信息加工自动化的结果。在学校学生被要求做大量的练习，是因为练习能够促进自动化进程。想象一下要一个人在做阅读的同时听写单词，他可能会觉得有些麻烦，因为听写干扰了他集中在阅读上的注意。但 Spelke、Hirst 和 Neisser（1976）的实验发现，通过练习，有没有听写的加入对个体的阅读过程都不会存在干扰。研究者观察了两名学生在做阅读理解的同时单词听写的成绩变化，发现在开始的 4 个月时间里，两位学生每周经过 5 个小时的练习后仍然觉得任务很难，而且阅读和听写成绩都不理想。在又经过了 6 个星期的训练后，他们的阅读速度和成绩同单独完成时相差无几。两位学生的听写成绩虽有很大提高，但是仍不理想——他们无法对连续呈现的实际上构成了一句话的 20 个单词进行组块和归类。然而随着训练程度的进一步加深，他们最终能够在保持正常阅读速度和理解水平的前提下学会对单词进行归类和组块。（刘儒德，2010）

四、Schmidt“注意理论”

近年来，“注意”（notice）在二语习得领域已经是一个非常时髦的词。在二语习得领域，“注意”被定义为：对输入的语言形式的关注。它包含两个方面的内容：①有意识地注意所学语言的特征，发现“别人是怎么说的”与“自己会怎么说”或者“自己还不会说的东西，别人是怎么说的”之间的差距；②练习以使新注意到的语言形式进入长期记忆，以备日后随心所欲地加以使用。传统上，这里所谓的“练习”是指学习者有意识地努力记住所注意到的新的语言形式，然后通过默诵、反复朗读或其他办法巩固对该语言形式的记忆，使对其的使用达到高度自动化的程度。

Schmidt 的注意假设认为，有意识地注意语言形式对于语言学习是非常有必要的，这一假设后来发展成“注意理论”（Schmidt，1990，1993）。该理论认为，不是所有的输入都有同样重要的价值，只有被注意到的输入才会因为有可能被吸收，从而被大脑认知机制有效加工。他认为一定程度的有意识的注意非常有助于某一语言资料被吸收进学生的中介语系统，从而促进其中介语的发展。Schmidt 进一步指出“注意”是使得语言输入被中介语系统吸收的必要的、充分的条件。他提出，在这个过程中频率是第一重要的。在条件均等的情况下，某一语言形式出现的频率越高，就越有可能被注意到，从而被吸收进中介语系统。视觉显著程度是第二重要因素。这是指某一语言形式在输入中的突出程度。同样，在其他条件均等的情况下，一个语言形式在输入体系中越是显著，就越有可能被注意到。最后，老师恰当的教学方法也是引导学生对某一语言形式加以注意的有效手段。语言教学的作用不仅仅在于解释说明语言所表达的内容，同样重要的是引导学生去注意那些受其心理状态、语言水平和认知能力所限而可能被忽视掉的语言形式。注意理论的中心思想可以用一句话来概括：注意是习得的必要条件，没有注意，输入（即使是可理解输入）就不可能被吸收进中介语系统。根据 Schmidt 的论述，信息加工过程应如图 4－2 所示。（王改燕，2007）

输入———→注意——反复练习——→吸收———→习得

图 4－2　信息加工过程图

为了研究注意和语言输入之间的关系，Schmidt 和 Frota（1986）曾对一名学生的日记及其语言产出能力进行了研究。研究发现，这名学生在语言产出中使用的形式都是别人对他讲话时他所注意到的那些语言形式；而只在语言输入中出现却并未被注意到的语言形式，则没有出现在他的语言输出里。根据该研究的结果，Schmidt 和 Frota 认为注意力对学习过程产生了重要的影响。

Tomlin 和 Villa（1994）却对 Schmidt 的假设提出了质疑。他们认为发觉（detection）实际上是指把特殊的范例在记忆系统中挂上号，然后用在学习中的一个过程。这里他们所说的发觉与 Schmidt 所谈的注意是很相似的。Tomlin 和 Villa 的研究结果表明发觉并不一定都是有意识的。他们的研究暗示了学习过程可以是有意识的，也可以是无意识的。这一观点与 Curren 和 Keele（1993）的观点有异曲同工之处。他们的研究表明某些特殊形式的学习并不需要注意力。认知心理学的其他研究（如 Cowan，1988）也表明，发觉并不一定需要意识。

Robin（1995）的观点则是 Schmidt 和 Tomlin 两种观点的折中。他同意

Tomlin 和 Villa 所持的观点，认为的确有研究表明发觉并不一定需要意识。但同时他指出这种潜意识产生的效果维持的时间相当短，并不能视为产生学习的依据。Robin 在肯定 Schmidt 的注意假设基础上修订了注意的概念。他在借鉴 Cowan（1993）关于注意力分配的理论模式的基础上，将注意重新定义为“一种有意识的发觉，再加上短期记忆里的操练”。也就是说，某个刺激在被发觉后，还需要在短期记忆里被反复地激活，才能进入长期记忆进行编码。因此，注意不等于 Tomlin 和 Villa 所说的发觉，注意是需要意识的。他还对 Curren 和 Keele 的研究结果进行新的解释，认为特殊的学习任务对注意力的要求较低，而不是像研究结果所宣称的那样不需要注意力。最后 Robin 明确提出注意力不但是学习的必要条件，也是长期记忆进行编码的必要条件，而且“个人的记忆分配和注意力资源的不同会影响注意到的学习内容的程度，进而影响第二语言的学习”。Robin 的这一观点不但揭示了注意力对学习的重要性，也恰恰说明在解释和研究注意与学习的关系时，我们除了要研究注意力本身的机制外，还应当研究学习者认知资源与注意的关系问题。（王荣英，2008）

至此，我们对二语习得的信息加工过程有了一个较为完整的认识。可以看出，首先要有恰当的输入，但不是所有的输入都能被习得；只有被注意到的输入才有可能被大脑吸收，从而促进中介语的发展。从信息加工的链条中我们可以看出，注意是第二语言习得的关键。为什么注意在第二语言习得过程中如此重要，我们可以从近年来人们对记忆规律的研究结果中得到科学的解释。

五、注意与记忆的关系

早在 18 世纪末，艾宾浩斯就已经用实验方法来研究人的记忆特点，并提出了著名的遗忘曲线。由弗洛伊德开创的精神分析学派也关注记忆，他们将被压抑的记忆作为心理治疗的突破口。心理动力学作为 19 世纪初最主要的心理学流派之一，影响了众多心理学家，其中包括获得 2000 年诺贝尔生物医学奖的著名科学家 Eric R. Kandel，他发现了神经系统中的信号传递，在探究短期记忆和长期记忆的作用机制上做出了杰出的贡献。如 Kandel 所言，记忆在个体认知过程和毕生发展中起着重要的作用（Eric R. Kandel，2007）。记忆的奥秘正不断地被揭示，有关记忆的问题也正逐步得到科学的解释。

没有记忆就没有学习，因此记忆在第二语言学习过程中起着非常重要的作用。老师应该了解语言学习的记忆规律，并且能够充分利用记忆规律，提高学生的语言学习效率。记忆的规律证明引起学生对语言点的注意是语言教学的关键。一般人认为，记忆就像一个储存旧物的信息仓库。然而根据心理学家 D. Coon（1998）的研究，记忆是一个非常活跃的系统，不停地在接受、储存、整理、调整和复原信息。把记忆比作一部加工分析各类信息的电脑更为恰当。

我们每天都会接收大量信息，一些信息被保存下来，另一些信息被过滤或者被遗忘，这说明记忆是有选择性的。那么记忆是按什么标准来选择需要记忆的内容呢？从进化心理学的角度讲，对生存有价值的信息会首先被记住。此外，伴有强烈情绪的记忆也很容易被保存（这种现象被称为“情绪性增强效应”）。但是课堂上传播的知识大多数既不是与生存直接相关的，也不是由强烈情绪唤起的。那么课堂中的哪些信息更容易被学生记住呢？基本可以确定的是，当学习材料既有意义又可理解时，学习材料的保持效果最好。关于脑的研究已证明了这一点：脑区的激活度和材料的可理解度及先前经验呈正相关（Maguire，et al.，1999）。因此，教师对语言材料的难度要有适度的控制，只有当材料内容的理解不会过多地占用学习者的注意资源，对相关的语言形式的注意才会在教师的教学措施下被顺利唤醒并被记忆。

人的记忆可分为三个阶段：感觉记忆、短期记忆和长期记忆。感觉记忆就是我们所看、所听的东西在大脑中留下的转瞬即逝的印象。感觉记忆只能持续一两秒。如有一个朋友告诉我们帮他买一些东西，这些东西的名称在我们的记忆中只能保持几秒，稍后就会变得模糊不清，这就是感觉记忆的作用。感觉记忆持续的时间只够使所记忆的信息有选择地进入记忆的第二阶段，即短期记忆阶段。短期记忆的空间是有限的，我们不能把看到或听到的所有东西都记在脑子里。短期记忆是有选择的，不是所有进入感觉记忆的东西都可以进入短期记忆。只有被注意到的信息才有可能进入短期记忆。例如，在你同朋友说话的时候，广播正在播报新闻，进入你的短期记忆的会是你朋友所谈的某些事而不是播报的新闻，因为你的注意力在朋友的谈话内容上。短期记忆中的信息被强化的次数越多，进入长期记忆的可能性就越大。这一点非常符合 Schmidt 的注意理论。长期记忆的空间被认为是无限的，而且长期记忆中储存的信息越多，就越容易接纳新的信息。只有进入长期记忆的信息才能被自由地提取、使用。可以看出，在信息从感觉记忆进入短期记忆，再由短期记忆进入长期记忆的链条中，短期记忆是关键，而注意是短期记忆的关键，可以说是关键的关键。

在第二语言教学过程中，教师应该了解记忆的规律和特点，懂得注意在第二语言学习过程中的重要性。教学过程的实质就是采取有效的方法使教学内容由学生的感觉记忆进入短期记忆，再由短期记忆进入长期记忆。（王改燕，2007）

六、一个关于语码输入、语码吸收和语码习得的教学实验

王改燕（2007）进行了一个关于语码输入、语码吸收和语码习得的教学实验。这个实验是在 2003 年秋季进行的，实验对象是西安外国语大学英文学院一年级两个班的 60 个学生，实验内容是在以阅读理解为主的精读课教学中，老师用不同的方法帮助学生习得作形容词的分词（如：boiled water，a fallen leaf，a learned greeting）。该项研究选择了对分词的注意进行实验，这是因为该语言点基本符合 Harley（1993）提出的四条标准——在教学中老师选择注意的语言点应该是：①与母语有不同之处而且不易被学生发觉的；②由于不规则或在输入中出现频率低而不显著的；③在注重意思表达而不是语言精确度的交际中，对意思表达不重要的；④可能被学生错误理解或错误掌握的。

实验结果说明对所学语言形式加以注意是语言学习的关键。可以使学生对某一语言形式聚焦注意的途径主要有两个：一是老师指出该语言形式，令学生注意；二是学生在自学中自己体会。无论是什么途径，一旦某一语言现象被学生注意到一次，就很有可能被再次注意，注意的次数越多，注意到的东西就会越多，印象就会越深刻，自动化的程度就会越高。但在学生现有的

水平下，许多语言现象是注意不到的，或者会注意得迟一些。课堂教学有两个功能：①帮助学生注意他们自己在现有的水平下没法注意到的语言现象；②对于学生自己注意到的东西，可以帮助他们在较短的时间内，达到较高的精确度和自动化程度。实验表明，只有被学生注意到的语言形式，才有可能被掌握和使用。语言教学的任务不仅仅是对语言内容的解释说明，同样重要的是引起学生对语言形式的注意。老师在教学的过程中能采取积极的办法引导学生对某些语言形式注意的教学策略，要比仅仅注重对文章内容进行解释说明、希望学生自己注意语言形式的教学策略更有助于学生中介语的发展。老师应充分发挥教学的作用，提高学生对语言形式的注意，促进学生中介语的发展。

这个实验的后期，通过与学生的谈话，组织者王改燕的另外一个发现是，输出练习是激发学生注意力的有效手段，输出引起的注意不同于输入引起的注意。在学生进行语言输出的过程中，学生会意识到自己还不能正确利用分词形式表达自己想要表达的东西，这会促使他们注意之前被忽略掉的或没有被正确掌握的有关分词的知识。这使得他们重新注意、认真审查、积极练习那些还没有被自己完全掌握的分词表达形式，直到他们能利用该表达形式熟练表达自己的意思为止。而这一点也是 Swain 已经通过实验证明了的。

Swain（1993）认为有意识的语言输出至少有三个作用。首先，通过输出可以使学生检验自己对第二语言的假设是否正确。语言输出可以使学生在利用已掌握的第二语言知识满足交际需求的同时，对新学到的语言形式加以检验。语言输出的过程也是对语言进行试验的过程，这个过程可以使他们了解到自己所学到的第二语言知识哪些是可用的，因而可以保留；哪些是不可用的，因而需要改进或纠正。其次，输出有助于学生对第二语言规则和用法的掌握。输出可以使学习者有机会谈论自己对第二语言的疑虑和问题，从老师、同学等其他人那里寻求帮助。最后，输出有助于学习者对自己第二语言能力的认识，使学习者注意到自己想说什么与能说什么之间的差距，认识到哪些是自己完全不了解或一知半解的地方。Swain（1993）认为，在输入的过程中，学生的大脑主要忙于语言资料内容的加工，而注意不到语言形式，这非常不利于学生语言结构知识能力的提高。只有语言输出才能使学生的大脑认知加工程序从语言内容转移到语言形式，有些结构形式本身与语意并没有多大的关系（如单数第三人称的词素-s 和过去时的词素-ed 等），因而很容易被忽视。因此 Swain 特别强调，输出练习可以加深学生对语法结构和语法特征的认识，因而非常有助于中介语的发展。（王改燕，2007）

七、启　示

从语言输出的角度分析，输出之所以能在语言学习过程中发挥重要作用，是因为输出能够为诸多重要的语言学习功能提供发挥作用的机会和平台，其中就包括引起学习者对语言问题的注意。语言输出过程能引起学习者注意到自己的语言问题，发现自己想表达的意思与能表达的意思之间的差距，从而激发学习的主动性和积极性，努力去面对这些语言问题，增强语言能力，缩小差距，以达到正确地输出。这个过程可以触发学习者的认知过程，促使其获取新的语言知识并巩固已有的知识。

参考文献

[1] Coon, D. *Introduction to Psychology: Explanation and Application*[M]. London: Academic Press, 1998: 315 – 322.

[2] Cowan, N. Evolving conceptions of memory storage, selective attention and their mutual constraints within the human information-processing system[J]. *Psychological Bulletin*, 1988, 104: 163 – 191.

[3] Cowan, N. Activation, attention, and short-term memory[J]. *Memory & Cognition*, 1993, 21(2): 162 – 167.

[4] Curren, T., Keele, S. W. Attentional and nonattentional forms of sequence learning[J]. *Journal of Experimental Psychology, Learning, Memory and Cognition*, 1993, 19: 189 – 202.

[5] Duncan, J., Humphreys, G. W. Visual search and stimulus similarity [J]. *Psychological Review*, 1989, 96: 433 – 458.

[6] Harley, B. Instructional strategies and SLA in early French immersion [J].

Studies in Second Language Acquisition. 1993,5:245 – 259.

[7] Kahneman, D. *Attention and Effort*[M]. Englewood Cliffs, New Jersey: Prentice Hall, 1973:168.

[8] Lavie, N. Perceptual load as a necessary condition for selective attention [J]. *Journal of Experimental Psychology: Human Perception & Performance*, 1995, 21: 451 – 468.

[9] Maguire, E. A., Frith C. D., Morris, R. G. M. The functional neuroanatomy of comprehension and memory: The importance of prior knowledge [J]. *Brain*, 1999, 122(10): 1839 – 1850.

[10] Robin, P. Attention, Memory and the Noticing Hypothesis [J]. *Language Learning*, 1995, 45(2): 283 – 331.

[11] Schmidt, R., Frota, S. Developing basic conversational ability in a second language: A case study of an adult learner[A]//Day, R. *Talking to Know: Conversation in Second Language Acquisition*[C]. Rowley, Massachusetts Publishers: Newbury House, 1986.

[12] Schmidt, R. The role of consciousnes s in second language learning[J]. *Applied Linguistics*, 1990(11): 17 – 46.

[13] Schmidt, R. Awareness and second language acquisition [J]. *Annual Review of Applied Linguistics*, 1993(13): 206 – 226.

[14] Spelke, E., Hirst, W., Neisser, U. Skills of divided attention[J]. *Cognition*. 1976 (4): 215 – 230.

[15] Sternberg, R. *Cognitive Psychology* [M]. Orlando: Harcourt Brace College Publishers, 1999.

[16] Swain, M. The output hypothesis: Just speaking and writing aren't enough[J]. *The Canadian Modern Language Review*, 1993(50): 158 – 164.

[17] Swain, M. Three functions of output in second language learning[A]//Cook, G. Seidlehofer, B. *Principles and Practice in Applied Linguistics*[C]. Oxford: Oxford University Press, 1995: 125 – 144.

[18] Tomlin, R., Villa, V. Attention in cognitive science and second language acqui-

sition[J]. *Studies in Second Language Acquisition*, 1994, 16: 183 - 203.

[19] [美] 坎德尔. 追寻记忆的痕迹 [M]. 罗跃嘉等译. 北京：中国轻工业出版社，2007.

[20] [英] 艾森克，(英) 基恩. 认知心理学 (第4版) [M]. 高定国，肖晓云译. 上海：华东师范大学出版社，2001.

[21] 刘儒德. 学习心理学 [M]. 北京：高等教育出版社，2010.

[22] 王改燕. “注意”在二语习得过程中的作用 [J]. 西安外国语大学学报，2007 (3)：41 - 44.

[23] 王荣英. 大学英语输出教学论 [M]. 上海：上海交通大学出版社，2008.

第五章 语言输出与反馈

Swain（1993）认为输出假设对语言习得有三大功能，其中之一为假设检验功能（hypothesis-testing function）。二语习得被认为是一个对目的语不断做出假设，并对此假设不断进行修正的过程，所以假设检验这一环节在二语习得过程中占据着重要的地位。学习者笔头或口头的表达形式表明他们对如何使用目的语持有某种假设，而输出正是一种对目的语潜在假设进行检验的手段。当学习者扩展他们的中介语以达到目的语交际需求时，就是形成新的假设并通过输出这一形式尝试新的语言结构形式，并使用从对话者那里获取的反馈来检验哪些假设是可行的，哪些假设是不可行的。在修改与调整中，学习者的语言判断能力和解决问题的能力得到提高。由此可见，输出的语言习得功能离不开反馈。Long 的交互假设和 Gass 的习得模式，也是基于这一理念。

一、Long 的交互假设

Long（1983，1996）在 Krashen“输入假设”的基础上进一步研究发现，交际的双方为了交际顺利进行而相互进行“意义协商”（negotiation of meaning），产生“交互修正”（interactive modification），从而提出“交互假设”（interaction hypothesis）。

（一）意义协商

Long 的交互假设在肯定可理解输入在语言习得中的重要性的同时，特别强调了意义协商。意义协商是指交际双方为了明白对方或者为了使对方明白而进行的意义上的协商。意义协商对语言习得起到促进作用，它能预防、修补理解中出现的缺口，可带来交互型可理解输入，并能创造输出机会。Long

认为，交互输入比非交互输入更重要，双向交际比单向交际更有利于语言习得。因为在双向交际中，当一方无法理解另一方时，会有机会告知对方。（周星、周韵，2002）Long还指出，输入变得可理解的最重要的途径就是在会话交互过程中不断地相互协商，对可能出现的理解问题进行调整和修正。由此可见，语言输出与输入、调整与修正在外语学习过程中起着同样重要的作用。意义协商可启动调整与修正，把语言输入、选择性注意与语言输出有效地联系起来。通过意义协商，学习者的注意力转向他所知道的和所不知道的之间的差距，以及第二语言中他了解得不多或不了解的领域。

总而言之，Long的“交互假设”的核心是意义协商，它需要四个主要的过程：一是产生凸显的目的语；二是负面反馈；三是可提高理解的输入修正；四是内容可预测性。这些过程可引发学习者注意新的形式、新的形式与意义的联系、中介语与目的语的差距。

（二）交互修正

交互修正即在交际过程中，为了避免可能产生的不理解或误解，双方相互沟通，信息输入方对不解之处提出疑问，信息输出方则对自己的信息表达形式不断地进行修正，如用同义词、用更简单的语言表达方式等，以达到交际顺利进行的目的。换句话说，在交互过程中遇到困难时，学习者不得不将自己的语言表达修改得更连贯、更准确。它为第二语言习得提供了必要的、充分的条件。Long把这种交互修正归纳为以下几类：①理解核实（comprehension check），指说话者询问对话者是否听懂了自己说的话。如“Do you understand?”“Do you follow me?”“I was born in Nagasaki. Do you know Nagasaki?”等。②确认核实（confirmation check），指说话者核实自己是否正确理解了对话者的意思。如“Is this what you mean?”“Do I catch your point?”等。③澄清请求（clarification request），指说话者要求对话者提供更多信息或帮助自己弄懂对话者前面所说的话。如“What?”“Huh?”“Research? I don't know the meanings.”“Sorry, what did you say?”等。

在英语教学中，如果教师只重视为学生提供英语输入，忽视学生的英语输出，会造成学生的输入、输出严重失衡。输入不会自动转化为输出。从输入到输出，再从输出到输入，这中间有一个意义协商的过程，交互是实现这一过程的有效手段。要交互必须有反馈，从这个意义上讲，在 Long 的交互假设中，反馈是必不可少的一个环节，缺少了反馈，无论是意义协商还是交互修正，其习得功效都无法得到发挥。

二、Gass 的语言习得模式

Gass（1988，1997）从认知心理学的角度描绘了人脑认知机制习得语言的流程图，并界定了该流程中的五个基本环节或阶段，建立了相应的二语习得模式。Gass 认为语言习得是一个非常复杂的过程，它包括学习者把输入转变为输出过程的若干阶段，输出作为一个重要的习得阶段或环节，在动态发展的习得过程中起着积极作用。Gass 将语言输入区分为被注意或被感知的语言输入和被理解的语言输入，认为被注意的语言输入是习得的第一阶段，由语言输入中能引起学习者注意的特征组成。不是所有已被注意的语言输入都能被学习者理解，也不是所有已被理解的语言输入都能被学习者吸收。被学习者吸收的语言输入只有被整合内化后，才能融入学习者的语言知识中。这些被整合的知识的正确性，或者说对语言输入的理解、吸收、整合过程的有效性，必须经过语言输出阶段的假设、尝试、检验和修正后，才能最终确立为语言习得的成果。

Gass 的二语习得综合模式是一个如下图所示的包括五个习得构成环节的整体性模式，它能帮助人们了解二语习得过程中输出的地位、作用和实施输出的切入点。一般来说，在具体的语言习得和语言交际实践中，输入和输出都不会是一次性的。当习得（交际）持续进行时，输入与输出将反复交互出现。这时，Gass 的二语习得模式各环节就不是单向递进的了，而表现为一个反复交互的过程。

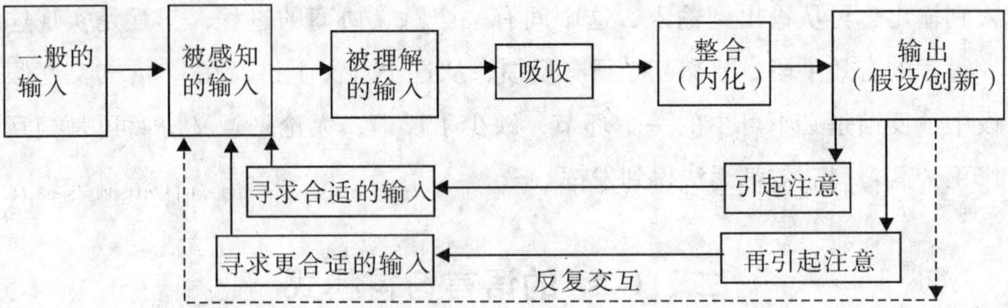

Gass 习得模式的交互循环图

（资料来源：王荣英. 大学英语输出教学论［M］. 上海：上海交通大学出版社，2008：115.）

（一）被感知的输入（apperceived input）

Gass 把被感知的输入比作“启蒙时代”，是学习者利用输入的第一步。学习者在这个阶段发觉还有需要继续学习的知识，因此感知起到了促发机制（priming device）的作用，为学习者进一步分析输入作准备。如果感知能使学习者发现继续学习的需要，在输入中必定出现他们尚未掌握的内容。学习的发生是为了填补所知和应知之间的差距。如果学习者在这一阶段不能发现问题，语言习得就不太可能进一步发展。值得注意的是，Gass 的“被感知的输入”与 Krashen 的“可理解输入”不同。可理解输入，其出发点是其他说话者，学习者理解语言输入只是一种可能，但不会必然发生。而被感知的语言输入，其出发点是学习者，理解从语言到细节的结构分析呈现为连续性。

（二）被理解的输入（comprehended input）

Gass 认为作用于语言学习的输入不同于以交流互动为直接目的的语言输入。被学习者整合入内部语法的是作用于语言学习过程的输入。对输入的分析所达到的程度决定输入是否能够并且在多大程度上转化成吸收。在一般的理解过程中发生的对输入进行的语义层面的分析与在词形构成、词法、句法层面所进行分析是不可比拟的。如果输入要更好地转化为吸收，学习者必须在输入加工时由语义层面推向形式层面。被理解的输入经过选择加工，被学习者消化而成为吸收。

（三）吸收（intake）

吸收也是选择性过程，并不是所有被理解的输入都能够成为语言吸收。因此，不能将吸收简单地看作被理解的输入的一部分，而应看作将输入转化为学习者内部语法的心智活动，是学习者对语言输入中的信息进行整合的尝试。在这一环节，如果学习者对语言材料的分析和加工只停留在意义层面，就不能很好地建立形式—意义连接（form-meaning connection），这将直接影响他们对语言输入的吸收，从而失去在语言形式上继续发展的机会。

（四）整合（integration）

整合包括内部语法发展和储存两种形式。前者指新的语言形式被纳入学习者的内部语法，后者指新的语言形式被储存以待继续加工。Gass（2001）讨论了输入的几种可能结果。一是当输入对学习者的当前假设加以肯定或否定时，输入导致整合。无论学习者的假设是源于内部意识还是表现为语言输出，假设本身反映了学习者对现有知识的不确定，是学习过程中遇到困难和问题的结果。而困难和问题可能出现在输入加工环节，也可能出现在学习者试图用目的语进行表达（输出）的过程中。二是当输入包含的信息是学习者内部语法的一部分时，再次输入加深已有的知识，从而实现对已有知识提取的逐步自动化。三是当输入中的信息没有被分析或被部分地分析时，该信息被储存以待继续整合。四是不发生作用，即学习者没有能够成功地在“有用的层面上”理解输入。

（五）输出（output）

Gass 和 Swain 都强调输出在语言习得中的重要作用，认为输出不仅仅是语言习得的结果和表现。由于输出具有形成和检验假设的作用，因而在动态的、相互关联的习得过程中起到积极作用，从而促进吸收。Gass（2001）同意 Swain 的观点，认为输出将学习者推进到句法加工层面，这一作用是一般的语言理解过程所无法相比的。值得注意的是，输出是 Gass 模式的最后一个环节，但并非语言习得过程的终止。当学习者有意识地主动输出语言信息、以期触发周围环境对自己再次做出输入、继续习得（交际）过程时，学习者又回到了“被感知的输入”的出发点位置。（王荣英，2008）

在 Gass 的语言习得流程中，语言输出是不可或缺的重要环节。学习者对语言输入的感知、理解、吸收和整合过程的有效性，必须经过语言输出阶段的假设、尝试、检验和修正后，才能最终确立为语言习得的成果。而学习者对假设的检验必须经由他人的反馈才能得以进行。从这个意义上来说，反馈是 Gass 习得模式不可或缺的外因之一。

三、反馈与纠错

反馈是针对二语学习者的言语输出行为所做出的反应。那么，当学习者在言语输出中出现错误的时候，应提供何种方式的反馈，究竟是否应该纠正学习者的错误？这是第二语言教学中争议最多的问题之一。

根据行为主义理论，教师应该为学习者提供严格控制的语言输入，以便能够预防言语错误的发生。而当预防失败，学习者出现了言语错误时，应及时予以纠正，以避免养成不良的言语习惯。

与之相对，持自然主义观点的研究者指出，儿童在母语学习过程中，成人很少更正他们的言语表达错误，只要有足够的肯定性证据（positive evidence），即可接受的、符合语法规范的语言，儿童最终能够自行修正其语言错误。与之相似，在二语学习中，也应该为学习者提供充分的可理解的语言输入和交流的机会，使他们像儿童学习母语那样自然而然地学习第二语言，因而，负反馈及否定性证据（negative evidence），即指出不可接受的、不符合语法规范的语言对二语学习来说不是必需的。与该理论倾向相呼应，Truscott（2007）罗列了二语教学中错误纠正的一系列“罪状”，指出错误纠正在课堂中难以有效地实施，它只能暂时地改变学习者的一些表层的语言行为，却可能给学习者带来多种消极影响，如挫伤学习者的自信心、增加情感焦虑等，因此，他主张应该彻底放弃这种对言语错误的纠正行为。

然而，这种观点也受到许多研究者的反对。有研究者指出，尽管肯定性证据对语言发展来说是必要的，但它并不是充分条件。研究发现，在儿童的母语学习过程中，成人在儿童说出准确或错误的句子时所做出的反应是不同的。当孩子说出不符合语法的句子时，尽管成人很少直接指出孩子的表达错误，但他们会通过调整自己的语言间接地为孩子提供负反馈，如成人通常会对儿童说出的句子进行重新表述并更正其中的错误。与肯定性证据相比，儿童更倾向于模仿成人提供的修正性反馈。这些研究结果表明，在母语学习中，负反馈和否定性证据不仅是存在的，而且它们对于儿童的语言发展有着重要的意义。

同样，在二语学习过程中，仅有语言输入也是不够的。Swain（1995）对加拿大的法语沉浸式教学进行了大量研究，发现学习者尽管拥有充足的目标语输入，但他们的法语输出在质和量上都明显不足，其法语的准确性也远远落后于本族语者，因而提出语言输出在二语学习中具有重要的作用。此外还有研究者探讨了言语互动、注意等对二语学习的意义，而“反馈”与上述学习过程、学习机制都有着密切的关系。因此，尽管提供高质量的反馈对二语教学者来说确实是富有挑战性的，但不应就此放弃这种重要的教学策略，而是应该就如何提供有效的反馈以及反馈的有效性与教学情境、学习者特征等之间的关系进行更多的研究。

与传统的行为主义观点不同，当前许多关注反馈的研究者并不把学习者的错误看作“洪水猛兽”，而是将之视为反映学习者语言发展的窗口。它可以使教师和研究者了解到学习者在二语学习中的问题和进展，从而更有针对性地采取教学策略。此外，由于反馈的内涵大于纠错，而且纠错在字面上带有惩罚的意味，因而有些研究者倾向于以“反馈”这一术语取代“纠错”。

四、反馈的二语习得功能

不同目的、不同类型的反馈在二语习得中的功能也不尽相同，总体来看，反馈的功能大致表现为以下几个方面：

第一，反馈为学习者提供评价性信息，使学习者意识到自己的语言行为是否可以被接受。认知主义理论将语言学习过程看作假设—检验的过程，反馈可以帮助学习者反思自己的言语输出行为，检验自己原先的假设，修正语言输出，这对于学习者发展元语言意识是非常重要的。

第二，当学习者在语言输出中发生错误时，反馈可以为学习者提供纠正性信息。反馈不仅可以通过直接或间接的方式使学习者知道自己的言语表达存在问题，还能够帮助学习者发现其问题所在，并引发他们尝试进行自我纠错（如元语言线索、要求澄清），或者通过提供肯定性证据使学习者获得正确的表述方式（如“重铸”、直接纠错）。

第三，反馈能够帮助学习者注意到重要的语言信息。Schmidt（1990，1993）的“注意假设”认为，学习者学习一种新的语言特征时，首先必须注意到语言输入中的这种特征，而反馈是引导学习者注意力的重要方式之一。例如，根据Saxton（1997）的“直接对比假设”（Direct Contrast Hypothesis），“重铸”可以促使学习者将自己的语言与他人的重新表述（重构）进行对比并注意到新的语言形式，这是学习者最终能以正确的语言形式取代错误的语言形式的第一步。

第四，反馈有助于学习者通过言语互动学习语言。Long（1983）在“互动假设”中指出，言语互动不仅是学习者练习语言的媒介，它还是使语言习得发生的媒介。在言语互动中，意义协商，特别是那些能够激发本族语者或二语水平较高的对话者进行互动性调整的协商有助于语言习得，因为这种协商将语言输入、学习者的能力以及语言输出以一种建设性的方式联系了起来。Gass和Selinker（2001）进一步指出，言语互动或协商本身并不意味着语言学习的发生，它只是为语言学习搭建了一个平台或起到启动装置的作用。在协商过程中，学习者获得的反馈不仅是使言语互动持续下去的重要环节，同时它还可以引导学习者注意到他的理解与目标语之间的差异以及那些他所不了解的东西。因此，我们可以认为，反馈是互动过程中语言学习得以发生的催化剂。

第五，反馈给予学习者情感方面的支持。反馈并不等于对学习者的批评和错误纠正，它可以是对学习者的关注、对其语言进展的肯定，以及对其努力方向的指引。情感上的积极反馈有助于激发学习者的动机。

总之，二语学习是一个复杂的过程，反馈的作用也是多方面的。从动态复杂性系统的角度看，反馈有助于二语系统超越其当前设定的模式，激发新

的模式形成过程，从而获得新的语言特征。（林琼，2010）

五、启　示

反馈是二语学习研究领域中备受关注的主题之一，有研究者将其与意识唤起（consciousness-raising）和语言输出（output practice）并称为二语学习中的“三大件”（the big three），其重要性可见一斑。

在我国，二语学习研究是一个较为薄弱的领域，关于反馈的理论探讨和实证研究都十分缺乏。从国内外研究现状来看，从以下角度研究反馈问题对我国二语学习研究与教育实践都具有重要的意义：①考察具体学习情境、学习任务中反馈的使用情况（反馈的提供者、不同类型反馈的分布比例和频率等）；②分析不同年龄、不同发展水平的学习者对不同类型反馈的感知和修正性反应情况；③针对学习者不同的错误类型，分析反馈的使用情况及其对学习者语言输出的影响；④考察不同类型的反馈对学习者语言发展的长期影响（long-term effects）；⑤探讨通过现代教育技术提供反馈的可能途径。

从我国的外语课堂教学来看，受教学条件、师资力量等的限制，课堂中真实、有意义的言语互动活动非常贫乏，学习者的语言输出大多是回答教师提出的问题或者进行模式化的、脱离语言情境的练习。与之相应，来自教师的反馈大多是直接的对错判断或错误纠正。针对这种现状，可以通过教师培训使教师认识到反馈的复杂性、多样性，了解不同的反馈类型及其适应条件和使用技巧，从而更有效地选择和使用反馈策略。更重要的是，只有变革外语学习与教学模式，设计适当的教学任务，使学习者有更多机会参与有意义的言语互动活动、有更多机会进行真正的语言输出，才可能让各种反馈策略有生长的空间，从而使学习者从中获益更多。（林琼，2010）

参考文献

[1] Gass, S. M. Integrating research areas: A flame work for second language studies [J]. *Applied Linguistics*, 1988(9): 198 - 217.

[2] Gass, S. M. *Input, Interaction and the Second Language learner* [M]. Mahwah,

New Jersey: Lawrence Erlbaum Associates, 1997.

[3] Gass, S. M, Selinker, L. *Second Language Acquisition: An Introductory Course* [M]. Mahwah, New Jersey: Lawrence Erlbaum Associates, 2001.

[4] Long, M. H. Native speaker/non-native speaker conversation and the negotiation of comprehensible input [J]. *Applied Linguistics*, 1983 (4): 126 – 141.

[5] Long, M. H. The Role of the Linguistic Environment in Second Language Acquisition [A]//Ritchie, W. C., Bhatia, T. K. *Handbook of Second Language Acquisition* [C]. San Diego, California: Academic Press; 1996: 413 – 468.

[6] Saxton, M. The contrast theory of negative input [J]. *Journal of Child Language*, 1997, 24(1): 139 – 161.

[7] Schmidt, R. The role of consciousness in second language learning [J]. *Applied Linguistics*, 1990(11): 17 – 46.

[8] Schmidt, R. Awareness and second language acquisition [J]. *Annual Review of Applied Linguistics*, 1993(13): 206 – 226.

[9] Swain, M. The output hypothesis: Just speaking and writing aren't enough [J]. *The Canadian Modern Language Review*, 1993(50): 158 – 164.

[10] Swain, M. Three functions of output in second language learning [A]//Cook, G., Seidlehofer, B. *Principles and Practice in Applied Linguistics* [C]. Oxford: Oxford University Press, 1995: 125-144.

[11] Truscott, J. The effect of error correction on learners' ability to write accurately [J]. *Journal of Second Language Writing*, 2007(16): 255 – 272.

[12] 林琼．聚焦形式教学引论［M］．合肥：安徽大学出版社，2010.

[13] 王荣英．大学英语输出教学论［M］．上海：上海交通大学出版社，2008.

[14] 周星，周韵．大学英语课堂教师话语的调查与分析［J］．外语教学与研究，2002（1）：59 – 66.

第六章　语言输出与元语言功能

——兼论语法知识教学的必要性

所谓元语言是指学习者所具有的关于语言知识的总和，即他们通过反思和分析语言所得到的关于语言形式、结构及语言系统方面的知识。元语言功能指学习者运用语言来分析和描述语言，是对语言形式的思考。他们通过琢磨和分析语言，可以得到关于语言的形式、结构以及其他方面的信息。有声思维活动就是元语言功能的例子。它指的是一边思考，一边说出所思考的内容。Swain（1993）等人做实验，让学生用法语写一篇 1～2 段的命题短文。在写的过程中，学生用法语或者英语说出自己的构思，但不能擦掉任何错误的地方，不能停顿太长的时间，也不能借助字典、在场老师及实验者的帮助。初稿写完后，学生用红笔修改文章，每做一处改动必须说出原因。目的是观察在没有反馈的情况下，学生是否会自己想出办法来。结果发现在有声思维活动中学生会充分利用自己的元语言功能。

学习者在执行输出任务时，不仅会表明他们的假设，而且会用目的语思考自己的输出。也就是说，语言输出的过程更能促进学习者将注意力从理解意义向表达意义的句法结构转移。当学习者反思他们自己的目的语用法时，输出即起着元语言功能作用，能使他们控制和内化语言知识。这是语言能力和语言技能发展的基础。

一、外语课堂中的元语言：表现形式与功用

语言学家认为元语言具有独立性，是“谈论语言的一种语言”（Matthews，1997：223）和“描写自然语言的语言”（Bussmann，1996：303）。在现实的语言交际中，元语言担负着对个人话语的自我注释的功能，它能使信

息得以清楚地传达，消除含糊不清，避免误解语义。每种语言都有表达本语言或描述其他语言的方式和特点，如果没有这种具有形态句法、书写符号、韵律和词义等规则的特殊描述，那么任何对语言的描述都是不完整的。元语言引起了人们广泛的思考，并逐步扩大到了许多有关的学科，其中包括外语教学。外语课堂的特点之一表现为教师有时会通过语言叙述来传授讲解语言知识，所以师生间话语交际中存在着不可否认的元语言事实。

解释语法的言语实质上就是元语言言语，因为它具有描述语言的功能。通过对语言课堂的观察可以发现，在语法知识的传授上，几乎所有的教师都比较习惯使用元语言对某一个语法现象作必要的描述。这涉及语法现象的构成、使用方法、使用条件、语言功能和赋予的语义价值等。而这些语法现象的描述与介绍和课堂环境有很大的关系，因为解释语法的目的不是单纯地描述语法，而是扩充学生的语言知识以提高学生使用目的语进行交际的能力。

封宗信（2005）也指出，“元语言是知识，也是能力。培养学生用语言解释语言的能力，增强他们的元语言意识，与培养他们的语言能力同样重要”。通过对教学实践的观察可以发现，元语言不仅仅局限于对语言成分的解释、对词汇应用和形态句法规则的描述以及修正学生在交际时所犯的语言错误，还对实现课堂上师生间的话语互动起到了积极的作用。因此课堂上师生间所进行的一系列的语言互动都会带有教师所期待的、通过多种教学策略才能够达到的元语言目的，如让学生理解某一词语、复述某一句型、解释某一语言现象，等等。外语课堂中的元语言作为交际工具具有双重作用：其一，作为过渡性语言有助于师生间的话语交际；其二，作为辅助性语言可以帮助学生理解一个词语或者某一语言现象乃至掌握某种语言规则。所以我们说元语言是外语教学的有效工具，它既培养和提高了外语学习者使用语言进行交际的能力，同时也教给了学习者描写语言、释译语言的知识和手段。很自然，我们应该将提高学生的元语言能力作为教学目标之一。（王明利，2007）

二、涉及语言知识在习得中地位和作用的几种主要假设

基于认知心理学原理的二语习得是不断通过应用策略来理解和输出二语

的心理过程。这一过程包括三个方面或三个阶段的关系：一是语言输入与学习者语言知识之间的关系；二是学习者语言知识的表征（如母语知识与二语知识、显性知识与隐性知识）的相互关联；三是学习者的二语知识与语言输出之间的关系。如何在二语教学中合理地解决这三方面的问题，将是影响教学水平与教学效果的关键。几十年来，语言习得领域的专家和学者们纷纷对此发表自己的看法。

（一）对比分析假设

20 世纪五六十年代受行为主义心理学和结构主义方法的影响，应用语言学家们热衷于对母语与外语两种语言进行对比研究，由此产生了对比分析假设。这种假设认为，外语习得的主要障碍在于母语体系对外语体系的干扰。因此，对母语和外语进行科学的结构分析，找出它们的相同点和不同点，就能够预测学习者可能会遇到的困难。母语与外语的差别越大，对外语学习的干扰就越大，学习者将要遇到的困难也就越大。如果没有干扰，学习者也就不会遇到特别的困难，因为他可以将自己的母语知识积极地迁移到外语中去，从而帮助他理解和掌握所要学习的东西。对比分析假设在语言教学专家和语言学家中引起了很大反响。Randal L. Whitman（1970）注意到对比分析有四个程序：第一是描述，语言学家或教师使用形式语法的工具清楚地描述母语和外语；第二是选择，选择某种形式，如语言项、规则、结构进行对比；第三是对比本身，把一个语言体系在另一个语言体系上定位，其间的关系说明依赖于第二个程序选择的对比形式；最后是预测，在前三个程序的基础上预测错误或困难。

（二）过渡语理论与语误分析

Wardhaugh（1970）认为，单靠对比分析不能解释不同的人为什么学习第二语言时会表现出巨大的差异。20 世纪 60 年代晚期，人们又开始用与研究第一语言习得相同的方法来考察外语学习。学习者不再被看作是充满错误的不完美语言的输出者，而被看作是聪明而富有创造性的人，他们在意义语境中接触语言的形式和功能时，经过逻辑的、系统的习得阶段，创造性地将其运用于他们的语言环境。当时最著名的理论是“过渡语假设”（Selinker, 1972）。“过渡”是指外语学习者语言体系的独立性，这个体系既不是母语的体系，也不是外语的体系，而是在结构上介于母语与目的语之间的位置（因此“过渡语”也被某些学者译为“中介语”）。分析过渡语最为直接的方法就是研究学习者的语言输出资料（口头的和书面的），因为学习者的言语和作文是可以被直接观察的，也能够反映其内在的语言输出能力。研究学习者的言语和作文主要是研究他们的错误，这被称为“语误分析”。人类学习基本上是一个涉及犯错误的过程，成功来自从错误中吸取教训。语言学习也同其他学习一样。儿童学习母语按照成人的观点要犯无数的“错误”，儿童慢慢地且稳定地学会输出母语中合理的言语。外语学习的过程很类似第一语言学习这种尝试—错误—修正的过程。

进行语误分析探究学习者的语言体系时，一个普遍的困难就是这一体系不能直接观察到。它必须通过分析输出和理解资料进行推导。首先，识别和描述错误。这可以从一系列不同的范畴来描述错误，如分辨出增补错误、省略错误、替代错误、词序错误等。其次，确定错误的来源。Douglas Brown（1994）分析出四种错误的来源：一为语言间的迁移，即外语学习开始阶段的特点是大量来自母语的语言间迁移或称干扰；二为语言内的迁移，当学习者接受外语体系中越来越多的内容时，他们就表现出越来越多的“过度概括”，产生消极的语言内迁移；三为学习环境，包括学校学习的课堂、教师和教材或者外语自学时的社会环境；四为交际策略，即当学习者用交际策略来帮助他们表达信息时，这些技巧本身就可能是错误的来源。随着对过渡语特征及其所包含错误的大量研究，研究者们开始试图从中分析出外语学习者语言发展的阶段。根据Brown（1994）的观点，过渡语的发展包含四个不同的阶段。第一阶段被称为“随意错误阶段”，其间学习者只是很模糊地知道某一类语言项目有某种系统性。第二个阶段是“新兴阶段”，其间学习者的语言输出出现了一定的连续性，学习者已经开始识别体系并吸收某些规则。第三阶段是“系统阶段”，学习者在使用外语时能够表现更多的连续性。最后一个阶段就是“稳定阶段”，此时学习者相对而言几乎没有错误，其流利性和对意义的表达已不成问题，本阶段的特点是学习者能够自己改正错误。必须注意这里所述的四个阶段并不能概述学习者的全部外语体系，单凭输出错误不足以衡量外语学习者的整体能力，它们只是学习者过渡语的显著特征，并给我们提供进行语言分析的材料。

（三）Mclaughlin 的注意—加工模式

Mclaughlin（1983）和 Schmidt（1990）认为，为了建立一套关于第二语言习得的有理有据的理论模式，最好不去求助意识和无意识这个连续的统一体。Mclaughlin（1983）和他的同事提出一种解释第二语言习得的更合理的启发式研究，用注意—加工模式来概括语言习得过程。这一模式将加工处理机制（控制的和自动的）与注意范畴并列起来形成四个最小的基本单位（如下表所示）。控制过程为有限和短暂的能力，典型的控制过程是任何人学习一门全新技术的过程，在这个过程中，他只能记住技术的少数几个方面。自动过程则相对持久些，是学习一门更为熟悉的技术的过程。在这个过程中，人的大脑“硬盘”能同时处理成千上万条信息。这一加工连续体的两端都能发生在对手头任务进行中心注意或边缘注意的情况下，将注意力集中到中心部分或边缘部分。

Mclaughlin 注意—加工模式

注意语言形式特征	信息加工处理过程	
	控制过程	自动过程
中心有意注意	A 建立在形式规则学习基础上的语言行为	B 测试情境中的语言行为
边缘偶然注意	C 建立在内含学习或类推学习基础上的语言行为	D 交际情境中的语言行为

Brown（1994）对 Mclaughlin 的模式应用于外语学习做了大胆尝试，试图把注意—加工模式中一些较为复杂的构建阐释清楚。Brown（1994）认为，需要重视的是我们将这些最小的基本单位描述为人们对语言形式（语法、语音、

语言规则等）的处理和注意。在高级语言班里，如果边缘注意集中在语言形式上，那么无疑中心注意就集中在意义、功能、目的和人称上。少儿的第二语言学习完全是由集中于语言形式上的边缘注意（基本单位 C 和 D）构成的。多数成年第二语言学习者在课堂内的语言形式学习需要经过基本单位 A、B 和 C 的组合后，再过渡至 D。因此，语言学习者的最终交际目标是对语言片段的、边缘的、自动的注意处理。

（四）Bialystok 的分析—自动化模式

Ellen Bialystok（1978）提出了另外一种概括外语学习不同过程的方法及学习策略模式。这个模式的中心分为显性语言知识（explicit linguistic knowledge）和隐性语言知识（implicit linguistic knowledge）。显性范畴包括人们对语言事实的了解以及陈述语言事实的能力。隐性知识则是指在完成语言任务时自动和自发使用的信息。过程是共有的，策略则是选择的，因人而异。模式有三个层次：输入（input）、知识（knowledge）和输出（output）。输入指任何语言接触。知识是语言接触提供的，可分为显性知识、隐性知识、与外语相关的其他知识。输出是语言推理和使用的产物，与隐性知识有直接联系，用“反应”表示。反应分两大类，一类是直接和自发性的，如与人交谈；另一类是经过思考和需要时间的，如笔试、阅读。在这个模式中，学习策略将三个层次联系起来。四种学习策略是语言形式练习、功能练习、监察和推理。

（五）Krashen 的习得假设

Krashen（1981）的第二语言习得理论主要由五个假设组成：习得—学得假设、监控假设、自然顺序假设、输入假设和情感过滤假设。其中习得—学得假设、监控假设和自然顺序假设对语言知识在习得中的地位和作用这一论题都有不同程度的涉及。

1. 习得—学得假设

Krashen 第二语言习得理论的出发点和核心是对“习得”和“学得”的区分，以及对它们各自在学习者第二语言能力形成过程中所起的作用的认识。根据“习得—学得”假设（The Acquisition-Learning Hypothesis），成人是通过两条截然不同的途径逐步习得第二语言能力的。第一条途径是“语言习得”，即通过无意识地构建语言体系获得语言能力的方式。习得者将注意力放在语言所传递的信息上而非其载体语言的形式上，通过自然的、无意识的方式用目的语交流，语言能力随之提高。这一过程类似于儿童母语能力发展的过程。第二条途径是“语言学得”，即通过听教师讲解语言现象和语法规则，并辅之以有意识地练习、记忆等活动，达到对所学语言的了解和对其语法概念的“掌握”。习得的结果是潜意识的语言能力，而学得的结果是对语言结构有意识的掌握。Krashen（1981）认为，只有语言习得才能直接地促进第二语言能力的发展，才是人们运用语言时的生产机制；而对语言结构有意识的了解作为“学得”的结果，只能在语言运用中起监控作用，不能视为语言能力本身的一部分。Krashen 强调“习得”是首要的、第一位的，但也并不排斥“学得”的作用。

Krashen 把成年人学外语分为习得和学得的观点，对语言教学有很大的启示。语言教师可以在教学中尽量营造真实的交际环境让学生在交际中获得语言能力。但是就我国大学生学习英语的现状而言，其语言综合能力既有在潜意识状态下获得的，也有在有意识状态下获得的，并没有那样泾渭分明。另外，在“习得”发生的目的语环境中，可以伴随着“学得”；反之，在“学得”发生的外语课堂教学环境中，学生完全可以融入教师所输出的目的语之中，“学得”也就与“习得”相伴随了。所以在掌握一门外语的过程中，“习得”和“学得”是并存的，并不因为环境的不同而截然分开。

2. 监控假设

监控假设（The Monitor Hypothesis）认为，人的大脑中有两个独立的语言系统——有意识的监控系统和潜意识的监控系统。监控系统被视为一种“意识到的语法”（conscious grammar）。在语言学习过程中，监控系统一旦发生作用，就会具有编辑控制的功能，使语言使用者注意语言形式的使用而不是语言内容的表达。这一理论体现在语言习得与语言学得的内在关系上。根据此假说，正在学得或已经学得的规则只有一个作用：对那些按习得的规则说出的话语进行监控和修正，学得的知识通过言语的监控起作用。监控作用的实现需要具备三个条件：其一，语言使用者必须要有足够的时间才能有效地选择和运用语法规则；其二，语言使用者的注意力必须集中在所用语言的形式上，也就是说，语言使用者必须考虑语言的正确性；其三，语言使用者必须已经具有所学语言的语法概念及语言规则的知识。

在口头交谈中，人们往往没有时间去考虑斟酌语法，注重的是说话内容而不是形式，语法规则如果不是习得来的，一时也用不上。因此，在口头交流中，如果一方过多地使用语法监控，不时地纠正自己讲话中的语法错误，说起话来就会结结巴巴，使对方失去交谈的兴趣，因而达不到交流思想的目的。但在事先准备的正式发言和写作中，语法的使用能提高语言的准确性，为演讲或文章增添色彩。

Krashen 区别出三种不同的监控使用类型：第一种是使用得比较成功的人。此类人在口头使用语言时常有失言，但经人指出后能够自己改正；在写作时，由于较注重语言的形式，很少会出现错误。第二种是使用过度的人。此类人对语言的规则懂得很多，却不敢口头表达，但书面语一般都较准确。第三种是使用不足的人。此类人能做口头表达，但错误很多，不能自己改正。

3. 自然顺序假设

自然顺序假设（The Natural Order Hypothesis）认为，学习者对语言结构知识的习得实际上是按一定顺序进行的，其次序是可以预测的。这种自然顺序似乎并不完全是由规则的简单与复杂所决定，也不受课堂上教授的顺序所影响。就某种语言而言，学习者总是会先掌握某些语法结构，而对其他的语法结构则会掌握得较晚。虽然并非每一个人都有完全相同的习得顺序，但是统计资料表明习得顺序非常相似。

Krashen（1981）指出，自然顺序假设并不要求人们按这种顺序来制定教学大纲。实际上，如果我们的目的是要习得某种语言能力的话，那么就有理由不按任何语法顺序来教学。根据“自然顺序假设”，我们可重新确定第一语言在第二语言学习中的地位。长期以来，在第二语言学习过程中，第一语言被说成是障碍，干扰学生学习新语言。事实上并非如此，第一语言和第二语言可能有许多相同的规律，语法顺序并不总是受第一语言干扰。中文与英文在语言功能上是相同的，在某些语言表达方式上也有共同之处。在课堂上教师有时需要借助母语以便使学生更快且准确地理解外语，但把语法结构简单排序也有不妥之处，一种语言的规则种类众多，有些是可比的，有些是不可比的。

（六）其他相关学者的看法

Selinker（1972）提出过渡语（interlanguage）一词，它用来指学习者在某个阶段所建立的内部系统，是反映学习者不断进步、相互联系、连续发展的系统。Selinker（1972）认为，二语习得过程包括五个主要的认知过程：语言迁移、训练迁移、二语学习策略、二语交际策略和过度概括目的语材料。在学习策略的帮助下，学习者建立起二语的心理语法，并依靠他们所建立起的语法规则来解释和输出语言。

MacWhinney 等人（1984）提出了竞争模式，解释了在实际语言使用中，学习者进行信息处理时所运用的是何种知识。MacWhinney 等人（1984）认为，人类学习语言的能力与其他能力依赖相同的认知体制，学习者对目的语语法的掌握是语言输入与认知机制相互作用的结果。为了实现交际功能，学习者创造、控制、制约、习得自然语言的形式。任何一种语言形式都可实现多项功能。反过来，任何一项语言功能也有可能由多种语言形式来实现。语言输入给学习者提供了四个方面的线索，即语序、词汇、形态和语调，而每种线索是否有用由可靠性、可获得性和竞争有效度来决定。

Ellis（1994）认为，语言使用分为有计划的交流和无计划的交流。知识激活并被使用需要经过一些过程，可分为主要过程和次要过程。主要过程在学习者进行无计划交流时得以使用，它涉及的知识相对而言是未分解的、自动化的。次要过程则在学习者进行有计划的交流时得以使用，涉及从未分解到分解的知识连续体中偏向分解这一端的知识。因此，首先在有计划的交流中激活语言项目与规则，然后逐渐在无计划的交流中使用二语项目和规则。

三、从学得角度看语法知识教学的必要性

在外语教学发展史上，语法教学一直是各种教学法关注的一个重要问题。从早期的语法翻译教学法到现在普遍流行的交际教学法，语法教学也经历了一系列变革。从传统的“形式中心式”（focus-on-forms）到摒弃形式教学的

“意义中心式”（focus-on-meaning），语言形式在语言教学中的地位和作用受到了挑战和质疑。从狭义上讲，语言形式主要是指描述语言特征的语法规则；从广义上讲，语言形式是指构成复杂的语言系统的各个层面和组成部分（如语音、词汇、语篇衔接、语用标记等）以及描述这些组成部分的运用和分布的语言规则（如搭配、主谓一致、时体等）。传统的语法教学是在脱离语境的条件下孤立地讲解语言形式，从而致使学习者只是掌握一些抽象的语言规则，却不能有效地运用合适的言语进行交际。与此相反，以意义为中心的教学法走向了另一个极端，它提倡语言应该是在有意义的语境中自然习得的，认为对语言形式的系统学习不能促进语言能力的发展，因此就否认了语法教学在外语学习中的作用（葛现茹，2009）。在交际教学法盛行的今天，有相当一部分外语教育工作者认为，教语言不必解释，学语言不是一种推理过程，而是在合适条件下人们内在的自然能力，进而把语法教学降到了极次要的地位，仅采取简单的归纳的方法。但实际教学效果却很不令人满意，甚至可以说造成了严重后果。往往有这种情况，经过多年的学习之后，学习者仍然不能在各种情况下始终如一地写出符合语法规范的句子，貌似流畅的口语充斥着语法错误。现状表明，走向实用英语，并不是不要语法，关键是要把语法放在一个合理的位置，并采用科学合理的教学方法。

（一）需要消除的误区：外语语法“自然习得”论

对广大英语初学者来说，语法知识是令人发怵的“拦路虎”，诸多的规则和限制既易混淆又易忘记，因此心中自然会希望语法规则越简单越好，最好是不用学习和记忆语法知识。也许是出于商业运作的考虑，有相当一部分的民间外语培训班宣称其能“帮助广大外语学习者摆脱语法困扰”，因为它们“营造了纯自然外语学习环境，学员们能自然而然的习得外语语法”，殊不知这样的说法，前提已经错误，结论更是荒谬。

1. “二语习得”和“外语学得”的差异决定了外语语法不能“自然习得”

众所周知，每一个人自出生之日起，便开始在一定的语言环境下成长。小孩在咿呀学语之前，已经接受了大量的言语熏陶。婴儿在发出如“妈妈”、

“爸爸”这样的音节时，标志着他已经开始使用语言，随后他逐渐能叫出简单事物的名称，能表达和自己年龄段相称的欲望和想法。通过每天和身边的成人以及周围伙伴接触、交流过程中的潜移默化的作用，他的话语素材与日俱增，语用能力不断长进。小孩到四五岁左右，基本上打好了一个坚实的基础，开始能灵活自如地运用他所生存的环境中的语言，这便是他的母语，也就是语言学中所说的“第一语言”。由于生活环境、工作性质和自身发展等方面的原因，有些人必须接触、掌握、运用一门以上的语言。也就是说，除母语外，他们还要学习其他语言。国内外语言学界在谈论母语以外的语言学习时，常常笼统地称之为第二语言习得。从严格意义上讲，第二语言和外语当属不同的概念。那么，第二语言学习和外语学习的区别究竟表现在哪里呢？“前者是在一种自然语境和接近自然语境的氛围中进行的；而后者则主要是在课堂教学方式下进行的”（Krashen，1981：12）。汉语为母语的中国学生在国内学习英语，除了少数学习者有机会到英语国家进修之外，绝大多数学习者都没有这样的机会。可以说，普通学习者是完全浸泡在纯汉语的氛围里学习英语的。从日常生活到在校学习，他时时处处被汉语的声音和文字所包围。每周有限的几个学时，基本是在课堂教学模式下进行的。即使他很幸运能在完全用英语授课的课堂中学习，可出了课堂，好不容易感受到的英语气息转眼之间就被无所不在的汉语气氛稀释得了无踪迹。外部环境的诸多改善并未能从根本上改变“我们是在‘汉语大环境’下学英语”这一基本事实。正是这一大前提，从根本上决定了在我国国内只能“学得”英语这门“外语”，把英语作为“第二语言”自然而然地“习得”只能是一种美好的愿望。既然外语不可能“自然习得”，作为抽象知识的外语语法当然也就不可能“自然习得”，同样要有意识地“学得”。

2. 乔姆斯基“语言习得机制”理论反证了外语语法不能“自然习得”

根据乔姆斯基（Chomsky，1980）的观点，语言不是一套习惯，而是说本族语的人具有理解和构成合乎语法句子的先天能力，它由脑内形成的语言能力（competence）创造出语言行为（performance）。语言能力的形成是由于人类头脑中存在一种先天性的语言属性，乔姆斯基称它为普遍语法。普遍语法包含了所有语言的普遍原则，是人类大脑的一部分，属于一种生理现象，乔姆斯基将其用语言习得机制（Language Acquisition Device，简称 LAD）表示。乔姆斯基（1986a）认为，描述语言的发展则不宜使用学习（learning），而应使用习得（acquisition）。语言习得是在一定语言环境的“触发”下自行“生长”，而不必努力去学，习得语言（0 至 12 岁左右的儿童学习语言）是一种生理现象。习得语言一靠普遍语法，二靠接触到的具体语言去激活（activate）固定的普遍语法中的参数。儿童习得母语是如此，成人或儿童习得母语以外的第二语言也是如此。这样，乔姆斯基的语言习得论就把第二语言教学与外语教学等同起来了。但是需要指出的是，激活普遍语法是一个长期作用的活动。第二语言学习者全天候浸入语言学习当然可以拥有这么多时间，外语学习者则不可能。因此，即使语言习得理论反映了外语学习的规律，也只说明第二语言可能自然习得，外语则不可能。外语语法作为抽象的理论知识，更不可能自然习得。

（二）在外语学得的前提下看语法教学的地位

语言是交际的工具。从使用语言的角度看，说话就是造句。语言为说话者提供造句的材料和造句的规则。造句的主要材料是词，还有固定词组和成语。词、固定词组和成语的总和构成语言的词汇。对于语法这一概念的理解，通常来说有两种。20 世纪 80 年代初期开始，乔姆斯基和其他的生成语言学家提出并发展了一种普遍语法理论，该理论被称为原则和参数理论。根据乔姆斯基（1981）的理论，普遍语法是一个语言知识体系，是人类特有的天赋，它存在于正常人的头脑中。本节所指的语法不是这个意义上的语法，而是指对语言结构及语言单位如单词、短语在该语言中组合成句的方式的描写，通常包括这些句子在整个语言体系中的意义及功能。

1. 从语言的创造性角度看外语语法教学的地位

在接触一门新的语言的初期，学习者必须首先克服新的语言系统引起的晕眩感，习惯它的各种制约，然后逐步从认知上和感情上去建立一个新的指称系统和意义系统，并发展起使用语言的语感，知道怎样用是对的，怎样用是错的。最后，他才能具有创造性地使用语言的能力。这个过程是一个内在化（internalization）的过程，即把语言的语法和语用规则内在化，成为大脑机制的一部分（Chomsky，1988）。Spolsky（1989）认为，语言本质上是创造性的，不能把语言理解为一种习惯；对语言创造性的最好解释是：语言的说话人有一个规则系统，用以产生和理解新的句子。我们可以从他的观点得到这样的启发：教外语学习者对预定的刺激做出自动化的反应是不够的，外语教学应导致在新的语境中创造性地使用语言。

乔姆斯基（1986b）认为，语言习得主要是语言的语法体系的习得。将儿童习得一种语言简单地看作是语言的具体表达方式的内在化是一种误导。事实上，儿童习得的不是一些具体的话语，而是一系列使它们能够说话并理解口头语的规则、条件和要素。有理由相信，“语言技巧的习得包含的不是单词、句子的简单记忆，而是语法规则的习得”（Chomsky，1986b：134）。从理论上来说，人的大脑不可能储存一种语言的所有词汇与表达方式。真正的情形是，儿童处理听到的句子时，是先在大脑中浮现出语法，然后再根据语法搞清楚所听到的词句的意思。在说话时的情况是，他们遵循着内在化的语法规则，如 X 标杆规则，这些规则使他们能将语音与意义相联系，从而以无限多的方式来进行表达（Chomsky，1995：57－65）。不了解具有创造性的规则，语言使用者就不可能造出并理解无数新的句子。儿童在几年内就能习得其母语的大部分语法规则，这种成就令人难以置信，似乎连最优秀的语言学家也做不到，普通外语学习者更是不可想象。所有语言的语法规则都很复杂，成人话语中又常常含有不完整的句子和“无意的”言语错误，儿童必须从成人话语中领会出这些规则。实际情况是，随着接受的语言输入的增多，儿童从中寻找普遍的模式与有系统的现象，形成最为简易、普遍的规则，并对其用法进行过度的概括（Radford，1988）。后来，当儿童意识到规则也有例外时，就开始区分规则与不规则形式。也就是说，儿童习得母语语法走的是一条“归纳法”的道路，因为儿童是在自然环境中习得他们的母语的，无时无刻不沉浸在母语素材的海洋里，其语法规则的内化是一个自然而然的过程（Radford，1997）。二语习得者走的是一条大致相似的道路。而对外语学习者来说，由于缺乏自然语境，再加上学习的课时有限，采用“归纳法”无疑是行不通的，也是不经济的，因而只能用“演绎法”。也就是说，学习者对某种外语有了一定的感性认识后，需要在教师的指导下，有意识地对语法知识进行系统的学习；然后在进一步接触语言素材的过程中，深化对语法知识的理解，从而能在新的语境中创造性地使用语言，举一反三。当然，在“演绎推理”的过程中，也会发生类似儿童习得母语过程中发生的概括过度现象，但随着学习的深入，概括过度现象会逐渐消失，语言会日益变得成熟和准确。只有这样，才适合我们在“汉语大环境”下学英语的实情，使我们的学习经济有效，走上理性的轨道。

2. 从语言的准确性角度看外语语法教学的地位

在外语教学过程中，尤其是初级口语教学中，教师不会对学生用语的准确性作太高的要求，但这只是为了帮助学生克服怯场心理而用的权宜之计；而且，在外语学习的初始阶段，学生也不可能始终如一说出准确规范的句子，因为他当时的能力尚不及此。但语言作为人类交流思想、传递信息的工具，准确性应该是学习者悉心追求的目标之一。

“外语学习是一个漫长的内在化过程”（Chomsky，1988：46），学生从开始时只懂得母语，一直到最后掌握一种新的语言系统，需要经历许多阶段。学生所使用的语言是一种过渡型语言，它既不是母语的翻译，又不是将来要学好的目标语；而且它与目标语的不同又是有系统性的。学习者所使用的这种语言处于两种语言之中，语言学中称之为“过渡语”或者叫“中介语”（interlanguage），这种语言免不了有许多错误，可称为发展期中的错误（developmental errors）（Ellis，1985）。对这些错误，教师不用大惊小怪，因为它们是“走向完善的路标”（Ellis，1985：112）。但这并不是说教师可以对学生所犯的这些错误听之任之，而是要根据不同的错误类型进行适当的引导，使学生所学的外语尽早趋于完善和成熟。加深对语法知识的理解对提高语言水平有着指导作用，能使学生更自觉地进行语言实践，提高学习效果。

根据 Corder（1973）的说法，学生在学习外语过程中的语言错误可分为三种：形成系统前的语言错误、系统的语言错误、形成系统后的语言错误。我们通常可在初学者身上发现形成系统前的错误。某种语言的初学者有了某种交际意图，但又尚未掌握表达这种意图的方式，只好从他已知的语言素材中去搜罗一些手段仓促对付。这种语言错误的特点有二：一是学习者无从解释他为什么要这样说，他的说法带有很大的任意性；二是虽经他人指出，他也无法自行改正。对这类错误，教师应采取容忍的态度，不必逐点指出，也没必要中断正常的课堂活动去纠正和解释它们，不宜苛求学生的语言严格符合语法规范。这是因为，这些错误往往是超越了发展阶段的，就算从语法知识的高度对错误原因做出解释，学生也接受不了。但是，如果教师不作任何表示，就会对学生造成负面影响，学生会误认为自己的病句是符合语法规范的。所以教师应略作表示，示意学生他的意图已传达，但说法不对；教师亦可给予正确的说法，但不必过多纠缠。若学习者在实现内在化过程中，已经形成系统的规则，但由于他的理解不完整，就会产生系统的语言错误。这类错误的特点是：学习者能自己做解释，说明为什么用如 comed，goed 这样的语言形式，但是他不能自行改正，因为不知道其特殊形式。对这类错误，教师应善于引导，不但需要示以正确的说法，而且需要有相应的解释。因为学习者正处于形成语言系统的阶段，教师的及时帮助能使其更快地形成完整的概念。我们常常可以看到这样的情况：某些学习者已经形成了较完整的语法概念，但是由于尚未养成习惯，仍会犯类似 goed，comed 这样的错误。这个阶段的这类错误统称为形成系统后的语言错误。学生凭借其较为完整的语法知识，既能解释错误，又能自行改正。当然，学生若不具备完整的语法知识，这种“自行改正”的过程就不会发生，也就是说，学生的语言错误将始终停留在系统的语言错误阶段，而不会过渡到形成系统后的语言错误。语法的重要性由此可见。根据 Krashen（1983，1985）的监察模式（Monitor Model）理论，学习到的语言知识无助于语言运用，但能帮助人们有意识地监察说出来的话语是否正确。Krashen 的这个假设，也说明了语法知识对提高语言运用的准确性有极为重要的作用和意义。

3．从言语信息差调控的角度看外语语法教学的地位

言语交流是人类特有的一种活动，它是指个体或群体之间以口语或书面语形式相互交换观念、意图、看法等。言语交流有着种种功能，如各种信息的传递、人际关系的建立、误解或怀疑的消除，等等。在这其中，传递信息是最为主要的功能。当发话人所发出的言语信息与受话人所接收到的言语信息不等值时，就会产生言语信息差（Widdowson，1978b；Johnson，1982）。言语信息差的产生与交流的双方均有关系。从发话人一方来说，原因在于发话

人往往只考虑“讲什么”或“写什么”的问题，而忽略了“如何讲”或“如何写”的问题；“如何讲”或“如何写”涉及对多方面因素的考虑，如受话人的受话能力、特定的时间和空间、相关条件、信息编码的组合方式及其发出方式，等等。言语信息编码组合上应力求做到“量体裁衣”，否则信息差的产生在所难免。这里所说的“体”，即是受话人的受话能力及特定的时、空间与相关条件；而所谓的“裁衣”，即是指对有关的信息进行编码组合。人们的言语交流中之所以会产生信息差，很大程度上是因为发话人随心所欲地“裁衣”所致。“从某种意义上来说，语法规则就是信息编码的组合方式的抽象”（Widdowson，1978：11－20）。

语言是一系列有限符号的组合，从而生成无限个言语形式。由于语义内容和语言形式的矛盾客观存在，人们在使用有限的语符系统去表达和界定主客观事物时，在客观上必然导致承载某些所指意义的语言符号在语音和语法形式上相似。语符系统的有限性给信息差的产生创造了条件。为了尽量减少信息的失真和损失，达到较优的传播和接收效果，在信息论的研究中就提出了调制问题。调制问题指的是在解码过程中经过对信息的调制，使信息的接受者收到的信息具有确定性（MacDonough，1981）。这样，才能使接受者了解发信者所发出的信息的客观内容。这里的关键条件是要经过解码和调制。从控制论角度说，言语交际过程也是一种话语调控过程。发话者将信息转化为言语代码，传递给对方，要使话语达到自己的预设目标，就要调控话语，于是形成施控方。受话者通过言语代码的解读接收信息，就形成了受控方。由于反馈机制，施控方与受控方互换角色，形成了双向交际活动。在这一交际过程中，“话语的调控成了交际成功的关键”（Lyons，1977：131）。

句子是言语交流的基本单位，其长度和结构根据言语交流的需求而定。尽管句子在结构上有着独词性表达这一形式，然而更多的句子的构成却是非独词性，即由较多的成分所构成的。正因为句子有着这一结构上的特性，因此，从信息加工的角度上看，受话人对句子的接收和理解必然要采取“先分后合”的做法——将句子切分成若干信息单位以便信息加工，而后对句子作整体性理解（De Vito，1970）。句子的理解上无论如何切分，它都会涉及对特定的词或短语的理解，与此同时，它也必然将受到句法结构的影响。句法角度的调控应该说是词语角度调控的扩展：当信息差的调控超出词或词组的层面时，它就进入了句子层面的调控；而当句子层面的调控超出单句范围时，这一调控则成为语篇层次的调控。就其调控的目的而言，句法角度的调控与音调、词语角度的调控都是相同的，即都是以消除或弥合信息差、力求做到话语信息的准确传递与接受为其出发点。然而句法角度的调控不同于其他角度的调控之处在于，“句法角度的调控更具灵活性，它可以根据信息差出现的相关层次来确定相应的调控策略”（De Vito，1970：213）。对于母语习得者和二语习得者而言，他们可以凭“直觉”运用“自然形成”的句法对信息差进行调控。而对于外语学习者而言，就需要系统地学习语法知识，有意识地进行信息差的调控，这样才能弥合或消除信息差，从而提高个体的言语交流质量。

（三）小　结

Littlewood（1981：95）说：“教育的第一功能是教授已有的知识，运用到外语教学上就是向学生传授语法知识，使其在实际的语言阅读和理解过程中省去大量的时间。”大量基于实验室和课堂教学的相关研究表明（Ellis，1997，2001；Larsen & Long，1991）：显性的语法教学在语言学习中起着不可忽视的作用，其中最为突出的就是语法教学在一定程度上能够保证语言学习者使用外语的准确性。课堂语法教学就是教师在课堂上设法提高外语学习者对目的语语言规则的特点的认识，从而帮助他们学习外语。语言学家对课堂语法教学的效果所做的研究得出的结果不尽一致，但总的来说是倾向于这样的假设：尽管课堂语法教学几乎不能影响外语学得的自然轨道，课堂语法教学有助于外语学得。如果我们不能区别第二语言教学与外语教学的差异，还根据“第二语言学习的内部大纲”或自然习得论而肤浅地认为，大脑中的第二语言和外语学习的“途径”基本相同，弱化甚至否定课堂语法教学的地位，从而把引用西方第二语言教学的传统观点、教学设计、模式和方法看作外语教学改革的头等大事，那我国的外语教育就很可能孕育着隐患了。

四、启　示

由上述分析可知，语言输出具有元语言功能，而元语言（语法知识）对二语学习有着至关重要的作用。那么，我们需要思考的问题就是：如何才能充分发挥语言输出的元语言功能？笔者认为，解决这一问题的关键在于采取有效的反馈手段让学习者充分关注语言形式，使学习者注意到自己使用的语言相对于母语使用者所用语言之间的差距，从而发现自身语言表达的不足，进而使他们在对目标语中新的假设进行检验时重新分析和调整非目标性的语言输出。这时，认知过程受到刺激，学习者产生了学习新的语言知识或巩固他们现有语言知识的策动力（Swain，1995）。

参考文献

[1] Bialystok, E. *A Theoretical Model of Second Language Learning* [M]. New York: Academic Press, 1978: 68 – 84.

[2] Brown, H. D. *Teaching by Principles: An Interactive Approach to Language Pedagogy* [M]. New Jersey: Prentice Hall Regents, 1994.

[3] Bussmann, H. *Routledge Dictionary of Language and Linguistics* [Z]. London; New York: Routledge, 1996.

[4] Chomsky, N. *Rules and Representations* [M]. New York: Columbia University Press, 1980.

[5] Chomsky, N. *Lectures on Government and Binding* [M]. Dordrecht: Foris, 1981.

[6] Chomsky, N. *Knowledge of Language: Its Nature, Origin and Uses* [M]. New York: Praeger, 1986a.

[7] Chomsky, N. *Barriers* [M]. Cambridge, Massachusettes: MIT Press, 1986b.

[8] Chomsky, N. *Language and Problems of Knowledge: The Managua Lectures* [M]. Cambridge, Massachusetts: MIT Press, 1988.

[9] Chomsky, N. *The Minimalist Program* [M]. Cambridge, Massachusettes: MIT Press, 1995.

[10] Corder, P. *Introducing Applied Linguistics* [M]. Harmondsworth: Penguin Books, 1973.

[11] De Vito, J. *The Psychology of Speech and Language* [M]. New York: Random House, 1970.

[12] Ellis, R. *Understanding Second Language Acquisition* [M]. Oxford: Oxford University Press, 1985.

[13] Ellis, R. A theory of instructed second language acquisition [A]//Ellis, N. C. *Implicit and Explicit Language Learning*[C]. San Diego, California: Academic Press, 1994.

[14] Ellis, R. *SLA Research and Language Teaching*[M]. Oxford: Oxford University Press, 1997:54.

[15] Ellis, R. Introduction: Investigating Form Focused Instruction [J]. *Language Journal*, 2001, 51:1 –46.

[16] Johnson, K. *Communicative Syllabus Design and Methodology* [M]. Oxford: Pergamon Press, 1982.

[17] Krashen, S. D. *Second Language Acquisition and Second Language Learning* [M]. Oxford: Pergamon Press, 1981.

[18] Krashen, S., Terrell, T. *The Natural Approach: Language Acquisition in the Classroom*[M]. Oxford: Pergamon Press, 1983.

[19] Krashen, S. *The Input Hypothesis: Issues and Implications* [M]. New York: Longman, 1985.

[20] Larsen, F. D., Long, M. *An Introduction to Second Language Acquisition Research* [M]. London: Longman, 1991.

[21] Littlewood, W. *Communicative Language Teaching: An Introduction* [M]. Cambridge: Cambridge University Press, 1981.

[22] Lyons, J. *Semantics I and II* [M]. London: Cambridge University Press, 1977.

[23] MacDonough, S. *Psychology in Foreign Language Teaching* [M]. London: George Allen and Unwin, 1981.

[24] MacWhinney, B., Bates, E., Kliegl, R. Cue validity and sentence interpretation

in English, German and Italian[J]. *Journal of Verbal Learning and Verbal Behavior*, 1984, 23: 127 – 150.

[25] Matthews, P. H. *The Concise Oxford Dictionary of Linguistics* [Z]. Oxford: Oxford University Press, 1997.

[26] McLaughlin, B., Rossman, T., McLeod, B. Second language learning: All information-processing perspective[J]. *Language Learning*, 1983(33): 135 – 157.

[27] Radford, A. *Transformational Grammar: A First Course* [M]. Cambridge: Cambridge University Press, 1988.

[28] Radford, A. *Syntactic Theory and the Structure of English* [M]. Cambridge: Cambridge University Press, 1997.

[29] Schmidt, R. The role of consciousness in second language learning[J]. *Applied Linguistics*, 1990, 11(2): 129 – 58.

[30] Selinker, L. Interlanguage[J]. *International Review of Applied Linguistics*, 1972 (10): 209 – 230.

[31] Spolsky, B. *Conditions for Second Language Learning* [M]. Oxford: Oxford University Press, 1989.

[32] Swain, M. The output hypothesis: Just speaking and writing aren't enough[J]. *The Canadian Modern Language Review*, 1993, (50): 158 – 164.

[33] Swain, M. Three functions of output in second language learning[A] Cook G., Seidlehofer B. *Principles and Practice in Applied Linguistics*[C]. Oxford: Oxford University Press, 1995: 125 – 144.

[34] Wardhaugh, R. The Contrastive Analysis Hypothesis [J]. *TESOL Quarterly*, 1970: 123 – 130.

[35] Whitman, R. L. Contrastive analysis: Problems and procedures[J]. *Language Learning*, 1970, 20(2): 191 – 197.

[36] Widdowson, H. G. The significance of simplification [J]. *Studies in Second Language Acquisition*, 1978a(1): 11 – 20.

[37] Widdowson, H. G. *Teaching English as Communication* [M]. Oxford: Oxford University Press, 1978.

[38] 封宗信. 元语言与外语教学 [J]. 外语与外语教学，2005 (9).

[39] 葛现茹."形式焦点"式语言教学：形式与意义的整合 [J]. 重庆文理学院学报，2009 (7)：132－136.

[40] 王明利. 论元语言与外语教师的话语行为 [J]. 外语与外语教学，2007 (1)：27－30.

[41] 王荣英. 大学英语输出教学论 [M]. 上海：上海交通大学出版社，2008.

[42] 张戈，王明利. 试析法语教师元语言行为的教学功能 [J]. 北京第二外国语学院学报（外语版），2008 (2)：71－75.

第七章　假设检验、协商互动与纠错性反馈

学习者笔头或口头的言语表达，表明他们对如何使用目的语持有某种假设，而输出正是对目的语潜在假设进行检验的一种手段。学习者在扩展他们的中介语以达到目的语交际需求时，就是通过输出这一形式尝试新的语言结构形式，形成新的假设并检验哪些假设是可行的，哪些假设是不可行的。具体到外语教学的课堂互动中，针对学习者的语言输出，教师根据情况给予适当的纠错性反馈，形成意义协商或形式协商，让学习者注意到自身语言中存在的问题，使其自我纠错，开始新一轮的假设检验过程。而二语习得就是这样一个对目的语不断做出假设，并对此假设不断进行修正的过程。通过修改和调整，学习者的语言判断能力和解决问题的能力得到提高。

一、假设检验的理论渊源

（一）乔姆斯基的转换生成语法

乔姆斯基认为语言是某种天赋，儿童天生就具有一种学习语言的能力，叫作“语言习得机制”（Language Acquisition Device，简称 LAD）。根据这个观点，儿童生来就有基本的语法关系和语法范畴的知识，并且这种知识是一种通用的、普遍性的知识。这些语法关系和语法范畴是存在于一切人类语言之中并为人类幼儿所天生具有的知识，可称为“普遍语法”（universal grammar）或“语言普遍现象”（linguistic universals）。简单地说，“普遍语法就是构成语言学习者的‘初始状态’的一组特性、条件和其他东西，所以是语言知识发展的基础。”（Chomsky，1980：69）具体地讲，“普遍语法是一切人类语言必须具有的原则、条件和规则系统，代表了人类语言的最基本东西”，对

任何人来讲都是不变的。每一种语言都要符合普遍语法，只能在其他次要方面有所不同。(Chomsky，1975：29)

天赋假设做出如下阐明：人类大脑语言方面的初始结构，使得儿童仅仅通过来自其家人或老师的极少量的讲授就可以获得复杂的语言能力。乔姆斯基提出，LAD 可能包含三个要素：假设标记、语言普遍现象和评价程序。当儿童置身于个别语言的话语环境中，他从身边的言语中寻找规则，然后以更多的语言信息为基础进行猜想和假设。为了做这一切，儿童需要 LAD 中的一种“建立假设”机制。然而，对同一套语言事实可能会有两个或是更多的假设，但这些假设之中只有一种是简单而且比较好的。换而言之，儿童接触到的语言可以用几套不同的语法来描述解释，那么是什么致使他们总是从这些不同的语法中去选择那些相对较好的假设呢？乔姆斯基提出，出于复制和模拟的目的，儿童一定配备了一套评价程序。正是这套评价程序指导他们在一系列可能中选择了合乎语法的规则。(胡壮麟，2002：339－341)

那么在儿童习得某种语言的过程中，后天因素重要吗？乔姆斯基认为后天经验十分重要。从普遍语法（universal grammar）过渡到某种个别语法（particular grammar）需要“经验”的“触发”，此处的“个别语法”指的就是儿童接触语言材料之后内化了的语言规则，是下意识的语言知识。如果用 α 表示后天经验这个变量，则有：

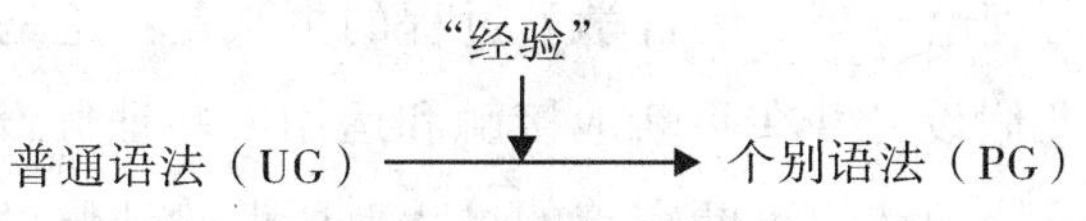

$$PG=\alpha \cdot UG$$

图 7－1 普遍语法到个别语法的发展过程

(资料来源：刘润清．西方语言学流派（第 2 版）[M]．北京：外语教学与研究出版社，2002：161－163.)

通过参数 α 的变化（即儿童的出生地不同，周围的语言不同），可以得出各种具体的语言。比方说，α = a 时，a · UG 可能就是汉语语法；α = b 时，b · UG 可能就是俄语语法。显而易见，普遍语法到个别语法的发展过程，实质上就是个“假设—检验过程”。

（二）皮亚杰认知发展论

皮亚杰（J. Piaget）认知发展论的一个基本观点是：学习的结果并非是外部信息的简单堆积，而是获得越来越多认识事物、解决问题的程序，也就是在“同化”（assimilation）、“顺应”（accommodation）的共同作用下，形成或重建新的、更为复杂而完整的认知图式。学习是一个能动的过程，学习的发生必须以认知主体的积极参与、主动理解和建构为前提，企图从外部注入知识是难以奏效的。因此，教育应该为学生提供富有个人意义的学习经验，激发学生通过亲身体悟，甚至通过犯错和改错来促进认知发展，因为犯错和改错其实就是在调节、修订原有的认知结构。

结合语言教学来说，语言学习应该成为学习者积极建构语言输入的个人意义的过程。学习者要积极应对语言输入，使其潜在意义（语言结构、词汇及用法等）在其原有认知结构中找到合适的同化点。主要依赖记忆获得的语言知识因为缺少与认知主体的互动而无法成为学习者认知结构的有机组成部分，学习者既不会运用也难以产生深刻的思维。教师的任务则是创造条件，帮助和促进这一建构过程。对于学生的语言错误应帮助分析原因，而并非如行为主义所言的要“见错就纠”，以此促进学习者已有语言图式的修改重组、新图式的建立，达到新的平衡。

皮亚杰的学习理论对第二语言学习过程的主张是：这是一个学习者建构起对目的语系统的假设，并在不断地接触和运用中验证假设、修正假设，使自身关于目的语系统的认识不断完善的过程。所谓验证假设、修正假设实质上也就是同化、顺化、打破平衡、达到新的平衡，进而使有关目的语系统的图式更加系统化、复杂化，使语言学习向更高水平发展。学习者在用目的语交流互动、意义协商中，感受目的语的使用，领悟语言的规则，建构并不断完善关于目的语系统的认识。（束定芳、庄智象，2008：214－215）

（三）布鲁纳发现学习论

布鲁纳（J. S. Bruner）认为：认识是一个过程，而不是一种产品。学习的主要目的不是要记住教师和教科书上所讲的内容，而是要参与建立该学科知识体系的过程。学生不是消极的知识接受者，而是积极的探究者。因此，教师的作用是要创设一种学生能够独立探究的情景，而不是提供现成的知识。布鲁纳认为，人类记忆的首要问题不是储存，而是提取。信息的组织方式对信息能否被有效提取关系重大。学生自行发现、自行组织的知识，能够产生良好的记忆效果，使用时便于提取。（布鲁纳，1993）

显然，语言输出的假设检验功能契合“发现法”的教学理念。“发现法”坚信，有效的语言学习不是传授性的（instructional），而是经历性的（experiential），学习过程和学习内容同样重要；而且不主张直接呈现或讲解语言形式，而是提供交际任务。学习者在用目的语完成任务（表现为言语的输出）的过程中，感悟语言的规则系统，主动发现并将其归纳、掌握、内化，而这一系列过程实质上就是假设—检验过程。

（四）建构主义学习理论

与“假设检验”相关的建构主义学习观包括：第一，学习是一个积极主动的建构过程，学习者不是被动地接受外在信息，而是主动地根据已有认知结构有选择地注意和知觉外在信息，建构当前事物的意义。第二，这种建构过程是双向的：一方面，通过使用先前知识，学习者建构当前事物的意义，以超越所给的信息；另一方面，被利用的先前知识不是从记忆中原封不动地提取，而是要根据具体事例变化了的情形重新建构，从而得到调整和丰富发展。显然，建构主义学习理论充分肯定了学习者的主动性、与认知对象的互动、学习者的个人经历和体验的极端重要性，将学习者个人在学习过程中的作用提到了前所未有的高度。

建构主义以及社会建构主义关于知识及其意义、学习的自我建构、社会互动与认知发展的关系等思想带给“输出型”外语教学诸多启示。按照建构主义学习理论，真正能够为学习者感受、认知，成为其认知结构组成部分的是那些在学习者看来有意义的东西。如果教师忽视学习者的经历背景、情感兴趣、现实处境等因素，而一味地将“知识”、“客观真理”强加给他们，这种知识教学恐怕难以奏效。对外语教学而言，若置学习者的认知水平、学习需求、动机兴趣等具体情况于不顾，而一味地讲解目的语的句法、词汇、语义等语言系统知识，一厢情愿地认为这样就能使学生掌握目的语，其结果往往事倍功半。为完成交际任务，一方面，学生们必须设法理解他人并表达自我，为确认理解准确无误还要学会解释和澄清意义，运用交际策略和语用知识；另一方面，他们不得不倾听一些目前自身语言能力尚不能理解的语言（表达形式），但这些语言（形式）有可能被同化吸收，将来派上用场。这样的交流互动无疑有利于学习者语言系统的重构和扩展，丰富的目的语体验有利于促进语言习得。这也解释了为什么输出型教学强调“可理解输出”，“可理解输出”其实就是“有意义的输出”，能迫使学习者在表达意义时注意语言形式，特别是当交际受阻时，双方必须通过协调意义（negotiation of meaning）来传递信息。这里协调意义指的是超越一般意义上的交际，因为即使语法有偏误，言辞不符合规范也能传递信息，而“可理解输出”中的协调意义意味着说话者不得不尝试着使用准确、恰当、连贯的语言完整地表达自己的意愿，而这就是一个假设检验的过程。

（五）活动教学论

与“假设检验”相关的“活动教学论”的基本主张包括三点。第一，坚持“以活动促发展”的基本指导思想；第二，倡导以主动学习为基本习得方式；第三，侧重以问题性、策略性、情感性、技能性等程序性知识为基本学习内容。

活动教学论遵循了现代认知心理学广义知识观有关陈述性知识和程序性知识划分的理论。所谓“陈述性知识”主要指事物的名称、概念、命题等方面的知识，可以通过教师的讲解为学生所掌握和记忆。“程序性知识”主要涉及概念、规则和原理的理解与应用，以及解决问题的技能、方法与策略的形成等。这类知识具有较强的特殊性、个体性和动态性，单靠讲授、告知难以掌握，还必须通过操作、探究、体验，将储存于头脑中静态的命题知识转化为动态的应用操作技能、解决问题能力。广义知识观的上述观点揭示了在外语教学中给予活动以应有地位的极端重要性。因此，输出型教学坚持“在用中学”遵循了知识的内在特性规律。学习语言知识的目的是为了运用，只有把语言规则当作动态的程序性知识来教、来学，在丰富的语言情境中领悟、体验、运用规则，才能实现规则的内化，并最终转化为语言交际能力。这也解释了为什么传统教学中老师辛辛苦苦地讲，学生花费了大量时间精力背单词、学语法、做习题，英语运用能力却长期在低水平徘徊的根本原因。这种把语言当成静态的知识来教、来学的做法，由于违反了语言活动的本质特征和使用规律，其结果必然事倍功半。

（六）Gass 的语言习得流程构想

Gass（1988，1997）从认知心理学的角度描绘了人脑认知机制习得语言的流程图，并界定了该流程中的五个基本环节或阶段，建立了相应的二语习得模式，如图 7 - 2 所示。

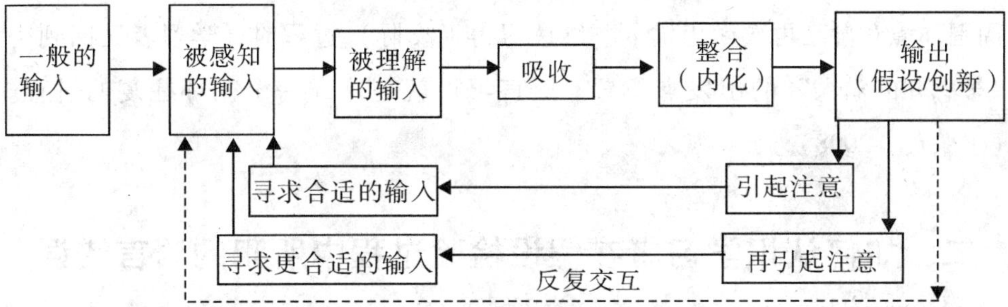

图 7 - 2　Gass 习得模式的交互循环图

Gass 认为语言习得是一个非常复杂的过程，它包括学习者把输入转变为输出过程的若干阶段。Gass 将语言输入区分为被注意或被感知的语言输入和被理解的语言输入，认为被注意的语言输入是习得的第一阶段，由语言输入中能引起学习者注意的特征组成。不是所有已被注意的语言输入都能被学习者理解，也不是所有已被理解的语言输入都能被学习者吸收。吸收是选择性过程，是将输入转化为学习者内部语法的心智活动，在这一环节，如果学习者对语言材料的分析和加工只停留在意义层面，他们就不能很好地建立形式、意义连接（form-meaning connection），将直接影响到对语言输入的吸收，从而失去在语言形式上继续发展的机会。

整合包括内部语法发展和储存两种形式。前者指新的语言形式被纳入学习者的内部语法，后者指新的语言形式被储存以待继续加工。Gass 和 Selinker（2001）讨论了输入的几种可能结果，其中提到：当输入对学习者的当前假设加以肯定或否定时，输入导致整合。无论学习者的假设是源于内部意识还是表现为语言输出，假设本身反映了学习者对现有知识的不确定，是学习过程中遇到困难和问题的结果。

Gass 和 Swain 一样强调输出在语言习得中的重要作用，认为输出不仅仅是语言习得的结果和表现。由于输出具有形成和检验假设的作用，因而在动态的、相互关联的习得过程中起到积极作用，从而促进吸收。Gass 同意 Swain 的观点，认为在输出将学习者推进到句法层面时，这一作用是一般的语言理解过程所无法相比的。值得注意的是，输出是 Gass 模式的最后一个环节，但并非语言习得过程的终止。当学习者有意识地主动输出语言信息、以期触发周围环境对自己再次做出输入、继续习得（交际）过程时，学习者又回到了“被感知的输入”的出发点位置。语言习得就是这样一个循环往复的过程。（王荣英，2008）

二、如何认识学习者在假设检验过程中所犯的语言错误

学习外语与学习其他任何知识一样，是一个寻求规律、发现规律，并对原有规则系统进行重组的过程。词义、句法规则和语用知识的重组，无一不在影响着学习者整个外语知识系统的发展和完善。重组过程中，某种知识发展成为一种技巧，又逐渐成为一种常规（routine）。通过实践，技巧和常规形成了一种自动的（automatic）过程，成为一种能力（proficiency）。被学习者吸收的语言输入只有被整合内化后，才能融入学习者的语言知识中。这些被整合的知识的正确性，或者说对语言输入的理解、吸收、整合过程的有效性，必须经过语言输出阶段的假设、尝试、检验和修正后，才能最终确立为语言习得的成果。在这样一个假设、尝试、检验和修正的过程中，必然涉及如何认识学习者所犯的语言错误这一问题。

对比分析（Contrastive Analysis，以下简称 CA），盛行于 20 世纪五六十年代。人们一度认为，通过对学习者母语和目标语的对比研究，可以预测学习

者可能遇到的困难，并推测学习者语言中可能发生负迁移的部分，从而将此在教学中加以重点突出，达到避免或减少学习者犯错的目的。但从 20 世纪 60 年代后期开始，CA 的心理学和语言学基础受到了挑战。对 CA 最主要的批评之一，就是它将“差异”（difference）与“困难”（difficulty）等同起来。批评者们指出，“差异”是语言形式上的，而“困难”是心理学上的一个概念，没有任何心理学依据可以将这两个概念等同起来。CA 倡导者中有一部分人曾经认为，所有的外语错误都是由母语知识负迁移引起的。母语与目的语之间差异越大，学习者困难越大，犯错误的可能性越大。然而，一些实验发现，学习者往往在母语与目的语表面上相似的地方更易犯错误。对 CA 的另外一种批评是，在预测学习者错误方面，CA 的能力是有限的。这实际上也是导致 CA 失宠的重要原因之一。

由于人们感觉到了 CA 并不能预测学习者的全部错误，因此认为有必要对学习者错误进行系统分析研究，以确定其错误的来源，为在教学过程中消除这些错误提供依据，所以传统 EA 的目标是与教学密切相关的。20 世纪 70 年代以前，错误分析（Error Analysis，以下简称 EA）主要限于收集一些“普通错误”，并对之进行语言学上的分类。Corder 是现代意义上的 EA 的最早倡导者。1967 年，Corder 受母语分析的启发，发表了《学习者错误之重要意义》（“The Significance of Learners’ Errors”）这篇论文。Corder 指出，对学习者的错误进行分析有以下三个作用：①对教师来说，如果他对学生的错误进行系统分析，便可发现学习者在向目的语接近的过程中已到达了哪个阶段，还剩下多少需要继续学习的内容；②向研究者们提供学习者如何学习或习得语言的证据，了解其在学习过程中所使用的学习策略和步骤；③错误分析对学习者本人也必不可少，因为我们可以认为犯错误是学习者为了习得而使用的一种学习手段，它是一种学习者用来检验其对所学语言的本质所作假设的一种方法。

EA 的心理学基础是认知理论，与 Chomsky 的语言习得机制和普遍语法有密切关系。EA 的基本假设之一就是人脑中有一种处理语言知识的特殊机制，EA 的主要目标之一就是要揭示普遍语法在多大程度上影响第二语言习得过程。

在如何对待学习者错误这一问题上，存在着两种截然不同的观点。一种是行为主义的观点，根据这种观点，错误是刺激—反应中的一种偏差，应通过新的刺激来对正确的形式加以强化（reinforce）；另一种是认知主义的观点，根据这一观点，学习者的错误恰恰证明了学习者是一个灵活的有分辨和判断能力的决策者，在学习和交际过程中善于不断调整其目标和达到目标的手段。例如，回避（avoidance）、造词（coinage）和释义（paraphrase）就证明了其利用原有知识达到交际目的的尝试。所以，根据这一观点，出现错误没有关系，不必特别加以纠正，因为待学习者语言知识达到一定程度时，错误会自动消失。束定芳、庄智象（2008）认为，行为主义理论对待错误的观点固然过于机械，但认知主义对待错误的态度也未免过于宽容，他们认为首先应该区分两种不同的错误：一是理解错误，二是表达错误。这两种错误不仅是程度上的区别，在性质上也有差异。理解上的错误往往说明学习者对某一语言规则的无知，这就需要纠正。教师应该告知其正确的用法，使其成为学习者新的语言知识。表达上的错误也许由两种知识系统和能力的差距所致。学习者不一定对某一规则无知，而很可能是因为这一知识本身对表达起到一个监控（monitor）的作用，或因为过分地利用了其学习策略，因而出现错误，这种错误往往过一段时间会自然消失。对学生的错误教师应及时提供反馈，理想的做法是让学习者知道正确的说法，使其自觉改正自己的错误，因为这样学习者能始终保持假设检验的良性进程。Chaudron（1988）等人的研究表明，大多数学习者希望自己的错误得到改正。从长远的角度看，教师对学生错误意识的纠正能大大促进外语学习的进程。EA 研究的一大贡献在于：使人们改变了对错误本质的认识，把错误从需要避免、需要纠正的地位提高到了作为认识语言学习内部过程的向导的地位。

EA 研究获得了许多颇有价值的发现，在很大程度上使我们对学习者“错误”的本质有了比较深刻的认识，如：①“错误”对语言交际中的可理解性（intelligibility）的影响并没有外语学习者想象的那般严重。当然，错误数目越多，可理解性也就相应越小。②对可理解性的影响不仅取决于错误本身的性质，还取决于语言环境在多大程度上帮助听话者理解说话者所要表达的意义。③一些研究表明，一般情况下，词汇方面的错误比语法方面的错误更可能影响交际。语音上的错误，除非十分严重，对交际的影响最小。当然，这三种不同错误中各有严重程度上的差别。④语法中，“整体”（global）错误比“局部”（local）错误更易影响交际。整体错误指影响某个句子总体组织结构的错误，如误用连词、主要词组语序颠倒等；局部错误指其影响仅限于小范围内成分的错误，如某一词尾的省略或某一冠词的误用等。⑤经常运用交际策略的学习者，其语言常引起更多理解上的困难。这可能并不是交际策略直接引起的，相反地，这些策略的使用恰恰说明了学习者表达上有特殊的困难（Littlewood，1984）。

三、如何维护假设检验过程的动态性——协商互动的重要性

假设检验这一环节在二语习得过程中占据着重要的地位。二语学习被认为是一个对目标语不断做出假设并对此假设不断检验和修改的过程，在这样一个持续的动态过程中，学习者的中介语逐渐向目标语靠拢。在言语交流过程中，为了准确地理解对方的意思，交际双方需要不断地进行协商（negotiation）。通过输出，学习者能检验自己形成的假设，通过协商，能保持假设检验过程的动态性和交互性，并且使学习者的语言表达更为准确。

在二语研究中，协商用来指学习者与其对话者为克服彼此理解上的障碍而做出的会话调整或修饰。作为语言环境的要素之一，协商吸引了众多 SLA 研究者的关注。随着研究的发展，协商概念逐渐演变和扩展，我们可将其理解为：学习者和对话者之间为了理解彼此的意思，或生成更准确的表达，或填补信息空缺，而共同做出的努力，它包括一系列会话修饰方式或沟通策略。（Liu & Zhao，2004）关于协商在语言学习中的作用，Long（1983）提出的“互动假说”认为，为消除理解障碍而进行的话语修饰（即意义协商）能给学习者提供更多的可理解性输入，从而促进语言习得。Swain（1985）提出“输出假说”：在会话中迫使学习者说出可理解的话（comprehensible output），会令其检验过渡语假设，注意到与目标形式的差距并修正之，这是语言习得的必要条件。Long（1996）修订其互动假说，指出协商不仅能增加可理解输

入，而且可凸显形式特征，令学习者注意并修饰其输出，从而促进语言习得。上述从心理语言角度对协商作用的解释，近来也在社会文化理论领域得到支持。Lantolf（2006）认为，通过长者（教师、目的语者）与学习者的伴随性谈话（contingent talk），即随当前表现不断调整的谈话，前者对后者既不断构成挑战又及时充当“脚手架”（中介作用），最终导致语言和文化的内化。

对协商重要性的认识引发了大量实证研究。早期研究侧重“意义协商”，即会话者因话语中有意义不明的或超出其理解范围的词而进行的询问—修改（或核查）—肯定的过程。这一时期除了描述自然环境或课堂环境中的会话修饰特征外（如 Long，1983），主要考察协商对输入理解的作用（如 Pica et al. 1987）。输出假说提出后，相关研究转向验证协商在引起形式注意和改进输出方面的作用（如 Mackey & Philp，1998；Swain，1995）。沿着这一思路，Lyster 和 Ranta（1997）首次区别了“意义协商”和“形式协商”，指出后者并非因意义理解障碍而是因学生话语中的形式错误而发生，但教师不直接纠错而是“协商式”地（如请求澄清、疑问式的重复）引起学生注意或帮助其自我纠正。据此，Lyster 和 Ranta（1997）开展研究，考察教师进行形式协商的不同方式及其对学生输出修饰的效果。Rulon 和 McCreary（1986）在研究以二语为媒介的学科教学（subject-matter teaching）时则使用了“内容协商”这一术语，用以描述有关学科内容而无关二语的课堂互动；但除 Rulon 和 McCreary（1986）、Van Den Branden（1997）有所提及外，没有引起更多注意。（刘学惠、钱薇薇，2007）

总体看，国内外近期的协商研究侧重考察它对输出的影响。其中有的关注协商对即时输出（immediate output）的效果，也有的关注它的延时效果，考察协商是否引起持久的输出变化。刘学惠（2005）认为，考察即时输出是对语言学习中间过程的研究，而多个中间环节的累积—协商不断引起的即时输出量与质的微小改变，对语言学习的最终结果具有解释的价值。刘学惠、钱薇薇（2007）的研究从协商互动的角度描述了课堂二语学习的一个微观侧面：目的语输出和输出修饰机会的产生或丢失。研究结果表明，协商互动作为 EFL（English as a Foreign Language）学习者语言环境的要素之一，在我国当前英语课堂中尚未充分体现，这对 EFL 学习的最终成效会有不利影响。他们的建议是：

（1）提高认识，理解课堂不是单向传递知识的场所，而是师生交流的空间，学生参与课堂互动将“帮助学生捕捉输入和反馈信息，形成系统语法结构的语言基础，进而帮助学生调整中介语系统，既而改善他们的输出”（Pica，et al.，1996：60）。

（2）学会使用协商，即各种会话调整方式，当学生出现表达困难和形式错误时，教师不是回避和轻易放弃，而是尽量采用诱导、提示、澄清、确认等手段引导学生输出，特别是引导学生注意形式和改进其输出。

这样做的效果是积极的，因为双向交际比单向交际更有利于语言习得，通过协商，学习者的注意力转向他所知道的和所不知道的之间的差距，以及第二语言中他了解得不多或不了解的领域。Schmidt（1986，1994）在注意假设（The Noticing Hypothesis）中宣称所有的学习都需要注意力。注意力机制的功能是找寻认知资源，它使学习者对学习内容产生注意。注意则是学习者对信息进行有效加工的一个必要条件，也是将语言学习中的输入转化成吸收（intake）的必要和充分条件。可以说，没有对语言形式进行有意识的关注就不可能使学习者对自己的语言进行分析（形成假设），也就不能产生修正后的输出（输出正是一种对目的语潜在假设进行检验的手段），也就不能提高语言产出的准确性，也就不能对语言知识的内化过程有所促进。

四、如何在假设检验的动态过程中纠错——纠错性反馈中需要注意的问题

反馈有助于学习者通过言语互动学习语言。Long（1983）在“互动假设”中指出，言语互动不仅是学习者练习语言的媒介，它还是使语言习得发生的媒介。在言语互动中，意义协商，特别是那些能够激发本族语者或二语水平较高的对话者进行互动性调整的协商有助于语言习得，因为这种协商将语言输入、学习者的能力以及语言输出以一种建设性的方式联系了起来。Gass 和 Selinker（2001）进一步指出，言语互动或协商本身并不意味着语言学习的发生，它只是为语言学习搭建了一个平台或起到启动装置的作用。在协商过程

中，学习者获得的反馈不仅是使言语互动持续下去的重要环节，同时它还可以引导学习者注意到他自己的理解与目标语之间的差异以及那些他所不了解的东西，因此，我们可以认为，反馈是学习者的假设检验过程中语言学习得以发生的催化剂。

Lyster 和 Ranta（1997）经研究发现，关于高水平话者（competent speaker）如何对学习者的语言错误（language errors）做出反应这一问题的研究，即语误处理问题，研究者们往往根据各门学科不同的研究侧重点以及语料收集方法，冠以不同的名称。例如：心理语言学家 Annett（1969）称之为“否定性反馈”（negative feedback）；话语分析学家 Kasper（1985）则当作“修补行为”（repair）来进行探究；二语教师 Fanselow（1977）称之为“纠错性反馈”（corrective feedback）。本书采用“纠错性反馈”这一名称。Ellis（1994：583）指出，纠错（correction）专门用来表示解决语言偏误问题。它往往以反馈的形式为学习者提供负面证据，并设法使学习者注意其言语表达中的错误。所谓反馈，是由听话者提供的，针对信息的接收和理解情况所做的反应。关于纠错性反馈的定义，Chaudron（1977：31）所做的解释是：“课堂教师所做的任何明确要求改变，或表示不同意，或要求改进学习者话语的反应性行为。”二语习得研究者 Nassaji 和 Swain（2000：34）认为，教师纠错性反馈在二语学习中起着十分重要的作用，当在自然环境下肯定性输入已不足以让学习者准确运用目标语，或学习者无法从输入中获取足够的证据来辨认自己的中介语与目标语之间存在的不匹配现象时，这种否定性反馈对于学习者来说就显得尤为重要。

在过去的 20 多年中，纠错性反馈对于语言习得的影响一直是课堂二语习得研究者们探讨争论的热门话题。以 Chomsky 的“先天论”（nativism）为基础的学者认为，纠错性反馈只能暂时改变语言行为，并不能促进学习者的中介语发展。而 Ellis 等学者提出了“注意假设”以及“习得假设检验模型”（Hypothesis Testing Model of Acquisition）等理论来论证学习者需要通过纠错性反馈来认识自己的中介语中哪些是符合目标语言（target language）规范的表达方式，哪些是不符合目标语言规范的表达方式。语言教师和语言学习者对纠错性反馈的看法也非常矛盾。调查显示，绝大多数二语学习者和教师都认为，纠错性反馈对于二语学习很重要，但学习者承认在错误被纠正的同时，自己会感到不同程度的焦虑或难堪，教师也常常担心纠错性反馈所带来的消极影响会超过其积极因素。Long（1996）坚持认为，课堂师生互动活动有助于二语学习的发展，因为学习者往往会将这种偶发性的课堂话语当作最主要的肯定以及否定性语义资源。同时，师生互动也为教师针对学习者输出中不符合目标语规范的言语错误给予反馈提供了有利条件。Gass（1988）同样认为，仅仅依靠呈现给学习者隐性的或显性的语言信息是不可能转化为输出的。如果没有输入中的直接或经常性的否定性证据，促使学习者有意识地发现其中介语与目标语的差距，中介语“石化”的发生就无法避免。Gass 和 Varonis（1994）通过说教式的互动课堂研究发现，互动式的输入能够使得学习者有机会发现其中介语与目标语的差距，而这种对差距的意识能够触发其对现有二语知识的修正。至于影响纠错性反馈有效性的因素，研究发现，要使纠错性反馈更有效，教师在使用反馈纠正语时要注意针对不同类型的错误和实际情况使用不同类型的纠错性反馈，尽量使用能给学生提供自我纠错机会的纠正反馈语，同时纠错性反馈的长度要适中。

基于对交际课堂师生互动活动的描述性研究，有研究者（Lyster，2002）提出，教师课堂纠错性反馈话步可以分为三类：一是显性纠错（explicit correction）；二是以重铸为代表的隐性纠错（recast/implicit correction）；三是提示性反馈（prompt feedback）。“显性纠错”是指教师明确指出学习者的言语错误，并以正确的形式对其中不符合目标语规范的形式予以重构。但研究表明（Lyster & Ranta，1997），在实际课堂教学中，教师很少采用这一策略。“重铸”是指教师隐晦地纠正学习者的言语错误，并给予全部或部分的言语重构。而“提示性反馈”则是用各种不同信号来暗示学习者进行话语的自我修补（self-repair）。有的研究者（Lyster，2002）称其为“形式协商”。这主要是为了避免与通过输入和会话进行调整、以理解交际信息为目的的“意义协商”相混淆（Long，1996；Pica，1994）。“提示性反馈”大致可以分为以下四种形式：一是要求澄清（clarification request），即教师用“Pardon?”“I'm sorry?”等疑问句式提示学习者有部分话语表达错误，并要求其予以重构；二是诱导（elicitation），指教师通过提问，直接引导学习者重构出正确的表达形式，或策略性地使用暂停等方式让学习者自己填充（fill the blank）以完成话语（Lyster & Ranta，1997）；三是重复（repetition），指教师通过调整声调（使用升调），以故意重复学习者话语错误的方式来突出其错误；四是元语言提示（metalinguistic clue），指教师使用元语言就学习者话语中的错误形式提出问题、进行评论，但并不提供明晰的正确形式。它指出了错误的本质并试图从学习者身上引出信息。这种纠错性反馈使得学习者能够纯粹地从语言的角度来分析话语。（林琼，2010）

由此可见，形式协商能迫使学习者对输出的话语与目标语之间的差异予以高度注意。De Bot（1996）推测，学习者主动的记忆连接比纯粹的输入接收要有效得多。Krashen 在 1982 年提出，并非所有的输入都可转化为吸收的内容，只有可理解输入才能渗透到学习者的记忆系统之中。郑佩芸（2007）补充了一个条件，即只有引起学习者高度注意的可理解输入才有可能被吸收。就显性纠错和间接修正而言，由于学习者仅仅扮演一个被动接收者的角色，教师的纠错性输入未必总能唤起学习者的充分注意，有时甚至不一定被学习者所理解。而形式协商则迫使学习者对输出的话语与目标语之间的差异予以高度注意，因为只有这样，学习者才有可能找到纠正错误的方案。

参考文献

[1] Annett, J. *Feedback and Human Behaviour* [M]. Harmondsworth, London: Penguin, 1969.

[2] Chaudron, C. A descriptive model of discourse in the corrective treatment of learners' errors[J]. *Language Learning*, 1977, 27: 29 – 46.

[3] Chaudron, C. *Second Language Classrooms: Research on Teaching and Learning* [M]. Cambridge: Cambridge University Press, 1988.

[4] Chomsky, N. *Reflections on Language*[M]. New York: Pantheon, 1975.

[5] Chomsky, N. *Rules and Representations*[M]. Cambridge, Massachusetts: Cambridge University Press, 1980.

[6] Corder, S. The significance of learners' errors [J]. *International Review of Applied Linguistics*, 1967: 161 – 169.

[7] de Bot, K. The psycholinguistics of the output hypothesis [J]. *Language Learning*, 1996, 46: 529－555.

[8] Ellis, R. A theory of instructed second language acquisition [A]//Ellis, N. C. *Implicit and Explicit Language Learning* [C]. San Diego, California: Academic Press, 1994.

[9] Fanselow, J. The treatment of error in oral work [J]. *Foreign Language Annals*, 1977(10): 583－593.

[10] Gass, S. Integrating research areas: A frame work for second language studies [J]. *Applied Linguistics*, 1988(9): 198－217.

[11] Gass, S. *Input, Interaction and the Second Language Learner* [M]. Mahwah, New Jersey: Lawrence Erlbaum Associates, 1997: 32－88.

[12] Gass, S., Varonis, E. Input, interaction and second language production [J]. *Studies in Second Language Acquisition*, 1994, 16: 283－302.

[13] Gass, S., Selinker, L. *Second Language Acquisition: An Introductory Course* [M]. Mahwah, New Jersey: Lawrence Erlbaum Associates, 2001.

[14] Kasper, G. Repair in foreign language learning [J]. *Studies in Second Language Acquisition*, 1985, 7: 200－215.

[15] Krashen, S. *Principles and Practice in Second Language Acquisition* [M]. Oxford: Pergamon Press, 1982.

[16] Lantolf, J. P. Sociocultural theory and L2: State of the art [J]. *Studies in Second Language Acquisition*, 2006 (28): 67－109.

[17] Littlewood, W. *Foreign and Second Language Learning* [M]. Cambridge: Cambridge University Press, 1984.

[18] Liu Xuehui, Zhao Guoxia. Classroom negotiation and learner participation [J]. *Journal of Asia TEFL*, 2004 (1).

[19] Long, M. H. Native speaker/non-native speaker conversation and the negotiation of comprehensible input [J]. *Applied Linguistics*, 1983 (4): 126－141.

[20] Long, M. H. The role of the linguistic environment in second language acquisition [A]//Ritchie, W. C., Bhatia, T. K. *Handbook of Second Language Acquisition*

[C]. San Diego, California: Academic Press, 1996: 413 – 468.

[21] Lyster, R., Ranta, L. Corrective feedback and learner uptake: Negotiation of form in communicative classrooms [J]. *Studies in Second Language Acquisition*. 1997, 19: 37 – 66.

[22] Lyster, R. Negotiation in immersion teacher-student interaction [J]. *International Journal of Educational Research*, 2002, 37: 237 – 253.

[23] Mackey, A., Philp, J. Conversational interaction and second language development: Recasts, responses and red herrings [J]. *Modem Language Journal*, 1998, 82: 338 – 356.

[24] Nassaji, H., Swain, M. A Vygotskian perspective on corrective feedback: The effect of random versus negotiated help on the learning of English articles [J]. *Language Awareness*, 2000, 9: 34 – 51.

[25] Pica, T., Young, R., Doughty, C. The impact of interaction on comprehension [J]. *TESOL Quarterly*, 1987, 21: 737 – 758.

[26] Pica, T. Research on negotiation: What does it reveal about second-language learning conditions, processes and outcomes? [J]. *Language Learning*, 1994, 44: 493 – 527.

[27] Pica, T., Lincoln-Porter, F., Paninos, D., Linnell, J. Language learners' interaction: How does it address the input, output and feedback needs of L2 learners? [J]. *TESOL Quarterly*, 1996(30): 59 – 84.

[28] Rulon, K. A., McCreary, J. Negotiation of content: Teacher-fronted and small-group interaction [A]//Richard, R. D. *Talking to Learn: Conversation in Second Language Acquisition* [C]. Rowley, Massachusetts: Newbury House Publishers, 1986: 182 – 199.

[29] Schmidt, R., Frota, S. Developing basic conversational ability in a second language: A case study of an adult learner [A]//Day, R. *Talking to Know: Conversation in Second Language Acquisition* [C]. Rowley, Massachusetts: Newbury House Pulishers, 1986.

[30] Schmidt, R. Deconstructing consciousness in search of useful definitions for

applied linguistics[J]. *AILA Review*,1994,11:11 -26.

[31]Swain,M. Communicative competence:Some roles of comprehensible input and comprehensible output in its development [A]//Gass, S. M., Madden, C. G. *Input in Second Language Acquisition* [C]. Rowley, Massachusetts: Newbury House Publishers,1985:235 -253.

[32] Swain, M., Lapkin, S. Problems in output and the cognitive processes they generate: A step towards second language learning[J]. *Applied Linguistics*, 1995,16:370 -391.

[33] Van Den Branden, K. Effects of negotiation on language learners' output [J]. *Language Learning*,1997 (47) :589 -636.

[34] [美] 布鲁纳. 教育过程 [M]. 邵瑞珍译. 北京: 文化教育出版社, 1993.

[35] 胡壮麟. 语言学教程（修订版中译本）[M]. 北京: 北京大学出版社, 2002.

[36] 林琼. 聚焦形式教学引论 [M]. 合肥: 安徽大学出版社, 2010.

[37] 刘润清. 西方语言学流派（第2版）[M]. 北京: 外语教学与研究出版社, 2002.

[38] 刘学惠. 课堂环境下的第二语习得: 理论框架与分析维度 [J]. 外语与外语教学, 2005 (10).

[39] 刘学惠, 钱薇薇. 协商互动与即时输出: 课堂语言学习探微 [J]. 外语与外语教学, 2007 (11): 25 -29.

[40] 束定芳, 庄智象. 现代外语教学——理论、实践与方法 [M]. 上海: 上海外语教育出版社, 2008.

[41] 王荣英. 大学英语输出教学论 [M]. 上海: 上海交通大学出版社, 2008.

[42] 郑佩芸. 形式协商的多视角研究和思考 [J]. 外语界, 2007 (5): 76 -82.

第八章　交互式教学中的输出

传统的高校英语教学往往重视语言的输入而忽视输出。但如果只重视为学生提供英语输入，忽视学生的英语输出，则会造成学生的输入、输出严重失衡，使得学生的输出能力始终得不到培养提高。种种迹象表明，输入绝不会自动转化为输出。根据语言输出理论，语言习得虽然可简单概括为“输入→吸收→输出”过程，但实际上这是一个动态的、相互关联的复杂过程，而交互是实现这一过程的有效手段。Long（1983）认为，在双向交互中，当一方无法理解另一方时，会努力输出语言以告知对方，并向对方发出要求其调整输出的愿望，迫使对方修正其输出。Long 的这一假说为有效地发挥输出在互动教学中的作用，提供了新的可能的切入点。为了改变以往灌输式的教学习惯，互动性的教学模式便为越来越多的教学研究者和实践者们所关注。人们试图通过互动，在学生的英语输入与输出之间架起桥梁。交互活动为学生的外语习得提供了必要且充分的条件。输入与输出均为交互式教学过程中的重要环节。输出以教学交互活动为其作用平台，调动学生的主动性，引起对语言问题的注意，进行假设验证，推动句法结构的发展，促进陈述性知识向程序性知识的转化并使其达到自动化。教师可以通过适度的教学指导介入教学交互，增强输出的有效性，提升教学效果。

一、何谓“交互”

交互（interaction），从字面上讲是交流、互动的意思。在语言交际范畴，交互是指两个或多个人之间相互传递信息、交流思想感情并产生影响的过程。Long（1983，1996）提出的“交互假设”认为，交际的双方为了交际顺利进行而相互进行“意义协商”（negotiation of meaning），并产生“交互修正”（interactive modification）。Long 特别强调了意义协商（即交际双方为了明白对方或为了使对方明白而进行的意义上的协商）对语言习得的促进作用，认为语言信息的双向交互比单向流动更有利于语言习得。在双向交互中，当一方无法理解另一方时，会努力输出语言以告知对方，并向对方发出要求其调整输出的愿望。Long 将交互修正归纳为三类：

（1）理解核实（comprehension check），指说话者询问对方是否听懂了自己说的话，如“Do you understand?” “Do you follow me?” “I was born in Nagasaki. Do you know Nagasaki?”等。

（2）确认核实（confirmation check），指说话者核实自己是否正确理解了对话者的意思，如“Is this what you mean?”“You mean you will visit me on May 1st? May Day is May 1st, right?”等。

（3）澄清请求（clarification request），指说话者要求对方提供更多信息以帮助自己弄懂其前面所说的话。如“What?” “Research? I don't know the meanings.”“Sorry, what did you say?”等。

可见，无论是意义协商还是交互修正，输出既是语言信息由单向流动转变为双向交互的转折关键，又以说话者的询问、表白或请求等形式来迫使对方调节和修正其输出。

在英语教学中，输入与输出均是语言学习的必要条件。如果只重视为学生提供英语输入，忽视学生的英语输出，则会造成学生的输入、输出严重失衡。输入不会自动转化为输出。从输入到输出，再从输出到输入，这中间有一个实践操练的过程。交互是实现这一过程的有效手段。从这个意义上讲，交互为外语习得提供了必要的、充分的条件。交互式的教学既能促使学生提高英语理解能力，又能更好地调动学生学习的积极性，激发他们对外语训练的兴趣。（王荣英，2008）

二、交互协同模式

近年发展起来的旨在探讨顺利交谈机理的交互协同模式（Interactive Alignment Model）（Pickering & Garrod，2004；Garrod & Pickering，2007）为我们深入观察语言学习中的交互现象提供了新视角，有助于了解语言与外部因素交互所发生的变化，揭示交互促进语言学习的深层原因。交互协同模式从对话切入，认为面对面交谈（dialogue）是最自然、最基本的语言使用方式，动态交互和丰富语境是其特征，理解和产出同步，互相密切配合。这种配合可用 Zwaan 和 Radvansky 的情境模式（situational models）予以诠释（Pickering & Garrod，2004）。情境模式的主要内容包括时空、意图、因果关系、交谈中涉及的主要人物等变量。在交谈的互动过程中，双方各自的情境模式自动趋同，形成共识，顺利交谈便建立在此共识之上。情境模式是如何协同（align）的呢？Pickering 和 Garrod 的看法是：在交谈过程中，人们倾向于使输出与输入匹配，产出与理解一致，先前说过的话制约后续的话。一方的情境表征被激活后，反过来激活另一方的对应表征。和动态系统理论（Dynamic Systems Theory，简称 DST）一样，交互协同模式设定所有与语言使用相关的层次是相互联系的，一个层次的协同会促进其他层次的协同。因此，协同具有多层次渗透性，说话者的语言表征从语音到句法到语义等多个层次会协同起来，使得交谈双方听懂对方的意思。为了说明语言不同层次之间的协同，Pickering 和 Garrod 常举的一个例子是 Cleland 和 Pickering 的一个实验发现：词语的语义联系可以启动句子结构的使用。当人们听到 the goat that’s red 之后，接下去会更可能使用 the sheep that’s red，而不是 the red sheep 短语。如果听到的是 the book that’s red，这种现象就不会出现，因为 goat 和 sheep 意思相近，一个意思被激活后会连带激活表达此义的单词或结构。

因为协同导致多层次激活，所以交谈中使用的词语能够获得比较丰富的语境意义，与其孤立使用时的意义有所不同。Pickering 和 Garrod 认为，交谈中使用的单词，其意思与交谈中的协同状况捆绑在一起，解读具体、明确、有针对性。这意味着伴随交谈而生的具体语境赋予词语特定的含义，当包括情境模式和语言在内的所有层次达到协同时，交谈双方就会重复当下使用的词语，产生了为某一次交谈服务的专用语（routines）。Pickering 和 Garrod 注意到，在正常交谈中，词语使用的重复率是非常高的。他们引用 Aijmei 的统计数字表明，在 London-Lund 口语语料库中，多达 70% 的词组被重复使用。词语的重复使用必然包含词语的启动效应，这种启动可称为结构启动，对促进交互协同的作用尤为明显。

结构启动（structural priming），又称句法启动（syntactic priming），是指人们在说话时有重复自己或别人先前用过的语言结构的倾向。例如，说话者听到别人用双宾结构表述意思，在接下去的话语中也会重复使用这一句型。研究者们在不同的条件下观察到这样的结构启动现象（Ferreira & Bock, 2006）：结构启动可以不受所表达意思的影响，重复的结构可以是结构相似而语义不同，可以不含相同的实词（如名词、动词、形容词）。结构启动的这些特征显示其研究价值，显示语言表达思想的交际功能，显示模仿重复对语言学习的促进作用。Ferreira 和 Bock 总结了结构启动的三个功能：其一，结构启动能使我们更快地造句，提高语言交际的流利程度；其二，结构启动虽然在语言使用中短暂出现，但反映了结构匹配到意义的长期学习过程；其三，结构启动将话语串联起来，使说话者能用语言有效交流。（王初明，2008）

互动对外语学习之所以重要，不仅仅是因为互动中有纠错反馈，更重要的是因为学习者在动态语境中向高水平的语言使用者模仿看齐，能够学到新的语言知识，还因为动态的现实直接语境能使语言形式与正确语境交互整合，促进后续使用。（王初明，2009）

三、Gass 习得模式的交互循环

尽管不少人认为语言输出是语言习得中不可或缺的环节，但这一环节在整个语言习得过程中处于什么地位，具有什么作用，以及在习得过程中应该如何切入和利用输出这个环节，尚缺乏足够的研究。Gass 的二语习得模式为我们提供了这方面的研究参照和着眼点。

Gass（1988，1997）从认知心理学的角度描绘了人脑认知机制习得语言的流程图，并界定了该流程中的五个基本环节或阶段，建立了相应的二语习得模式。Gass 认为语言习得是一个非常复杂的过程，它包括学习者把输入转变为输出过程的若干阶段，输出作为一个重要的习得阶段或环节，在动态发展的习得过程中起着积极作用。Gass 将语言输入区分为被注意或被感知的语言输入和被理解的语言输入，认为被注意的语言输入是习得的第一阶段，由语言输入中能引起学习者注意的特征组成。不是所有已被注意的语言输入都能被学习者理解，也不是所有已被理解的语言输入都能被学习者吸收。被学习者吸收的语言输入只有被整合内化后，才能融入学习者的语言知识中。这些被整合的知识的正确性，或者说对语言输入的理解、吸收、整合过程的有效性，必须经过语言输出阶段的假设、尝试、检验和修正后，才能最终确立为语言习得的成果。

Gass 的二语习得综合模式是一个包括五个习得构成环节的整体性模式（如下图所示），它能帮助人们了解二语习得过程中输出的地位、作用和实施输出的切入点。一般地，在具体的语言习得和语言交际实践中，输入和输出都不会是一次性的。当习得（交际）持续进行时，输入与输出将反复交互出现。这时，Gass 的二语习得模式各环节就不是单向递进了，而表现为一个反复交互的过程。

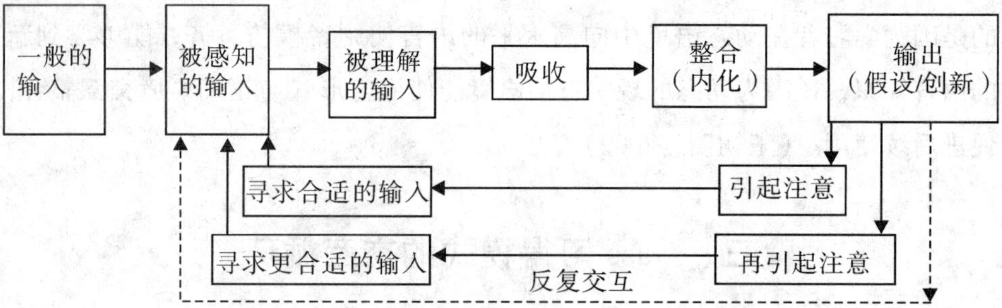

Gass 习得模式的交互循环图

Gass 和 Swain 一样强调输出在语言习得中的重要作用，认为输出不仅仅是语言习得的结果和表现。由于输出具有形成和检验假设的作用，因而在动态的、相互关联的习得过程中起到积极作用，从而促进吸收。Gass 同意 Swain 的观点，认为在输出将学习者推进到句法层面时，这一作用是一般的语言理解过程所无法相比的。值得注意的是，输出是 Gass 模式的最后一个环节，但并非语言习得过程的终止。当学习者有意识地主动输出语言信息，以期触发周围环境对自己再次做出输入、继续习得（交际）过程时，学习者又回到了“被感知的输入”的出发点位置。

在 Gass 习得模式中，输出不仅是教学系统的成果表现，而且是教学交互活动中的能动性环节，在整个教学系统循环中发挥着特殊的作用。

（一）输出体现了学习者的自主性

二语习得过程中的输出，至少可以在三方面体现学习者的自主性：一是表明对交际事项的触发信息的肯定或否定，或者是否有兴趣。这是习得过程（教学活动）能否真正启动的关键。二是表明对习得信息的选择倾向和维持后续习得过程的方向意愿，以及可接受的语言水平界定。这实际上是主动地试图规定或调整习得的内容、方式和程度。三是表明所发现的语言问题（包括自己的或对方的）和寻求问题解决的愿望。

（二）输出有助于提高习得活动的针对性和有效性

对于有指导的习得活动，输出的作用尤其应受到指导者的重视。学习者语言输出是习得活动的必要阶段和组成部分。输出帮助指导者提高习得活动的针对性和有效性，主要是从表明学习者的兴趣所在、反映学习者的状态和知识能力水平、暴露学习中的问题和差距等方面发挥作用的。没有学习者的语言输出，指导者就无法检查和了解学习者的学习状态和语言能力，无法发现学习者的错误和问题，导致既无法及时、准确地指导和纠正学习者的学习，又无法为后续教学输入提供合适的材料，以适应学习者的实际需要。

（三）习得活动中的输出增长和发展了语言知识与能力

在对输入的感知、理解、吸收阶段，原始的信息输入经过学习者有意识或无意识的一再取舍，真正作为新的知识养分被吸收的只是一小部分。这就是大量的输入收不到对等的习得成果的原因之一。而输出在语言知识整合内化的基础上，调动和释放学习者的主观能动性和创造精神，在语言意义、语言形式、句法结构和语篇等各个层面，对已有的和新获得的语言知识与语言能力进行新的组合、假设和创新。在这个阶段，学习者的语言知识和能力得到实质性的增长和发展，无论在知识量和知识水平方面，都远远超出简单的理解、吸收阶段。（王荣英，2008）

四、交互式教学的优势

交互是协同发生的前提，启动是协同发生的机理；交互中的启动，特别是结构启动，与语言学习密切相关。构式语法的研究表明，交互现象在语言结构层面同样存在，用于构式的词语需与构式意义兼容，这与构式在使用中需与情景语境匹配无本质区别。总之，交互与语言使用如影随形，贯穿于语言使用的各个层次，是语言使用最本质的特征。（王初明，2008）相对于交谈，单独使用语言（如单独听或写）不存在交谈中的自动协同机制，难有产生交互协同的启动，因此，交互式教学的价值是无可置疑的。

（一）促进师生间教学合作

教学中，教师的输入主要有两个目的，一是以学生的理解为目的，提供可理解性输入；二是以学生的输出为目的，提供范例以使其在说、写中能够效仿。在理解输入的过程中，学生处于被动状态，教师输入的知识也是以消极状态存在的。但在输出阶段学生则无法再这样做。输出迫使学生运用输入呈现给他们的知识。学生在输出过程中发现自己需要的或者自己能够理解的输入与教师所给的输入之间的差异，发现自认为能做什么与实际能做什么之间的差距，并通过输出主动地将自己的学习状态和自主意愿真实地反馈给教师，从而引发师生间的协商。教师据此可掌握学生的真实状态和英语知识能力水平，对交互式教学的方案及其内容、形式等做出相应的调整，以适合教学需要。

（二）触发更合适输入

外语教学始终包含着两个最基本要素和阶段，即输入和输出。根据可理解输入的原理，学生只可能对被注意和被理解的输入进行加工处理。语言输出则可以引起对语言问题的注意，触发更合适的输入。输出能引起学生对语言形式和语言问题的注意。学生在输出英语时，会注意到自己想要表达的和能够表达的之间到底存在什么不同，差距有多大。这使他们意识到自己尚不知道或部分知道的语言知识，以及所缺乏的语言能力。输出鼓励和迫使学生去注意特定形式表达意思时的差别，并揣摩在交互中如何运用这些形式去表达意思。当学生注意并使用所学的语法来输出句子时，不仅是对原有能力的一种补充，而且在有意识地扩展句子结构时表现出语言创造能力。这个过程自然也增强了对输入的理解和吸收。在交互教学中，一个或几个学生的输出同时也是其他人的输入，能引发其他人为自己提供更合适的输入。学生输出语言时，也就让为其提供输入的人（教师或同学）得到了反馈。这时，交互对方才能根据反馈，将其提供的输入修正到更适合该学生当前语言能力的水平，即提供输入的人将自己的修正输出变为对方的可理解性输入。于是，输出成了可理解输入的出发点和来源。

（三）保持假设检验的动态进程

语言输出可以引发对问题处理的假设尝试，进行假设检验。学习者在输出表达过程中，必须进行语言加工处理，从而注意自己现有语言能力和想要表达的内容要求之间的差距，进而引发其对问题处理的假设和尝试表达的欲望。在交互式教学中，对学生输出假设的验证非常重要。就学生个人来说，如果不去检验假设，就不会依据反馈来修改输出。学生在输出时不断地从语义或形态句法上修改自己的语言输出，这是对假设不断检验的表现和结果。就教师来说，没有学生的输出，就不能发现学生的问题，也无法检验学生的学习。只有当学生输出语言，并被教师检验和纠正时，他们才会发现自己做出了不正确的推论和假设。只有在师生间、学生间的交互中，输入的可理解性才能在输出中得到检验和修正。如果没有输出，就很难看出输入是否被理解。所以，交互式外语教学在一定意义上，就是一个对目的语不断做出假设、不断输出假设并对此假设不断进行交互检验和修正的过程。

（四）促进句法结构发展

交互能推动句法结构的发展，促成陈述性知识的程序化。输出可以使学生意识到仅仅从输入中获取意义是不够的，还必须重视意义表达的方式，才能在输出中运用这些知识。因此，他们会更多地注意不同词语表达的各类句型及其结构。在语言输出过程中，能用外语表达完整的句子，并有修改或改正错误的自觉性是学生英语学习过程中质的飞跃。

大脑信息加工理论中有这样一种假设，即语言习得可分为陈述性和程序性语言知识习得。根据认知心理学家安德森（Anderson，1982）的主张，陈述性知识（declarative knowledge）即“描述性知识”，是用于回答“是什么”和“为什么”的知识，表现为一系列的概念命题、法则、定理和理论等。它是作为事实回忆之基础的知识，主要以命题（命题网络）或表象的形式在大脑中表征。程序性知识（procedural knowledge）则是用于回答“怎么办”的知识，常表现为某种操作程序。程序性知识分为两大类型：一类是通过练习可以达到相对自动化的程度，很少或不需要受意识控制，称为“智力技能”（mental skill），它属于处理外部事务的程序性知识；另一类是以对客观规律的洞察和把握为基础的活动定向性知识，通常受意识控制，其运用很难达到自动化程度，是用于调控认知过程的程序性知识，称为“认知策略”（cognitive strategy）。具体到语言习得领域，陈述性知识是指能够应用于语言理解和输出的孤立的语言知识和规则，通过反复使用，这些知识和规则不断组合成更大的单位，最终转化为程序性知识，实现语言知识和规则运用的自动化。然而，陈述性知识只有通过使用和吸收，并与具体的交际情景联系在一起才能被激活，而这种过程产生程序性知识，即陈述性知识的程序化。陈述性知识的程序化过程实际上是语言运用的过程，需要学生通过专门的操练去促进知识的转化，并使其达到自动化。这里的操练就是指提高语言运用能力的交际性输出。因此，在以培养学生英语实践能力为目标的教学中，交互式教学模式具有至关重要的作用。（王荣英，2008）

五、需要注意的问题

比较二语与母语学习过程中交互协同的异同，对我们正确认识外语学习过程有启发。交谈中存在的结构启动引发协同，协同导致情境模式表征共享。启动、协同、情境所产生的交互效应能够促进语言学习。学习者与本族语说话者交流互动，得益是显而易见的。学习者意识到对方是正确语言的使用者，交互中的协同势必向本族语说话者倾斜，其构式自然成为模仿的样板。但是，如果用外语交谈的双方都是外语学习者，情况如何呢？相同的母语背景所产生的交互协同效应，极易造成双方使用带有母语色彩的外语。因此，在课堂上或课外外语交流场合（如英语角），相同母语背景的学生与学生之间的互动交谈并不一定具有积极的习得价值。要避免这种情况发生，同时又要获得良好的外语运用机会，在无外国人直接交谈的情况下，我们需要借助多媒体学外语，或上网与外国人交流，或多看外语小说电影等。(王初明，2008)

由上文探讨可知，交互式教学的价值是无可置疑的，其难点在于对教师语言水平的要求相当高，要求其具有相当于外语本地人的水平，这样师生间的交互协同效应才能对学生的语言习得起到积极的促进作用。至于学生与学生之间的交互活动，应尽量让水平高的学生和水平低的学生配对，让水平高的学生担任“指导者”的角色，这样水平低的学生会自动模仿水平高的学生的语言表达方式，这样的“模仿”具有积极的价值。王初明（2008）认为，在动态变化的语境中重复使用同一表达式并赋予它新的语境含义，这样的模仿对表达意思、对交谈不仅是有意义的，而且是不可或缺的。交谈中重复对方的语言结构，看似模仿，往往是形式重复而意义不一定重复或不完全重复，这有利于流利表达，提高交际效率。而作为“指导者”的水平高的学生，通过纠正水平较低学生的语言错误，通过自己语言的输出，其实也在关注自己的语言形式，有助于加深自己对语言形式、功能和意义三者之间关系的理解。

参考文献

[1] Anderson, J. R. Acquisition of cognitive skill[J]. *Psychological Review*, 1982, 89:369 – 406.

[2] Ferreira, V. S., Bock, K. The functions of structural priming[J]. *Language and Cognitive Processes*, 2006, (21) :1011 – 1029.

[3] Gass, S. Integrating research areas: A frame work for second language studies [J]. *Applied Linguistics*, 1988(9):198 – 217.

[4] Gass, S. *Input, Interaction and the Second Language Learner*[M]. Mahwah, New Jersey: Lawrence Erlbaum Associates, 1997:32 – 88.

[5] Garrod, S., Pickering, M. J. Automaticity of language production in monologue and dialogue [A]//Meyer, A. S., Wheeldon, L. R., Krott, A. *Automaticity and Control in Language Processing*[C]. New York: Psychology Press, 2007: 1 – 20.

[6] Long, M. H. Native speaker/non-native speaker conversation and the negotiation of comprehensible input[J]. *Applied Linguistics*, 1983 (4): 126 – 141.

[7] Long, M. H. The Role of the Linguistic Environment in Second Language Acquisition[A]//Ritchie, W. C., Bhatia, T. K. *Handbook of Second Language Acquisition*[C]. San Diego, California: Academic Press, 1996: 413 – 468.

[8] Pickering, M. J., Garrod, S. Toward a mechanistic psychology of dialogue [J]. *Behavioral and Brain Sciences*, 2004(27): 169 – 226.

[9] 王初明．语言学习与交互［J］．外国语，2008（6）：53 – 60.

[10] 王初明．学相伴，用相随——外语学习的学伴用随原则［J］．中国外语，2009（5）：53 – 59.

[11] 王荣英．大学英语输出教学论［M］．上海：上海交通大学出版社，2008.

第九章　交际策略的危机

——兼论语言教学中形式与意义的平衡

20 世纪初以来，外语教学理论研究受各种语言学理论和心理学理论的影响颇大，研究的重点还是在教学过程、教学环境和教学方法上，这在很大程度上忽视了外语学习主体——外语学习者本人在外语学习过程中的主观能动作用。Chomsky 提出语言能力，着重的是这一能力的先天性，忽视学习主体的认知能力在后天语言环境中的积极主动作用。Hymes 提出交际能力，研究的重点是交际能力的内涵和相关的社会因素，并不关心学习者如何在社会交往中获得这种能力并利用这种能力获得更多的语言知识。实际上，外语教学理论研究应该始终把对外语学习主体的研究摆在重要的位置，研究其生理、心理、认知和社会特征对外语学习可能带来的各种影响，并在教学实践中正确处理教与学的关系。(束定芳、庄智象，2008)

从众多的有关学习者策略的理论研究中，我们不难发现这样一个明显的新的认识倾向：在整个外语学习过程中，学习者是一个积极主动的参与者，是外语学习的主体。学习者在接受语言输入时，对其进行分析处理并从中“悟”出规则，加以吸收。在语言输出时，在对自己的语言行为进行自我监控的一系列过程中，学习者始终处于一个异常活跃的状态。研究表明，每一个外语学习者在试图完成某一学习和认知任务时，都会自觉或不自觉地调动自己的原有知识和认知策略，并且学习者策略在很多方面呈现出惊人的一致性。因此，对学习者策略的研究不但可以充实应用语言学理论，而且还对实际的外语教学和学习者的学习过程起到启发和指导作用。

一、学习者策略的定义和分类

通俗地说，所谓学习者策略实际上就是学习者对在获取学习机会、巩固学习成果、解决学习过程中所遇到的问题而做出的种种反应和采取的策略。在学习者策略的分类问题上，一直存在着不同的看法，这实际上主要是由于人们分类时所采用的依据和标准不一致所造成的。根据 Rubin（1987）提出的是否对学习过程产生直接影响这一标准，学习者策略可以分为学习策略、交际策略、社交策略。

学习策略是对学习者所构建的外语系统的发展产生直接影响的策略，而交际策略和社交策略是对此产生间接影响的学习者策略。学习策略是学习者策略中的一个重要组成部分。根据近年来对学习策略的研究，人们发现有必要区分两种不同性质的学习策略，一是认知学习策略，二是元认知（metacognitive）策略，或称协调策略。所谓“认知”就是学习者赖以获得知识和概念的大脑活动过程和策略；而所谓的“元认知”就是有关认知过程的知识和通过计划、监控和评估等方法对认知过程的调整或自我控制。

在学习者学习策略内，Rubin（1987）列出了六种对外语学习有直接影响的一般性策略：

（1）求解和证实，指学习者用来证实他们对新语言知识的理解的策略。例如，要求对方举例说明某一词或短语的用法、重复某词以证实理解的准确性等。

（2）猜测和概括式推理，指学习者利用原先获得的语言或概念知识来获得对语言形式、语义或说话者意图的明确假设。例如：通过关键词、关键结构、图表和上下文等猜测词义；通过有关交际过程的知识，如通过说话者/听话者、交际场所、话题、语域等猜测词义。

（3）演绎推理，指学习者寻求和利用一般性规则来学习外语的一种解决问题的策略。例如，比较母语与外语的异同、寻找同现规则等。

（4）实践，指学习者旨在帮助记忆和检索语言使用规则的练习。例如，重复某一句子直到熟练、仔细听讲并认真模仿等。

（5）记忆，指与实践相似但重点在于记忆和检索的过程。例如，做笔记、大声朗读、复习某一语言项目等。

（6）监控，指学习者发现（语言和交际方面的）错误，观察某一信息如何被听话者接受和理解并做出相应反应的策略。例如，纠正自己在语音、词汇、拼写、语法和风格方面的错误等。

学习策略中另一种不同性质的策略是元认知策略。元认知策略用于监督、调节和自我调整语言学习行为。例如，O'Malley（1990）列出的计划策略中就包括自我调节、预先准备、预先组织、选择注意目标、减缓输出等。以上诸种策略都对语言学习过程产生直接影响。

交际策略和社交策略被认为对语言学习过程产生间接影响。交际策略重点在于参与某一言语交流活动，表达某一意义或理解说话者意图等。学习者一般在他们的语言知识不敷交际目的之用或遇到被听话者误解时才采用交际策略。从学习过程来看，交际策略非常重要，因为借助交际策略，学习者才保持交际渠道的畅通。常见的交际策略包括迂回表达、运用同义或同源词、使用交际套语、利用交际环境阐释要表达的意义等。社交策略指学习者为创造巩固所学知识和获得语言输入而参加各种交际活动。这些活动本身并不对学习过程产生影响，它们仅仅给学习者提供实践环境和机会。

将以上的分类列成表式，可得到学习者策略分类示意图，如下图所示。

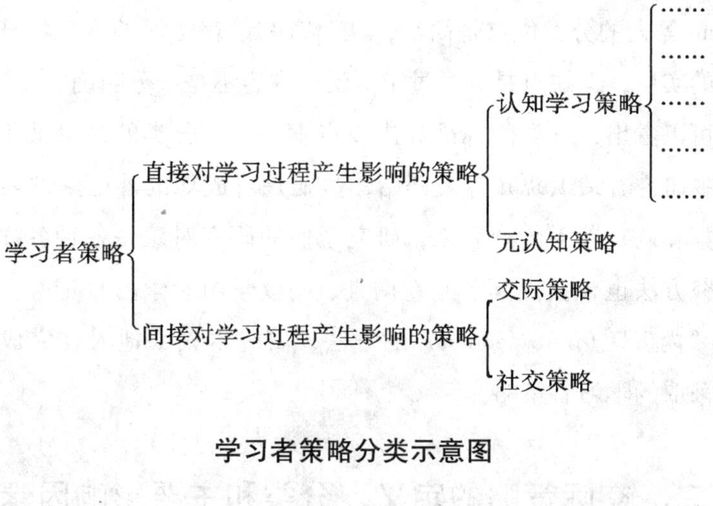

学习者策略分类示意图

由此看出，这种分类方式的优点是直接、明了、概括性强，缺点是无法区分输入和输出策略，交际策略和社交策略中间还缺少协调策略的成分，出现了分类标准不一致的情况。

Naiman 等人（1978）对学习者策略进行分类，依据的是另外一种标准，即学习者对外语本质和过程的认识和态度。根据 Naiman 等人（1978）的观点，学习者策略可以分为五类：

其一，积极主动的参与态度，具体包括三个方面：①积极地对学习机会做出反应，寻求和利用学习环境；②在正式的课堂教学之外寻找相关的学习机会；③实践。

其二，把语言作为一个系统，具体是指：①把母语和外语进行对比分析；②对目的语进行分析并做出推理；③充分利用语言是个系统这一事实，如将词典上的新词与同类词联系起来学习等。

其三，把语言作为一个交际和交往的工具，既强调熟练比精确更为重要，同时又寻求与本族语使用者交流的机会。

其四，控制情感因素，包括克服怕羞感、敢于面对错误和知难而上三个因素。

其五，监控外语表达，指通过推理和请求本族语者提供反馈等方式不断修正自己的外语知识系统。

Naiman 等人的分类优点是简洁，从语言和语言学习的本质特征出发，抓住了问题的实质，但缺点是分类过于宽泛，内容不是十分明确。

综上可以看出，分类的标准和出发点不一样，分类的结果就不一样。学习者策略的研究，从 Rubin 等人开始，主要是对成功的外语学习者的学习行为进行观察和调查着手的。后来，研究者们的研究对象是各种各样的外语学习者，研究方法也包括提问、问卷调查、阅读学习者学习日记等。也有的研究者采用“内省”（introspection）的方法，研究本人或他人在完成外语学习任务时所采取的学习者策略。

二、交际策略的定义、分类和主要影响因素

“交际策略”这一术语最早出现在 Selinker（1972）讨论中介语（interlanguage）问题的论文中。此后，特别是在20世纪70年代末80年代初，涌现了一大批以交际策略为研究课题的论文和专著。这些研究根据研究者的

研究兴趣及视角可分为两个方向。一个方向以 Corder、Tarone、Faerch 和 Kasper 等人为代表，他们主要从中介语和错误分析角度探讨交际策略的意义、分类、交际作用等问题，其中还包括 Tarone、Bialystok 等人从实验的角度对以上问题以及影响交际策略的有关因素的考察和研究；另一个方向以 Rubin 和 O'Malley 等人为代表，他们主要从学习者角度，通过对成功的外语学习者学习行为的观察和分析，描述促使他们成功的外语学习和交际策略，以便使这些策略也可以为其他一般的外语学习者采用。

（一）交际策略的定义

Selinker（1972）提出，中介语的形成和发展受到五个方面因素的作用。它们分别是母语迁移、目的语规则泛化、训练迁移、学习策略和交际策略。Selinker 虽意识到了学习者交际对中介语形成的作用，但并没有对交际策略的内涵和外延做出明确的界定。Corder（1978）在其《交际策略》（“Strategies of Communication”）一文中给“交际策略”下了这样的定义：说话者在遇到（交际）困难时运用的一套成系统的技巧（technique）。Corder 的定义有几点值得注意：①交际策略有一定的系统性，并非随意的或杂乱无章的；②交际策略是在说话者语言知识不足引起表达困难时所采用的；③交际策略是一套技巧，技巧运用的熟练程度和频率因人而异。Corder 同时指出，交际策略应该包括接受（即理解）和表达两个方面。然而绝大多数对交际策略的研究仅限于表达方面，几乎没有涉及理解的交际策略。从 Corder 本人对交际策略的定义来看，他也受了这一倾向的影响，未能明确指出交际策略的双向性这一特点。

Faerch 和 Kasper（1983）对交际策略的定义是：交际策略是某一个人在达成某一特定交际目的时形成的用来解决某一问题的潜在可意识到的计划。Faerch 和 Kasper 特别强调，他们在这一定义中用了“某一个人”而不用“学习者”，隐含着这一定义同样适用于母语使用者。鉴于他们的研究兴趣是外语学习者运用中介语进行交际的情况，因此重点放在外语学习者的交际策略上。Faerch 和 Kasper（1983）指出，交际策略有两个明显的特点。第一，它是针对某一问题的（problem-oriented），即交际策略是在说话者因语言知识不足而无法执行其原定计划时采取的某些行动；第二，它是在说话者能意识得到的情况下采取的。不过，Faerch 和 Kasper 指出，意识性并不是判定交际策略的绝对标准，因为意识有程度之分，而且各人意识程度也不一样。因此，交际策略是“潜在可意识到的”（potentially conscious），可以通过某种方式使说话者增强对它的意识程度。

Tarone（1981）在界定交际策略时将“相互作用”作为定义交际策略的标准之一，引起了争议。Tarone 认为交际策略实际上是用来填补外语学习者目的语知识与本族语者语言之间的空缺的，其特点是交际双方“为达成意义一致的协商”（negotiation of an agreement on meaning）。Faerch、Kasper 和Ellis 等人不同意 Tarone 的这一观点，理由是这样定义无法说明独白中交际策略的使用情况，况且交际策略的使用在实际交际过程中并不一定充分显露。

Ellis（1985）吸取了各家对交际策略定义之长处，提出了相对完整的关于交际策略的定义：“交际策略作为语言使用者的交际能力的一部分，是一种语言心理计划。这种计划具有潜在的可意识性，可作为学习者对无法完成的某一表达计划的替代。”Ellis 这一定义的最大特点是将交际策略的地位提到了说话者交际能力的一部分这一高度。这显然是受到了 Canale 和 Swain（1980）关于交际能力由语言能力、社会语言能力、话语能力和策略能力（strategic competence）组成的观点的启发和影响。这对进一步认识语言能力和交际能力的本质等具有十分重要的意义。Ellis 这一定义的缺点也很明显：①未说明语言理解过程中也可能使用交际策略；②使用“学习者”一词，明显排斥了母语使用者交际策略的情况。

当然对以上两点批评也可以用“研究兴趣”和“研究重点”加以反驳，因为毕竟交际策略研究的对象主要是外语学习者，研究的目的毕竟是为了进一步揭示外语学习过程的本质特征。另外，外语表达方面的交际策略和其他行为与外语理解相比，可观察性和可证实性要大得多。

因此，从交际策略的定义可以看出，以往的交际策略研究虽取得了一定的进展，但仍有不少问题，存在着许多局限性。对交际策略定义的讨论同时也给了我们一些启发，对有些问题，如母语交际中的交际策略与外语交际中的交际策略有何异同、交际策略是如何发生迁移的、外语策略能力与语言能力之间是一种什么关系、理解策略与表达策略是否一致等，可以作为我们今后交际策略研究的切入点，以揭示交际策略的一些本质特征。

（二）交际策略的分类

正因为对交际策略的定义不一致，在交际策略的分类问题上也存在分歧。Tarone（1981）将交际策略分成以下几类：

（1）转述（paraphrase），包括近似表达（approximation）、造词（word coinage）和迂回（circumlocution）。

（2）借用（borrowing），包括从母语直译（literal translation）和语言转换（language switch）。

（3）求助（asking for assistance），即学习者直接向听话者询问某一正确表达法。

（4）手势语（gestures），即运用非语言交际手段替代言语交际。

（5）回避（avoidance），包括回避某一话题（topic avoidance）和放弃表达某一信息（message abandonment）。

Tarone 分类的优点是简洁、明了；缺点是其分类的依据不明确，似乎是各种不同交际手段的列举。这种分类也不能反映出各种策略对交际过程的作用或影响。

Bialystok（1990）根据交际策略所依据的不同语言将其分成两大类，一类是以母语为基础的交际策略（L1-based strategies），其中包括：①语码转换（language switch）；②本国语项目外语化（foreignizing）；③母语直译（transliteration）。另一类是以外语为基础的策略（L2-based strategies），其中包括：①语义替代，即用熟悉的具有相同语义特征的词汇代替某个生词；②描述，对某一事物的一般物理属性、特征和功能特点进行描述；③创造新词。Bialystok 将非言语行为单独作为一类交际策略。

Bialystok 的分类吸收了 Tarone 等人分类的优点，但她的分类标准主要根据交际策略所依赖的知识来源。Bialystok 本人认为，其分类的最大优点在于可以使人们对不同的交际策略的功能一目了然。这是因为，一般情况下，学习者在与本族语者交往时，以目的语为基础的交际策略比以母语为基础的交际策略更为有效。这一分类的另一个好处是可以使研究者或教师根据学习者所采用的不同交际策略判别其目的语的熟练程度。一般来说，对目的语形式规则掌握得较好、善于运用交际策略的学习者更多地运用以目的语为基础的交际策略。Bialystok 此种分类的最大缺点是忽略了回避之类的策略的归属，因此其分类是不完整的。

对交际策略分类相对比较完整的是 Faerch 和 Kasper（1983）。他们的分类特点是将交际策略放在整个输出过程这一框架内进行考察。他们首先将交际策略分为减缩（reduction）策略和成就（achievement）策略。当学习者遇到表达困难时，他通常有两个选择，一是回避，二是设法解决。回避的方法是采用减缩策略，它包括形式减缩和功能减缩，以此调整原来的交际目标。设法解决即采取成就策略，包括两类，一类是补偿策略（compensatory strategies），另一类是检索策略（retrieval strategies）。补偿策略又可分出两种不同的类型：①非合作策略（non-cooperative strategies），即不依赖于交际另一方帮助的交际策略，如语码转换、外语化、直译等。它们均为以母语为基础的交际策略。以外语为基础的非合作策略包括替代、转述、造词、重组等，还有另一类即所谓的非语言行为类交际策略；②合作策略，即通过交际另一方的帮助而达到交际目的的策略，包括直接求助（如问 What is this？等）和间接求助（如通过停顿、眼神等表示需要帮助等）两类。检索策略指学习者通过某些手段回忆被淡忘的某些外语项目，其中包括等待（waiting）、利用语义场（using semantic field）和使用其他语种（using other languages）等。Faerch 和 Kasper 等人的分类主要是根据交际策略对外语学习的作用来进行的。他们认为，减缩策略因通过回避而改变了原交际目标，因而一般不会产生习得，而成就策略因其涉及形成假设并利用反馈对假设进行验证，因而有可能促进外语的习得。从这一意义上来看，Faerch 和 Kasper 的分类有一定的合理性。当然，其中仍然不可避免地存在着重叠和含义不清的地方。

交际策略的分类问题涉及对交际的本质问题的认识。对交际策略的不同看法和不同的研究角度及方法就有可能产生不同的分类标准。因此，交际策略的分类问题还有待于进一步的研究。

（三）影响学习者使用交际策略的主要因素

对学习者和本族语者交际策略的有关实验显示，交际策略的作用与许多因素密切相关，主要因素包括语言程度（language proficiency level）、问题来源（source of the problem）、性格（personality）和学习环境（learning situation）等。Tarone（1977）研究发现语言程度差一些的学习者更多地使用减缩策略。Ellis（1985）也注意到有一个被试者在学习外语初期较多地使用减缩策略，以后随着外语程度的提高，越来越多地使用成就类交际策略。Ellis在对学习外语的儿童和本族语儿童的交际策略的交叉研究中还发现，这两者使用交际策略的区别在于前者更多地使用减缩策略，后者更多地使用转述。Bialystok（1990）发现目的语程度高的学习者更多地利用以目的语为基础的交际策略，而程度较低的学习者更多地利用以母语为基础的策略或减缩策略。

不同来源的困难也会影响对交际策略的选择，这方面的研究相对较少。Tarone（1977）发现当学习者母语与目的语中同源词较多时，语码转换出现的次数较多。另外，有人发现选择回避策略的概率与语法结构的难易程度有关。无论是直觉还是实验都表明，不同性格的学习者对交际策略类型的选择有很大关系。Tarone（1977）在实验中发现，不同的学习者讲述同一故事的方法有差异。例如，有一位学习者无论用母语还是用外语讲述故事都极快，不大注意细节，而另一位学习者则经常带有少许附加说明并请求帮助。Tarone认为这种选择交际策略的偏好与学习者的性格有一定的关系。另外，学习环境也会影响学习者交际策略的选择。例如，课堂中的交际要比自然环境下的交际较少要求使用交际策略。有的研究者发现，美国一些在大学里学习俄语的学生更多地使用回避策略，而在自然环境下学习的学习者较多地使用转述。影响学习者对交际策略选择的因素是多方面、多层次的，是各种因素共同作用的结果。学习者本人的特点、学习环境、交际对象、交际目标等都是影响交际策略选择的重要因素。因而如果认定只有某种因素影响交际策略的使用，这是片面的、不科学的。（束定芳、庄智象，2008）

三、交际策略和语言形式教学

形式和意义是语言的两个方面，两者缺一不可。诚然，正如美国语言学教授 Elaine Tarone 和 George Yule 在论及交际能力时所说的，近年来在语言教学上究竟应该教什么，人们的视角已发生重要的转变，已将强调的重点从把语言看作一套需要学习和练习的形式（包括语法的、音位的和词汇的）转为把语言看作一种用于实现多种交际目的的功能系统（罗长田、高燕 2004），即从侧重教语言的形式转变为侧重教语言的意义和功能。但是，这并不等于说语言的形式就不重要了。

（一）语言运用的目标

语言运用的目标有三个方面：流利性、准确性和复杂性（Tarone & Yule，2000）。其中，语言的流利性与语言的意义相关，而语言的准确性和复杂性与语言的形式相关。语言教学中若过于强调语意的表达，这虽有利于提高学习者表达的流利性，但其语言的准确性势必受到影响。例如，一味地强调交际和表达容易导致学习者在完成任务的过程中过多依赖交际策略和过多使用词汇或短语而绕过复杂的语言形式，对语言结构就不能予以足够的重视。而事实上，语法、词汇等基础知识是形成综合语言技能的基础。

语言教学中在一定程度上对语言知识的讲解和学生对语言形式的操练是十分必要的，这样才能保证学习者语言的流利性、准确性和复杂性得到持续而平衡的发展。

Long（1981）的“交互修正理论”认为，可理解的语言输入能够产生语言习得，而使语言输入变为可理解输入的最重要的途径就是交际双方在会话交互过程中不断相互协调，对可能出现的理解问题进行交互修正，在交互的过程中引起学习者对语言形式的注意。

Skehan（1999）则认为，第二语言的习得有别于母语的习得，前者更多是认知性的，而后者是词汇化—句法化—词汇化的一个过程。学习者在交际活动中过多注意语言的意义，就意味着在实际语言运用中更多地趋向于实例和记忆系统，这样，其内在的句法化压力就不会起作用，语言系统就得不到发展，所以语言教学应该创造机会使学习者注意语言的形式，促进其中介语系统的发展。

众多的研究也表明，兼顾语言的形式和意义能够获得更为理想的教学效果。Spada（1987）就认为教学中既注意形式也关注意义对于二语习得者来说其学习效果是最好的。Montgomery 和 Eisenstein（1985）提出语言教学中以形式为中心与以意义为中心相结合的效果要比单纯以形式为中心的效果好。Gass（1997）指出，强调语言形式的教学与强调意义的教学存在着交叉共通之处，着重于语言形式的学习任务也同样是学习过程中的一个基本的组成部分。此外，Jane Willis（1996）在为任务语言教学提出实施任务需遵循的五个原则时也认为，在任务语言教学中进行明确的语法教学是有价值的。（骆爱凤、叶张煌，2005）

（二）聚焦语言形式还是意义？——三种主要的教学取向

长期以来，语言教学中一直都存在着形式与意义之争。Ellis（1999：639）在他的 *The Study of Second Language Acquisition* 一书中就描述了 20 世纪 90 年代出现的“focus-on-forms”和“focus-on-form”的争论。韩宝成（2003）在他的《语言测试的新进展：基于任务的语言测试》一文中也述及了 Focus-on-forms、Focus-on-meaning 以及 Focus-on-form 这三种教学思路的演变。

Focus-on-forms，可译为“纯形式教学”，是指孤立分离地以语言形式为主的教学方法。它认为，语言是可分离的，把这些可分离的语言形式教给学习者，并让其反复操练，最后就能习得这门语言。但是，这种基于语言形式的教学不是以学习者的兴趣和实际需要为出发点，学习者反复操练一些孤立的枯燥无味的语言形式，这激发不了学习者的学习动机和学习热情，学习者很容易感到厌烦，这就难以达到语言习得的目的。于是，研究者提出了以语言的意义为核心（Focus-on-meaning）的教学思路。

Focus-on-meaning，可译为“聚焦意义教学”，这种教学思路以“幼儿学语”理论为基础，仿照幼儿习得母语的自然过程和方法来设计外语教学的过程和教授方法。外语教学应从听说入手，语法学习以归纳为主要途径，学习者在掌握实际语言材料的基础上再自己归纳出各种语法规则。在这种教学思路的指导下培养出来的学习者，其口语较好，但由于它过分强调交际和表达，致使学习者的语言能力存在局限性。（骆爱凤、叶张煌，2005）

Focus-on-form，可译为“聚焦形式教学”，它与 Focus-on-forms（纯形式教学）只有 form 一词后有无 s 的差别，因此很易混淆。Focus-on-form 是指语言形式和意义两者兼顾的教学方法。它的特点是语言教学仍以有目的的交际和语意表达为核心，但不忽视语言形式的学习。Long（1991：45－46）最初对“聚焦形式教学”的定义是：“focus-on-form...overtly draws students' attention to linguistic elements as they arise incidentally in lessons whose overriding focus is on meaning or communication”。即“在以意义或交际为中心的课堂中，随着语言形式的偶然出现，学生的注意被明显地吸引到这些语言形式上去”。该定义有两个基本特征：一是关注语言形式发生在以意义或交际为中心的课堂活动中；二是关注语言形式是在交际需要时附带发生的。很明显，该定义偏重理论探讨，仅仅是理论上的构念（construct），对如何在课堂教学中进行操作没有具体的建议。随后，他又重新对这一概念给出更加便于课堂操作的定义：“focus-on-form involves...an occasional shift in attention to linguistic code features—by the teacher and/or one or more students—triggered by perceived problems with comprehension or production”（Long & Robinson，1998：23）。该定义指出，在聚焦形式课堂里，由教师和一个或多个学生把注意随机转移到语言形式特征上，这种注意由理解或产出中的问题所引起。该定义由上述定义引申而来，属于操作性定义，因此更加便于课堂操作。

而针对课堂教学环境，Ellis 等人（2001：282－285）又总结了“聚焦形式教学”的五大特征：①“聚焦形式教学”发生在交际互动中，是可观察的行为；②“聚焦形式教学”发生在交际课堂上，师生的注意力都聚焦在语言的交际运用上，而不是在教授/学习有关的语言形式上；③“聚焦形式教学”发生在以交际意义为中心的课堂，但师生有时选择或需要去关注某些语言形式，即“聚焦形式教学”是在无准备的情况下偶然发生的；④“聚焦形式教学”的发生必须是偶尔的、短暂的；⑤所关注的语言形式是广泛的，即在完成一项交际任务时，关注到许多不同的语言形式，而非只关注到某一种单一

的语言形式。(林琼，2010：19－21)

(三) 如何在任务设计中平衡形式和意义

在外语教学中，既要注重培养学生的语言运用能力和自主学习能力，又不能完全排除教师对语言知识的讲解和学生对语言形式的操练，其关键问题在于对任务的设计。但是，对任务的设计，语言教学界的看法却不一致。Skehan（1999）就述及了三种不同的任务设计模式。

首先，结构取向型的任务（structure-oriented tasks）。这种任务设计模式强调任务执行中对语言形式的运用，认为许多语言结构可以巧妙地设计到任务中去，学习者在完成某一任务时一定要使用某一特殊语言结构。Skehan 认为这种结构取向的任务很难成为真实的交际，但他同时又指出任务的避免特定结构与涉及值得完成的意义这两个重要特征都只能是程度性的，即只要是意义优先，那些指向某一特定语言结构的活动也属于任务的范畴。这一点与 Gass 的观点略同。

其次，强调自然性和真实性的交际型任务模式（communication-driven tasks）。这种任务的设计是出于真实世界的需要，认为符合真实自然情景的任务才能使学习者达到语言习得的目的，因此，设计任务时不应该去迎合某一特殊语言结构的需要，实施任务时也不应该强调语言规范使之变成语言结构的演练。

最后，中间型教学任务（intermediate-position tasks）。这种教学任务可以说是上述两种任务的折中，它既注重对自然真实的语言环境的创设，又强调通过任务的设计和方法的选择以兼顾语言的形式。因此，在设计任务时不能因为突出一方而损害另一方，要做到语言形式与意义这两者之间的平衡，以增加学习者中介语发展的机会。(骆爱凤、叶张煌，2005)

交际策略研究中一个颇有争议的问题是：交际策略对外语习得究竟起一种什么样的作用? Faerch 和 Kasper（1983）认为交际策略中只有成就策略促进外语习得，因为采用成就策略意味着冒险，也即形成假设并检验之，而假设—检验恰恰是外语知识自动化的必要条件之一。Ellis（1985）认为，过分成功地利用交际策略会抑制习得。有些学习者由于过分熟练地使用各种各样的交际策略而感觉不到有必要对新的目的语知识形成假设并加以验证。Ellis的这一看法值得外语教师引起重视，在鼓励和培养学习者运用交际策略的时候要防止本末倒置的现象。由上述三种任务的对比分析可知，中间型教学任务是最为理想的，因为它兼顾了形式和意义，符合语言习得的内在规律。Focus-on-form 就是理想的中间型教学任务，Fotos（1998）认为，“Focus-on-form”是在一定交际环境下呈现语法知识，而不是教师明确地就某一语法现象进行孤立的教学，它将对语言形式的注意、语言意义的理解和对语言的运用三者都联系起来了。该教学理念的优势在于意义或交际中心对语言成分认知处理的帮助，简而言之，就是学习者的注意力因交际的需要被准确地引向某一个语言特征（Long & Robinson，1998）。

四、结　语

从以上对交际策略的讨论中可以看出，交际策略涉及许多有关语言能力和语言使用方面的问题。语言使用者要在某一特定的语言环境中达到其交际目的，除了需要必要的语言知识外，还必须具备一定的策略知识，因为在语言交际中，常会由于交际者缺乏某一特定的语言表达手段而需要利用其他交际手段来保持交际渠道的畅通。交际策略属于人类一般交际能力的一部分。然而过多地利用交际策略在某些场合又会影响交际的正常进行，同时也影响新的外语知识的学习。因此，外语教师应在对学习者交际策略进行充分研究的基础上，帮助学习者正确、恰当地使用交际策略，教师在教学任务设计时应秉承“聚焦形式教学”理念，并适度使用“强制输出”手段，尽最大的可能消除交际策略潜在的危机。

参考文献

[1] Bialystok, E. *Communication Strategies* [M]. Oxford: Basil Blackwell, 1990.

[2] Canale, M., Swain, M. Theoretical bases of communicative approaches to second language teaching and testing [J]. *Applied Linguistics*, 1980(1): 1–47.

[3] Corder, S. Strategies of communication [J]. *AFinLa*, 1978, 23.

[4] Ellis, R. *Understanding Second Language Acquisition* [M]. Oxford: Oxford University Press, 1985.

[5] Ellis, R. *The Study of Second Language Acquisition* [M]. Shanghai: Shanghai Foreign Language Education Press, 1999.

[6] Ellis, R., Basturkmen, H., Loewen, S. Learner uptake in communicative ESL lessons[J]. *Language Learning*, 2001(51): 281 - 318.

[7] Faerch, C., Kasper, G. *Strategies of Interlanguage Communication*[M]. London: Longman, 1983.

[8] Fotos, S. Shifting the focus on forms to form in the EFL classroom [J]. *EFL Journal*, 1998, 52(4): 301 - 307.

[9] Gass, M. S. *Input, Interaction and the Second Language Learner* [M]. Mahwah, New Jersey: Lawrence Erlbaum Associates, 1997: 152 - 154.

[10] Long, M. H. Input, interaction and Second Language Acquisition[A]//Winits, H. *Native Language and Foreign Language Acquisition*[C]. New York: Annals of the New York Academy of Sciences, 1981: 68.

[11] Long, M. H. Focus on form: A design feature in language teaching methodology [A]//de Bot, K., Ginsberg, R. Kramsch, C. *Foreign Language Research in Cross-cultural Perspectives*[C]. Amsterdam: Benjamins, 1991.

[12] Long, M. H., Robinson, P. Focus on form: Theory, research, and practice[A]//Doughty, C., Williams, J. *Focus on Form in Classroom Second Language Acquisition*[C]. Cambridge: Cambridge University Press, 1998: 15 - 41.

[13] Montgomery, C., Eisenstein, M. Real reality revisited: An experimental communicative course in ESL [J]. *TESOL Quarterly*, 1985(19): 317 - 333.

[14] Naiman, N., et al. The good language learner [A]//*Research in Education Series, No.* 7[C]. Toronto: Ontario Institute for Studies in Education, 1978.

[15] O'Malley, Chamot. *Learning Strategies in Second Language Acquisition* [M]. Cambridge: Cambridge University Press, 1990.

[16] Rubin, J. Learner strategies: Theoretical assumptions, research history and typology[A]//Wenden, A., Rubin, J. *Learner Strategies in Language Learning*

[C]. New Jersey: Prentice Hall, 1987.

[17] Selinker, L. Interlanguage[J]. *International Review of Applied Linguistics*, 1972 (10): 209 - 231.

[18] Skehan, P. *A Cognitive Approach to Language Learning*[M]. Shanghai: Shanghai Foreign Language Education Press, 1999: 5 - 139.

[19] Spada, N. Relationships between instructional differences and learning outcomes: A process-product study of communicative language teaching [J]. *Applied Linguistics*, 1987(8): 137 - 161.

[20] Tarone, E. Conscious communication strategies: A progress report [A]// Brown, H. D., Yorio, C. A., Crymes, R. *On TESOL*[C]. Washington D. C.: TESOL, 1977.

[21] Tarone, E. Decoding a primary language: the crucial role of strategic competence [Z]. Paper presented at the Conference on Interpretive Strategies in Language Learning, University of Lancaster, 1981.

[22] Tarone, E., Yule, G. *Focus on the Language Learner*[M]. Shanghai: Shanghai Foreign Language Education Press, 2000: 17.

[23] Willis, J. *A Framework of Task-based Learning* [M]. Harlow: Longman, 1996: 38.

[24] 韩宝成．语言测试的新进展：基于任务的语言测试［J］．外语教学与研究，2003（5）：352 - 358.

[25] 林琼．聚焦形式教学引论［M］．合肥：安徽大学出版社，2010.

[26] 骆爱凤，叶张煌．论任务语言教学中形式与意义的平衡［J］．东华理工学院学报（社会科学版），2005（12）：381 - 384.

[27] 罗长田，高燕．语篇、语境一体化的高级英语教学模式探析［J］．东华理工学院学报（社会科学版），2004（4）：70 - 74.

[28] 束定芳，庄智象．现代外语教学——理论、实践与方法［M］．上海：上海外语教育出版社，2008.

第十章　中介语发展与语言形式的控制

一般而言，二语习得研究涉及中介语、学习者内部因素和外部环境这三大领域。中介语理论产生于20世纪70年代，当时它从一个全新的角度来研究二语习得的过程。时至今日，它仍然是二语习得研究的热点，尽管这是一个充满争议、众说纷纭的领域。

一、中介语的概念和构成

中介语（interlanguage）概念最初由Selinker于1969年提出，并于1972年在其题为“Interlanguage”的论文中进行了详细论述。中介语在我国研究中又译为“族际语”、“中继语”和“过渡语”，是指语言学习者在语言习得过程中自主形成的存在于母语和目标语之间却又独立于母语和目标语之外的一种过渡性语言，兼有学习者母语和学习者所学的目标语的特征，这种过渡性语言具有可渗透性、动态性和系统性的特点，从开始学习目标语起就在不断向目标语接近但是很少能达到目标语水平，并且在整个语言发展变化过程中一直存在着。（孙德坤，1993）此术语包括两层含义：一指语言学习者在某个阶段形成的自己的语言体系，即中介语知识内部系统（internal system）；二指语言学习者在外语习得过程中不断发展的整个中介语体系，即中介语知识系统的连续体（continuum）。前一种含义侧重于这一概念的静态特征，后一种含义侧重于这一概念的动态特征。（王永德、盛永生，2005）

关于中介语的构成，已有多种理论，主要有William Nemser（1971）的渐进系统说；Corder（1974）提出的三分说：系统前阶段、系统阶段和系统后阶段；Brown（1987）提出的四分说：随意性错误阶段、出现阶段、系统阶段和稳定阶段。“渐进系统说”认为中介语是学习者从他的第二语言系统的零知识沿着一个连续体逐渐接近本族语使用者的语言能力的过程。“三分说”描述了学习者中介语形成过程：阶段一，没有掌握足够的目标语知识来表达交际的意图；阶段二，对于目标语的规则已经形成系统但尚需进一步的内化；阶段三，对目标语的规则形成比较完整的系统。（司联合，2004）“四分说”和“三分说”一样，都是反映了中介语发展的不同阶段，不过“四分说”更加强调初始阶段错误的随意性。这三种分段方法都是对中介语的构成的描述，强调了中介语的动态变化性和系统性。

二、中介语的可变性和形成机制

可变性是中介语的本质属性之一，对它的研究在第二语言习得领域研究中有着重要意义。对可变性的研究多采用实证研究方法，通过对中介语中发生变异的成分进行调查和分析来探究变异的原因。司联合（2004）把影响中介语变异的因素总结为任务因素、语言环境因素、社会心理因素、心理因素及语用因素。蔡金亭（2004）在 Levelt 的模型和 Ellis 的言语监控理论的基础之上，提出了改进的中介语变异模型，作为研究中介语变异现象的理论框架。他认为变异的产生源于学习者因语言水平不同而经常用不同的变体表达同一个语言特征或概念。在中介语发展过程中，共时变异和历时变异并存，语言成分的变异受多种因素制约，包括语言因素（语言环境和母语迁移）、发展因素（目的语水平等）、场景因素（语体、任务、说话对象等）、心理语言因素（语言学习能力、学习风格、动机等），而且这些因素之间可能会有交互作用（宋华玲，2006）。蔡金亭（2004）认为“可变性”应译为 variability，指中介语的内在性质；“变异”则应译为 variation，指的是具体的语言现象。变异是中介语可变性的具体表现形式。其实，中介语可变性是一个实证研究问题，它的作用必须通过对中介语中变异的分析来解决（Eckman，1994：12）。Levelt（1989）的模型指出可能造成可变性的四个心理语言学起源：①在概念化部中，根据情景因素决定使用哪一种语言变体，以及实现哪些具体的交际意图；②在表达部中，把概念化部提供的前言语信息（pre-verbal message）通过挑选合适词语和应用语法与音系规则转换为言语计划；③在发音部中，把言语计划转换为实际的言语；④在言语理解系统中，提供给说话者关于语音计划和实际言语中出现错误的反馈，使说话者能够在概念化部中做出调整。

对于中介语的形成机制，主要的观点是迁移理论和认知理论。

（一）迁移理论

在第二语言习得过程中，母语知识和学习经验通常会先入为主，限制人们对所学外语的感知和理解，阻碍着外语语法的构建。所以在第二语言习得的早期阶段，中介语总是带有非常明显的母语迁移痕迹。母语内在的语法构建原则被带到了外语学习中。（徐海铭，1997）构成中介语的语言迁移既包括母语负迁移（语际迁移），又包括目标语新旧知识之间的干扰（语内迁移），如过度概括、应用规则不完全以及学习环境的影响等（黄建玲，2001）。语言迁移虽然是中介语产生的重要根源，但并不是唯一根源。目的语训练造成的迁移和文化迁移也同样是中介语产生的重要根源，其中文化迁移表现在价值标准的差异、交际的参与和个体之间的矛盾以及思维方式的差异（蔡淑萍，2001）。

（二）认知理论

许多语言学家从认知角度对中介语的来源提出种种假说。Chomsky 的“普遍语法说”、Schachter 的“机会之窗假说”以及 White 的“参数设置”模式都是代表性的观点。徐子亮（2001）运用认知心理学理论从七个方面对外国学生汉语中介语产生的原因进行了分析，认为是两个信号系统及两种语言系统之间的转换不熟练、神经活动的泛化导致语法规则类推产生了中介语现象。戴炜栋、蔡龙权（2001）从认知角度介绍了中介语的发生基础，认为中介语是第二语言学习过程中学习者把母语语言规则转移到第二语言的语言规则、运用母语语言规则简化第二语言的语言规则的产物，它反映学习者发生一种新的认知；中介语认知的发生与学习过程中的语言、心理、社会和中介语系统等因素相关，中介语认知的系统发生形成中介语认知图式，指导和管辖第二语言习得。

由于对中介语解释的角度不同导致对中介语产生原因解释的不同，但是不同的解释彼此相互补充，各理论之间既有相互重叠又有不同侧重，而中介语的产生正是各种因素相互作用的结果，这也反映了中介语形成机制的一致性和复杂性。但是目前因为无法更深一步从生理学上揭示语言习得机制和物理过程，暂时还不能完全揭示大脑在语言获得过程中的作用，因而对上述建立在现象观察和分析假设的基础之上提出的假说无法进行科学验证，这也是对中介语的形成机制一直处于众说不一状态的原因。(宋华玲，2006)

三、作为认知过程的中介语

Selinker（1972）指出中介语本身是一个阶段—过程的双重系统，而且揭示它是一个更加庞大的系统即母语—中介语—目标语系统中的一个必然成分和过程。在这个系统中，目标语学习者从母语出发，经过中介语，到达目标语。尽管 Selinker 认为相当多的学习者在到达目标语之前出现学习的石化现象(fossilization)，但是他仍坚持认为，要到达目标语，必须经过中介语。中介语是第二语言认知中的必经之路。从第二语言认知的角度看，这一认知既不是起因于一个完全受意识控制的目标语，也不是起因于业已形成、会下意识地把自己烙印在目标语之上的母语。第二语言认知起因于目标语与母语之间的相互作用。这种作用发生在目标语与母语之间的途中，因而既包含目标语又包含母语。之所以发生这种交互作用，一方面是由于人类学习行为中的类比性思维的倾向，另一方面是因为语言的同类属性促发目标语与母语的交融。如果从一开始就不存在认识论意义上的主体性母语，也就不存在作为客体的目标语，那么肯定不存在作为主体向客体过渡的中介语。既然是第二语言学习，它的前提就是存在所有上述条件，即存在中介语。(戴炜栋、蔡龙权，2001)

(一) 中介语认知的心理发生

无论是阶段的，还是过程的，制约第二语言习得的中介语表现了四种主要的心理认知方式：语言迁移（language transfer）、训练迁移（transfer of training）、第二语言学习和交际策略（strategies of L2 learning and communication），以及目标语的过度泛化（overgeneralization of target language）。

语言迁移指学习者用母语规则认知目标语语言规则并产生学习者的中介

语语言规则的现象（Corder，1973；Selinker，1972，1992；Ellis，1995）。这一现象的发生，本质上是母语潜在地影响学习者认知目标语方式的结果。认知方式的不同，可能导致两种不同的认知结果。假如这一转移对目标语的学习产生促进作用（facilitation），那么它是正向的。相反，假如母语的语言规则转移成为目标语语言规则学习的干扰（interference），成为目标语使用错误的来源，那么它的作用是反向的。

训练迁移是一种由于受教师的教学方式和教学材料影响而形成的中介语认知。学习者的这种认知方式典型地受到外界信息的影响甚至制约。显然，训练方式、训练环境和训练量的选择和控制直接影响学习者认知方式的发生，产生正向或反向的训练效果。由教学造成的诱导性错误（induced error），例如，强调动词 write 的过去分词 written（两个 t）的拼写形式，有时会诱使学生把 write 的现在分词写成 writting，这是训练后反向转移的典型例子（蔡龙权，2000）。如同在养育孩子的过程中家长们会有意通过重复和缩短话语长度调整输入给孩子的语言信息质量，本族语使用者在同第二语言学习者的接触中也会调整自己话语的语法结构和词语，调整话语的难度和长度，产生所谓的“外国人式话语”。外国人式话语训练有利于促发学习者的认知，因为这类根据学习阶段和难度调整后的话语一方面降低了第二语言学习者的语言理解困难，另一方面接近学习者生成目标语的阶段性思维发展能力。需要注意的是，外国人式话语的特征在于其协商性和重铸性。

第二语言学习策略指学习者典型的规律性学习方法。第二语言交际策略指学习者与作为本族语的目标语使用者之间典型的规律性交流方法。学习策略是交际策略的基础，交际策略则反映学习策略。因此，分析交际策略包含分析学习策略。反映中介语认知发生的交际策略有回避（avoidance）、替代（replacement）和尝试—错误（trial-and-error）。回避指学习者在遇到交际困难时回避使用某种不熟悉的语言材料。它是消极的，然而学习者在交际过程中并不会就此止步。在大多数情况下，学习者会自觉地采取替代的方式。中国英语学习者用单个动词替代动词词组，用定语从句替代定语性短语，用指示代词替代定冠词，这些现象都是交际策略选择中认知发生的具体表现。作为一种连续关系，回避和替代与问题解决相关，虽然看似消极，但是其中包含的有限的语言交际能力恰恰反映了学习者的中介语认知的发生基础。早在1924年，Thorndike就提出，第二语言习得是一个“尝试—错误”，生成语法创始者Chomsky也有类似观点，即学生在学习第二语言时，通过自己生成的话语去尝试错误。如果说错了，马上改正，如果说对了，就坚持使用，这个过程就是“试误”的过程。学生是在无数次“试误”的过程中习得目的语系统的。（焉德才，2005）与前两种策略不同，尝试—错误显示学习者对自己的中介语认知尚不成熟、不确定。它是中介语认知中的一种假设（interlanguage hypothesis）。但是，这种假设的不确定性可以促发学习者的学习内驱力，推动新的认知发生。在尝试性交际中或者在正常交际活动中尝试性地应用某些语言材料，交际的交互作用可以有效地实现新认知的发生，修正错误的假设，达到尝试—错误的学习目的。（戴炜栋、蔡龙权，2001）例如：

Hiroko：A man is uh，drinking c-coffee or tea with uh the saucer of the uh uh coffee set is uh in his uh knee.

Izumi：on him knee.

Hiroko：uh on his knee.

Izumi：yeah

Hiroko：on his knee.

Izumi：so sorry，on his knee.

（选自Gass，S. & Varonis，E.，1994）

例中Izumi对Hiroko的话语中in his uh knee的修正性重复on him knee是一次典型的尝试—错误性认知。Izumi意图修正Hiroko的介词使用错误，但是自己却出现代词使用的差错。因此，Hiroko在极其短暂的思考后接受了Izumi的介词修正，同时由于发现Izumi的代词使用错误，主动作出修正uh on his knee。虽然Izumi的反应是常用以表示同意的yeah，此处显示的是Izumi的假设不确定。所以Hiroko很确定地重复了on his knee。在Hiroko对Izumi的尝试—错误认知的确定下，Izumi客气地重复了on his knee，完成作为中介语认知发生基础的尝试—错误交际策略的全部过程。

目标语的过度泛化指在扩大目标语规则中产生的中介语认知。根据Richards（1971）的观点，过度泛化包含学习者依照目标语的某项规则或展开或混合的结构。泛化的前提是规则适用对象的某些相似，而泛化的本质是相似类比。类比性认知是人类学习的基本认知方式。问题是，个别的相似可能让学习者产生部分甚至全体相似的错误认知。泛化一旦过度，超越了类比的相似基础，便出现错误。但是，就学习的过程发展而言，这种认知是正常的。第二语言的学习过程反映了中介语认知的信息发生基础。

（二）中介语认知的社会发生

中介语认知的社会发生基础主要有三个方面：其一，学习者在语言使用不同的条件下所采用的不同的语体；其二，社会因素影响学习者用于构建中介语的输入信息；其三，在同学习者的交际中，本族语使用者的语言表征影响学习者的操练机会，从而影响他们的第二语言学习。

根据Tarone（1983，1988）的语体连续体（stylistic continuum）假说，第二语言学习者语言存在两端迥异的语体：谨慎语体（careful style）与通俗话语体（vernacular style）。根据Tarone的定义，谨慎语体指学习者在感到需要“正确”的场合里所可以追求的语言形式。通俗话语体指在日常自由谈话中即兴的、非官方式语言形式。Tarone的理论可以解释第二语言学习者语言变体的存在，并且暗示这类变体同本族语使用者的语用变体具有相似性。但是，它无法说明第二语言学习者产生和控制这类变体的能力。因此，戴炜栋和蔡龙权（2001）认为，只有在根据不同的交际环境做出有意识的语体变化，才具有第二语言学习中介语认知发生的基础价值。蔡龙权（2000）对中国英语学习者课内和课外用语的比较研究发现，学习者的课内用语与课外用语存在明显的差异。在课内，学习者高度注意诸如名词单复数、动词第三人称现在时和动词过去时的变化。但是对学习者课外的话语分析显示，他们此时较多地在这些规则上犯错误。问卷显示，学习者之所以在课内高度注意目标语使用的正确性，是因为他们高度关注教师对学习者当时和最终学习成就的评价以及学习者面子的结果。相反，在课外同伙伴的交际中，他们较少感到这类约束。学习者在不同交际环境中所做出的语体切换说明他们在交际中发生过中介语认知，同时也证明了教师对话语形式控制的正面作用。

社会因素对学习者用于构建中介语的输入信息的影响，主要来自对交际参与者的社会距离（social distance）的调整。学习者的社会距离受到多方面因素的制约。首先，学习者能否获得与目标语组成员的频繁接触，能否成为目标语组的成员。作为文化适应的一个环节，交际接触中输入信息的数量和质量直接影响中介语构建和中介语认知的成败。其次，在进入目标语组以后，学习者是否能够无拘束地与目标语组成员进行自由的思想交流。再次，目标语组成员是否愿意并且自觉地帮助学习者学习目标语。因此，教师应悉心营造这样的课堂教学环境。

在同学习者的交际中，本族语使用者的语言表征影响学习者的操练机会，从而影响他们的第二语言学习。显然，它是对构建中介语的输入信息的质量性补充。上文提到，如同在养育孩子的过程中家长们会有意通过重复和缩短话语长度调整输入给孩子的语言信息质量，本族语使用者在同第二语言学习者的接触中也会调整自己话语的语法结构和词语，调整话语的难度和长度，产生所谓的“外国人式话语”或者叫“外国人言辞”。戴炜栋和蔡龙权（2001）提供了以下例表来对“外国人言辞”与本族语常规言辞进行比较，进而分析“外国人言辞”中主要的语言特征。

表 10－1　“外国人言辞”与本族语常规言辞比较

话语类型		例子
外国人言辞	无语法性外国人言辞	No forget buying ice cream, eh?
	解释性外国人言辞	The ice cream – You will not forget to buy it on your way home – Get it when you are coming home, All right?
本族语常规言辞	基本言辞	You won't forget to buy the ice cream when you are coming home, will you?
	简化言辞	Please don't forget to buy the ice cream on your way home.

无语法性外国人言辞不讲究语法，因而它经常省略系动词、冠词、情态动词等语法关系词，使语句在表层结构上较原来简单。表示否定的“No + 动词”是其句子结构变化的典型特征。另外，句子长度和信息容量有限。

解释性外国人言辞与无语法性外国人言辞完全相反。虽然它有 22 个词，然而语法正确，而且分属四个意群，以它足够的长度和信息容量显示话语的信息框架和解释性功能。The ice cream 显示话语主题。You will not forget to buy it on your way home 显示话题的完整展开，其中 will not 的完整形式和 on your way home 的简练表达均反映话语高度的标准性。Get it when you are coming home 虽然显示的是主题展开性重复，但是使用频率更高的 Get 对 not forget to buy 的替代无疑可以降低理解的难度，而 when you are coming home 的完整句式和明确的时间又可以降低短语 on your way home 的理解难度。

本族语常规言辞中的基本言辞显示的是标准的客套性口语和近乎书面语的话语形式。其典型之处是附加反义疑问句。本族语常规言辞中的简化言辞以礼貌性祈使句和短语 on your way home 简化了在语法规范条件下所有可以被简化的成分。通过上面的观察，我们可以看到，无语法性外国人言辞的特征接近学习者学习初始期中介语的构建倾向，解释性外国人言辞接近学习者的认知能力发展模式，基本言辞接近我们的课堂教学材料编写方式和课堂教学实施方式，简化言辞接近本族语使用者的自然交流形态。戴炜栋和蔡龙权（2001）因此认为，无语法性外国人言辞和解释性外国人言辞对第二语言学习者构建中介语认知具有很大的促进作用，而后者可能更有利于促使中介语认知的发生，可称得上是教师课堂用语的范本，值得效仿和推广，同时也可见互动协商和拓展式话语重铸的必要性和重要性。

四、从中介语石化角度看语言形式控制的必要性

对于中介语的性质特点，Selinker（1972）首次论述为系统性（systematic）、可渗透性（permeable）与动态性（dynamic）。这三个特点是任何一种自然语言都具有的基本特征。国内语言研究者在此基础上把中介语的特点归纳为可变性、系统性和稳定性（王永德、盛永生，2005），或系统性、

渗透性、僵化性（徐海铭，1997）。司联合（2004）认为除了上述特点外，中介语还具有母语依靠性、目的语不可接近性和过渡性。可渗透性表现为语言学习者的中介语系统是开放的，即每一个阶段学习者的知识并不是固定的，而是不断修正、不断增加的，并且这种开放性决定了它具有可渗透性。中介语的动态性特征表现为学习者的语言经常变化。中介语的可变性受到来自学习者的母语和目标语的规则的渗透。这种渗透实际就是母语和目标语规则的双向的正、负迁移。另外，中介语的可变性还表现在逐步向目标语靠近，但这种运动轨迹是反复的、曲折的。王建勤（2000）认为，中介语的系统性首先表现为语言规则的系统性，而语言规则的系统性则反映了学习者运用学习策略的普遍性。稳定性主要表现为石化（又译为“僵化”）现象。在所有特点中，中介语的石化现象与语言学习的关系最为密切，很有研究的价值，因而引起了研究者的较大关注。

大多数学习者在第二语言学习过程中，会出现语言能力发展停滞的现象，只有大约 5% 的学习者可以达到与母语使用者相同的语言水平（Han，2003）。这种现象在二语习得研究中被称为石化现象，具体指外语学习者的中介语中一些语言项目、语法规则和系统性知识趋向于固定，年龄增长和学习量的变化对改变这种固定状态不起作用。石化了的结构一般以潜在的方式存在，甚至在表面上似乎已经清除了以后，还是会在中介语的使用中出现。石化不仅仅是语言运用的结果，更是一个控制语言运用的潜在的认知过程和机制。（宋华玲，2006）

（一）石化概念的变迁

石化现象虽然在二语习得领域得到了广泛认同，但学者们对石化的定义存在着明显的分歧，而且同一学者对石化的定义也在不断地发展。就 Selinker 本人而言，在 1972 年他提出此概念时，他的定义为：石化语言现象——一种被认为也存在于潜在心理结构中的机制，指说某种语言的人无论年龄大小和接受目的语教育程度如何，都倾向于在某种中介语中使用的语言项目、规则和次系统。这种被认为已经在中介语产出中不复存在的语言结构为何会有规律地反复出现？这是任何完备的二语习得理论都必须解释的关键性事实。可以看出，Selinker 认为石化是一种认知机制，也指一种与语言表现相关的结构现象，一方面石化被视为认知过程，是一种可以用来解释学习者相对失败的学习状况的认知机制；另一方面石化被视为结果，一种学习者永远无法达到与本族语者相当的语言能力的状态。这个定义反映了石化的三个基本特征：石化结构是持久的；它们能抵制外部影响；石化对儿童和成人都有影响。此外，定义中提到的“这种被认为已经在中介语产出不复存在的语言结构的有规律的反复出现”就是 Selinker 提出的倒退（backsliding）现象，很多研究者在进行实证研究时都将其作为确定石化的标准。在 1978 年，Selinker 对其原先的定义修整为：石化是学习者尽管有能力、有机会、有动力去学习并融入目的语社会，但在完全掌握目的语规则前，在语言结构的各个层面和所有话语领域经历的一种永久性停滞。永久性停滞成了石化的代名词，因此倒退也就不足以证明石化的存在。1992 年时他的定义发展为：石化是持久的非目的语结构。到了 1996 年时则发展为：石化是学习者的中介语学习走向停滞的过程，被假设为可以永久性阻止中介语发展。

除 Selinker 外，一些学者也尝试从其他角度去定义石化。从本质上看，所有其他定义都是对 Selinker 定义的进一步阐释，只是侧重点各有不同。（刘春艳，2009）

（二）石化现象的成因与教学对策

石化定义的不一致性必然导致对石化成因解释的多样性。30 多年来，学者们在不同时期从不同的理论视角提出了各种理论解释石化成因，但目前二语习得研究界对石化成因没能达成共识。有多种原因可能造成中介语石化现象。从语言习得机制的角度来说，石化现象表现为学习者不具备和本族语者相当的语言能力，只有少数人可以激活这种特定的语言习得机制并获得成功，而大部分人在关键期后则无法激活，他们所能求助的只能是一般认知结构，因而也就无法企及习得的终点而出现石化现象。还有一种异曲同工的解释是内因与外因说。内因指“语言习得机制”理论及学习者交际策略的影响，强调了“语言习得机制”对中介语的影响。外因说强调社会文化环境对学习者心理的影响，包括文化迁移和训练迁移，如学习者由于缺少语言实验设备或

正规的语言训练而造成石化性错误。(刘春艳，2009)

Selinker (1972) 将石化现象产生的原因归纳为母语迁移、培训迁移、学习策略、交际策略和目的语过度概括五个方面（转引自戴炜栋、牛强，1999)，这也为教学中语言形式的控制提出相应的要求。

1. 母语迁移

母语迁移一直被 Selinker 认为是导致石化发生的主要因素。他提出的多种影响原则认为，如果某一语言项目的习得受到两种以上二语习得因素的影响，那么这一语言项目就有可能固化并最终石化。而在这些影响二语习得的因素中，母语迁移是必要因素，或者至少是优先参与的因素。也就是说，石化的发生一定会受到母语迁移的影响。学习者受母语的影响，会自觉或不自觉地把母语知识或规则运用到二语习得中去。如果这种迁移不符合目的语规范，且得不到纠正的话，就可能固定下来形成石化，因此，在师生互动交流中纠错性反馈是必要的。

2. 培训迁移

培训迁移一方面指二语教师的中介语中某些不地道或不合适的语言运用和讲授，这使学习者对目的语的某些语言点及语法规则产生了不正确的理解，这些误解产生于学习者学习的最初阶段，因而往往根深蒂固，不易消除。因此，学习者需要通过互动输出发现自己在规则理解上的偏误。目的语的输出过程能引起学习者注意自己的语言问题，发现其语言知识与语言运用之间的差异，从而激发学习的主动性，努力去面对这些问题，提高语言输出的准确性。这个过程诱发或刺激二语习得的认知过程，促使学习者获取新的语言知识并巩固已有的知识。另外，语言材料使用不当也可产生培训迁移，如模拟的而非真实的语言输入（即专为教授某一语法现象或句型所编写的语言教学材料)，这是传统的纯形式教学典型的不足之处。教学方法上，“纯形式教学”体现在情景教学法（The Situational Language Teaching Method）和听说法（The Audiolingual Method）等教学法当中。这些教学法的特点主要是不注重交际，不看重学习者的真实语境交流，而关注学习者对持续呈现的语法结构的掌握与否，因此并不有益于学习者的二语发展。它们究其根本是以教师为中心(teacher-centered）的教学法。其课堂实例就是典型的三段式教学法

(presentation，practice，produce)，即呈现语言结构、按事先设计的练习操练和输出练习。相比较而言，“协商型形式教学”（又称“聚焦形式教学”）注重学习者在自然语境下的语言习得，它是以学习者为中心（learner-centered）的教学法，它有两个基本特征：一个是关注语言形式发生在以意义或交际为中心的课堂活动中；另一个是关注语言形式是在交际需要时附带发生的。

3. 学习策略和交际策略

由学习策略产生的石化现象是学习者中最普遍存在的一种现象，即将目的语简化，最明显的简化是体现在语法上的。中介语的石化最早出现在语音和句子结构上。交际策略之所以也是产生石化现象的原因之一，主要是从学习者心理因素上看。学习者在具有一定的语言能力后，用回避、简化等交际策略即可达到交流的目的，学习动力也因此减弱，要么完全停止学习，要么不再像学习初期那么重视。学习者此时只在必要时增加一些词汇所携带的句法信息，或者增加几个新词，但这对中介语的进步不会有什么效果。因此，教师有必要通过强制输出和形式协商等教学手段，迫使学生不得不使用规范的表达，避免简化语法结构。

4. 目的语过度概括

这种现象是指将所学过的语法规则或某个词语的用法错误地应用到其他语境中去。因此需要教师及时提供负面反馈，采取相应教学手段，帮助学生在“试误”过程中掌握正确的用法。

具体到二语课堂教学，可能影响石化的学习者个体因素包括：对交际需要的满足、社会心理变量、对反馈的敏感性、注意到输入和输出之间不匹配的能力。(Long，1988）如何有效地预防和消弭上述个体因素的消极影响、强化正面效应，是一个值得二语教学研究者注意的问题。较之于传统的“纯形式教学”，“聚焦形式教学”的优势在于意义或交际对语言成分认知处理的帮助，简而言之，就是学习者的注意力因交际的需要被准确地引向某一个语言特征（Long & Robinson，1998)。教师要努力营造宽松、友好的课堂氛围，使学生乐于在这样的环境中表达自己的观点，乐于和教师或同伴互动交流，通过输出发现自己语言中的问题，并在教师的帮助下，调整输出，提高话语的准确性。教师要充分重视纠错性反馈的长效机制，尽量使用形式协商手段，在交际互动中，形式协商能够让学习者充分关注语言形式，从而使他们在对目标语中新的假设进行检验时重新分析和调整非目标性的语言输出。与单纯的目标语接收相比，目标语提取可以为语言学习者带来更大的好处，因为提取和随后的输出可以刺激大脑中的记忆连接，对于目标语与非目标语之间差异的意识能够引起现有语言知识的重新调整，其长远意义的效果将在日后显现。(郑佩芸，2007)

Ellis（1995）总结了三个可能导致石化的外部因素：

一是交际压力。学习者一直有交流信息的压力，但这种信息交流又超出学习者的二语水平时，此时易导致石化，因此在课堂上教师提供的输入材料的信息量不宜过大，要有意识地引导学生从仅仅关注材料内容转向形式和内容并重；VanPatten（1990，1996）的“信息加工模型”（information process model）认为，外语学习者（尤其是初学者）的加工能力有限，他们难以同时关注形式和意义，只有当输入较容易理解，且学习者的主要关注点落在语言加工上时，对于新的语言形式的摄入才有可能，从而“注意”到语言形式。

二是缺少学习机会。学习者缺少目的语输入和使用二语的机会，目前我国高校英语教学中并不缺少目的语的输入，需要加强的是为学习者创造输出的机会，使学生在输出过程中注意自己的语言问题，发现其语言知识与语言运用之间的差异性，即自己想表达的语义与能够输出表达的语义之间的差距，从而激发学习的主动性，并努力针对这些问题，增强语言能力，缩小差异，提高语言输出的准确性，以期达到正确的输出。

三是反馈的本质。对学习者使用二语的积极反馈（表示能理解）导致石化，反之消极反馈（表示不能理解）却能够避免石化。在既定交流目的实现的过程中，负回馈起着十分重要的作用——它不断地向发话人回传着言语交流目标偏离程度的信息。因此，发话人一方面要根据负回馈所回传的信息从有关方面作必要的调节，以缩小原目标与实际的言语交流两者间的差距；另一方面发话人对正回馈所提供的信息应不失时机地迅速做出相应的反馈，以求进一步增强言语交流的效果。认知心理学家 Anderson（1983）主张把知识分为两类：陈述性知识和程序性知识。这两类知识获得的心理过程，在头脑中的表征、保持激活的特点都有很大的不同。陈述性知识即“描述性知识”，是用于回答“是什么”和“为什么”的知识，表现为一系列的概念命题、法则、定理和理论等。它作为事实回忆之基础的知识，主要以命题（命题网络）或表象的形式在大脑中表征。程序性知识（procedural knowledge）则是用于回答“怎么做”的知识，常表现为某种操作程序。对于学生输出的话语，教师不要满足于意义理解，还要追求形式的准确得体，要充分重视纠错性反馈的功能。具体地说，当教师通过协商要求学习者调整有语病的输出时，学习者就会自觉地把纠错提示与陈述性知识连接起来，积极从长时记忆储存库中提取相关的内容以解决语言问题，由此，学习者的陈述性知识便可得到巩固和程序化。

参考文献

[1] Anderson, J. R. *The Architecture of Cognition* [M]. Cambridge, Massachusetts: Harvard University Press, 1983.

[2] Brown, H. D. *Principles of Language Learning and Teaching* [M]. Englewood Cliffs, New Jersey: Prentice Hall, 1987: 163 – 187.

[3] Corder, S. P. *Introducing Applied Linguistics* [M]. Harmondsworth: Penguin Books, 1973.

[4] Corder, S. P. Error Analysis [A]//Allen, J. P. B., Corder, S. P. *Techniques in Applied Linguistics* [C]. London: Oxford University Press, 1974.

[5] Eckman, F. R. The competence-performance issue in second-language acquisition theory: A debate [A]//Tarone, E. E., Gass, S. M. Cohen. A. D. *Research Methodology in Second Language Acquisition* [C]. Hillsdale/Hove: Lawrence Erlbaum Associates, 1994.

[6] Ellis, R. *The Study of Second Language Acquisition* [M]. Oxford: Oxford University Press, 1995.

[7] Gass, S., Varonis, E. Input, interaction and second language production [J]. *Studies in Second Language Acquisition*, 1994(16).

[8] Han, Z. H. Fossilization: From simplicity to complexity [J]. *International Journal of Bilingual Education and Bilingualism*, 2003(5).

[9] Levelt, W. *Speaking: From Intention to Articulation* [M]. Cambridge: Cambridge

University Press,1989.

[10] Long, M. H. *Instructed Interlanguage Development* [M]. New York: Newbury House Publishers, 1988.

[11] Long, M., Robinson, P. Focus on form: Theory, research and practice [A]// Doughty, C., Williams, J. *Focus on Form in Classroom Second Language Acquisition* [C]. Cambridge: Cambridge University Press, 1998.

[12] Nemser, W. Approximate systems of foreign language learners [J]. *International Review of Applied Linguistics*, 1971(9), 115 - 123.

[13] Richards, J. A non-contrastive approach to error analysis [J]. *English Language Teaching Journal*, 1971(25).

[14] Selinker, L. Interlanguage [J]. *International Review of Applied Linguistics*. 1972, 10, 209 - 231.

[15] Selinker, L., Lakshmanan, J. Two perspectives on fossilization in interlanguage learning [J]. *Interlanguage Studies Bulletin*, 1978(3): 143 - 191.

[16] Selinker, L., Lakshmanan, J. Language transfer and fossilization: The multiple effects principle [A]//Gass, S. M., Slinker, L. *Language Transfer in Language Learning* [C]. Amsterdam/Philadelphia: John Benjamins, 1992: 197 - 216.

[17] Selinker, L. *Rediscovering Interlanguage* [M]. London: Longman, 1992.

[18] Selinker, L., Han, Z. H. Fossilization: What we think we know [Z]. Paper presented at EUROS LA 96. Nijmegen, The Netherlands, 1996.

[19] Tarone, E. On the variability of interlanguage systems [J]. *Applied Linguistics*, 1983(4).

[20] Tarone, E. *Variation in Interlanguage* [M]. London: Edward Arnold. 1988.

[21] VanPatten, B. Attending to content and form in the input: An experiment in consciousness [J]. *Studies in Second Language Acquisition*, 1990, 12: 287 - 301.

[22] VanPatten, B. *Input Processing and Grammar Instruction in Second Language Acquisition* [M]. Norwood, New Jersey: Ablex, 1996.

[23] 蔡金亭，朱立霞．过渡语变异研究的理论框架：继承与发展[J]．外语学刊，2004，(3).

[24] 蔡淑萍．浅论母语文化负迁移对中介语石化现象的影响[J]．鹭江职业大学学报，2001，(2)．
[25] 蔡龙权．学习分析[M]．上海：上海外语教育出版社，2000.
[26] 戴炜栋，蔡龙权．中介语的认知发生基础[J]．外语与外语教学，2001(9)．
[27] 戴炜栋，牛强．过渡语的石化现象及其教学启示[J]．外语研究，1999(2)：10－15.
[28] 黄建玲．中介语石化现象分析[J]．山东农业大学学报（社会科学版），2001（2）．
[29] 刘春艳．论二语习得中中介语的石化现象[J]．沈阳师范大学学报（社会科学版），2009（6）：108－110.
[30] 司联合．过渡语理论与语言教学[M]．南京：河海大学出版社，2004.
[31] 宋华玲．中国中介语研究 20 年述评[J]．成都教育学院学报，2006(12)：144－147.
[32] 孙德坤．中介语理论与汉语习得研究[J]．语言文字应用，1993（4）．
[33] 王建勤．关于中介语研究方法的思考[J]．汉语学习，2000（3）．
[34] 王永德，盛永生．第二语言习得的中介语理论述评[J]．阜阳师范学院学报，2005（2）．
[35] 徐海铭．过渡语研究述评[J]．南京师大学报，1997（2）．
[36] 徐子亮．外国学生的汉语中介语现象再认识[J]．汉语学习，2001（1）．
[37] 焉德才．论对外汉语词汇教学过程中的“偏误预治”策略[J]．云南师范大学学报（对外汉语教学与研究版），2005（6）：39－43.
[38] 郑佩芸．形式协商的多视角研究和思考[J]．外语界，2007（5）：76－82.

第十一章　语言形式教学在几大外语教学法中的地位

在外语教学发展史上，形式教学一直是各种教学法关注的一个重要问题。从狭义上讲，语言形式主要是指描述语言特征的语法规则；从广义上讲，语言形式是指构成复杂的语言系统的各个层面和组成部分（如语音、词汇、语篇衔接、语用标记等）以及描述这些组成部分的运用和分布的语言规则（如搭配、主谓一致、时体等）。从早期的语法翻译教学法到现在普遍流行的交际教学法，从传统的“纯形式教学”（Focus-on-forms）到“聚焦意义教学”（Focus-on-meaning），语言形式在语言教学中的重要性从最初的不容置疑到受到了挑战和质疑，再到当前的反思和重新评估，人们对其作用和地位的认识经历了一系列变迁，本书尝试对此作一梳理。

一、语法翻译法（The Grammar-Translation Method）

总的说来，语法翻译法属于传统语言学派，认为语言的书面形式优于口语形式。因此，在研究语言时，他们重点研究书面语言，以词汇研究为起始点。他们认为语言规则是规定性的（prescriptive），强调语言的正确性和纯洁性。语法翻译法的语言理论来源于历史比较语言学。不同语言之间的比较结果表明，像希腊语、拉丁语这样的古典语言和现代的印欧语系的语言极为相似，因而一些语言学家们认为所有语言源于同一种语言，受同一种语法制约。

语法翻译法侧重第二语言的语法教学。语法翻译法的特点：语法是语言的核心；按照语法体系编排教学教材；分析、释义和翻译等教学活动是掌握语法规则的手段；母语与外语间的相互翻译是主要的实践方法；句子是语言教与学的基本单位；教师强调准确性而非流利性。

运用语法翻译法学习外语的最终目的是要使学习者能够阅读和翻译文学作品，通过记忆语法规则来理解和使用目标语的词法和句法。课堂教学中，要求学生阅读的短文是根据要学习的语法结构和词汇的难易程度来安排，文章或节录于文学作品或由编纂者精心编写，其中要包括一些具体的语法规则和词汇。教师直接教授语法规则，并向学生指出不规则的用法，然后通过翻译练习让学生实际使用这些语法规则。为了让学生理解阅读文章，教师详细分析难懂的句子并将其与母语对比，通常要解释清楚句子各个成分的功能作用。要求学生记忆母语和外语两种语言的词汇和语法规则。学生的作业中通常会有：①要求学生用新的词汇和特定的语法点在句子中或短文中填空；②用所学的生词按照特定的语法结构造句。

尽管语法翻译法受到了很多批评，但至今在一些国家和地区仍以改进过的形式被广泛运用。语法翻译法利用母语作为学习第二语言的参照体系，两种语言规则体系的比较有助于学生更好地理解抽象词语和复杂句子。系统地学习语法规则在培养学生阅读理解能力和产出正确的符合语法的句子过程中发挥了重要作用。但是，用演绎法教语法总是先下定义后举例，了解大量语法规则并不能确保学生在实际交流中会正确使用这些语法规则。

二、直接法（The Direct Method）

直接法对语法规则的看法主要来源于19世纪语言教学改革提出的观点：每一种语言都有自己的结构，不能用拉丁语语法强行套用；由于口头语言早于书面语言产生，因此语言的首要成分应该是口语句型而不是语法规则。教师不再用演绎法讲授语法，而是鼓励学生在课堂上通过积极运用外语来归纳语法规则。教师一般准备一些精心挑选的语法例句，然后引导学生找出新句子与已学句子之间的联系，通过自己的观察归纳出这些例句所借助的语法规则。经常用填空练习来让学生归纳出他们需要填进例句中的语法规则，而这些例句通常来自课文。并且在听和说的过程中给学生提供直接练习的机会，让学生通过模仿和重复学习语法。课堂教学中，当学生理解了新的语言材料后，教师要鼓励他们用已经操练过的那些语法结构互相提问。直接法教学家特别强调正确的语法，不允许学生犯错误。教师要及时纠正学生的错误或者由学生自己纠正。教师可以用多种方法让学生自己纠正语法错误，例如：可以让学生在他自己说的答案和教师提供的答案之间选择正确的；教师也可以用疑问的语气重复学生的话以提示学生他的句子中有错误；教师还可以重复学生的话，但在出错的地方停下来，以引起学生对该处的注意。

由于直接法没有明确的语法规则解释，学生缺乏对目标语语法的必要知识，因此在运用外语时容易犯语法错误，并且很难自己改正。

三、口语法（The Oral Approach）

口语教学法，又叫情景教学法（The Situational Teaching Method），指的是英国应用语言学家于20世纪30年代至60年代发展起来的一种语言教学方法。此法是以语法为基础的教学法，语法与词汇按难易程度分层次教学，新的语言点通过有意义的情景活动得到展示与练习。不少杰出的应用语言学家都致力于发展口语教学法，并做出了极大的贡献，其中最重要和最有影响的要数帕尔默（Palmer）与霍恩比（Hornby）。帕尔默和霍恩比在各自的著作中对语法的重要作用都极为关注。在他们看来，语言课程中语法内容的安排应该建立在循序渐进的分级原则上。很显然，任何一门课程都要求从易到难，坡度不要太陡。在一个仔细按难易分级的课程当中，学生一次学几个基本句型。最理想的是，这些句型是相关的，介绍是循序渐进的。

口语教学法的语言理论基础是一种英国的结构主义语言观，认为语言就是说话，而说话能力可以通过口头训练语言结构而获得。英国语言学家们通过描述语言的基本元素来分析语言，这是他们遵循的传统。他们认为语言的基本元素都遵循一定的规则，这也就是说，低一级的词类（如名词、形容词等）可构成高一级的短语和句子系统。从语言理论的角度看，口语教学法与美国语言学家弗赖斯（Fries，1945，1961）等人提出的听说法几乎没有什么区别。英国应用语言学界直到20世纪60年代才开始了解美国人的理论。而且与美国人不同，英国语言学家对“结构主义”有着自己的侧重点——“情景”概念。他们强调说，语言结构与使用语言的语境及情景之间有着非常密切的关系。一些语言理论家，像弗斯（Firth，1957）、韩礼德（Halliday，1961，1970，1973，1975，1978，1985）都提出了自己的语言观，他们都把意义、语境、情景放在首要的地位。美国结构主义者忽略了语境与情景的作用，英国学者则不然，他们把语言看成是与现实世界里的交际目的和说话的情景密切相关的有目的的活动。根据这些语言观，口语教学法强调，在介绍一种新的语言结构及做组词成句的练习时，要提供合适的情景。教师应该先设置情景，再介绍句型。如果要把新的句型结构融入英语口头练习的材料之中，事先设置情景就显得更为重要，因为学生借助于情景更容易消化吸收新的语法规则。

口语教学法不鼓励直接、专门用母语或目标语来讲解语法规则。和直接法一样，口语教学法用归纳的方法教语法，即教师不直接教语法，而是让学生在使用语言的经历中自己发现并归纳语法规则。帕尔默（Palmer，1921，1923）认为，教室里的语言教学应遵循自然主义的语言学习原则。教师在课堂上应该鼓励学生直接地、自发地使用目标语，而不应把重点放在讲解语法规则上。自发性可通过现实情景中的实际使用语言而实现，也可通过句型重复而实现。帕尔默还强调一开始就要养成良好的语言习惯，以此为目标，语言应力求准确；应该给学生提供语法正确的句子和句型，通过反复操练，学生就能获得流利地说目标语的能力。

口语教学法应用的成功与否关键在教师。在新课介绍阶段，教师作示范榜样。在引入新的语言结构之前，教师要先设置需要使用这种结构的情景，然后给出新语言结构作样板供学生模仿。教师需要具备较强的课堂控制能力，利用问题、命令及其他提示启发学生说出正确的句子。在操练阶段，学生有更多的机会在比较自由的情景中练习语言，而老师总在密切注意并随时指出学生的语法或结构错误。

口语教学法的不足在于，此法不怎么关心语言的得体性，也不怎么关心真实话语中规则的使用。它的主要目的在于用情景来说明每一课中孤立的语法点。情景不过是实现语法大纲的载体而已。因此，口语教学法基本上依然是以语法为纲的方法。

四、听说法（The Audiolingual Method）

听说法所依据的语言理论为结构主义语言学观点。结构主义语言学起源于20世纪三四十年代的美国，布龙菲尔德（Bloomfield）和弗赖斯为其代表人物。结构主义语言学把语言看作一种结构体系，体系中的各种相关成分组合起来表达意义。语法体系包括用以组合单词、短语和句子的各种语法成分和规则。这些成分或构件可以根据一定的规则进行添加、删除或换位（即改变词序），来构成意义单位。根据结构主义的观点，语言具备以下特征：①语言成分是以一定规则（结构）出现的；②语言实例可以在任何结构层次上详尽描述；③语言的结构像金字塔，即语言层次的大结构系统中有小结构系统，语言中最基本的是音素，然后是词素，更高一级的是短语、从句和句子。因此，学习语言就是学习把这些要素结合在一起的规则，从音素到词素，到单词、短语，再到句子。

听说法的学习理论是行为主义心理学。行为主义者认为，当对刺激做出正确反应就给予奖励时，习惯就形成了。这一过程在多次地重复后就能使某种行为成为习惯。这个过程重复得愈多，习惯就变得愈牢固。一旦形成了习惯，试验对象（动物或人）即便在没有奖励的情况下也会对刺激做出反应。听说法课堂教学中的句型操练就是直接由这种行为主义的学习理论派生而来的。行为主义心理学家斯金纳（Skinner，1957）认为，在教学实践中奖励往往比惩罚更加有效。因此，在使用听说法的课堂教学中，教师要对学生每一次正确的表现加以肯定和表扬，要精心设计每一个句型以便学生在操练句型时尽可能少犯错误，使学生更有成就感。

听说法认为语言是一个复杂的习惯系统，而操练有助于形成这种语言习惯；外语学习就是进行操练实践，而通过大量实践可以达到脱口而出的程度。语言学习不是学习语言知识，而是实践。学生大部分的学习时间应该用在模仿、记忆、复述和口语的操练上。语法规则应由学生自己从语言的实例中归纳总结，教师不必详细解释语法规则。听说法以对话的方法来介绍语言，他们相信对话能够为语言提供一个自然的环境。对话是给主要的句型提供有意义的语言环境，表明这样的句子结构可以用在什么样的语境之中。对话能反映出目标语的文化意义。对话包含了一定的句型结构和语法要点。这些句型和要点随后又在句型构成的对话中得到操练。

句型操练是听说法教学的核心。结构主义语言学家对语言进行了描述，发现每种语言都由一定数量的句型组成，这些句型是语言的基本结构。他们认为通过学习和操练这些句型，可帮助学生形成语言习惯，而这些习惯使学生能自如地运用这些句型，不必过多地思考。句型是语言的基础，也是外语教学的核心。因而语言教学的主要目标应该是让学生习得这些句型结构。新的句型结构与其他句型组合前，或者被运用到对话或自由会话之前，学生要被训练到脱口而出的地步。听说法坚持学生要对句子结构做准确的复述，并且要避免任何语言错误。学生被看作是生物有机体，能够通过大量的训练达到对刺激做出正确的反应。不鼓励学生主动地进行交流，以避免出现语言错误。学生通过听教师说，正确进行模仿，对控制下的操练任务做出反应和表演，以形成一种新的言语行为。

20 世纪 50 年代是听说法的全盛发展时期。但到了 20 世纪 60 年代末，听说法受到了来自各方面的批评。听说法所使用的教学技巧和方法被认为是错误的。主要的批评意见是；句型操练、记忆、复述、模仿等也许能训练出语言行为，但不能发展语言能力。操练中的语言与真实的语言有距离。替换词和句子往往是人为准备好的，句型操练也是为操练而操练，因此，所学到的句子表达不能恰当地运用到真实的语言环境中。人们发现在真实的交际中，学生只会重复他们在课堂上操练过的语言形式，而不会灵活地运用语言。由于过分强调语言形式而忽视语言内容，学生不能进行自发的、具有创造性的学习。

五、认知法（The Cognitive Approach）

20 世纪 60 年代，听说法的许多缺陷显现出来并开始走下坡路，人们都在试图探索新的教学法以满足外语教学新的需要。当时，语言学理论正在经历一场革命，生成语言学派给语言研究带来了一个全新的视角。与此同时，认知心理学引起人们的广泛关注，它反对机械性的条件反射理论，而提倡有意义的学习。

摒弃了结构主义语言学和行为主义心理学，认知法试图把转换生成语法和认知心理学作为第二语言教学的基础。转换生成语法的创立者乔姆斯基（Chomsky，1957，1965）认为：语言中有一套所有操本族语者都知道的语法规则，这套语法规则的数量有限，运用这些规则，人们能创造出无数的句子。Chomsky 把语法知识称为“语言能力”（competence），正是有了这种“语言能力”（关于语法规则的知识）才使得操本族语者能用本族语生成句子（performance），尽管他也许不知道所有的语法规则或者不能像一个外语学习者或语言学家那样系统地描述语法规则，但 Chomsky 坚持认为语言绝不是一种行为方式，而是一种复杂的以一定规则为基础的体系。语言习得在很大程度上是对这种体系的学习。孩子的这种语言能力是逐渐习得的，正是这种语言能力使得一个孩子在使用语言时具有创造力（如能够说出他以前从来没有说过的话语）。尽管在语言教学中还从未采用以 Chomsky 理论为基础的教学法，但是，允许学生以他们所理解的语法规则去创造和生成新句子的观点，被许多学校的课堂教学广泛地采纳。这一观点明显和听说法所认为的人类知识来自经验的理论是背道而驰的。

在认知教学法中，学习者被看作学习过程的主动参与者，他要使用这种智力活动整理出所学语言的体系。语言学习是通过运用归纳推理和演绎推理去发现语言的基本结构。语言规则的发现与操练应在语言环境中进行，学习者一开始学习语言就受到整个语言环境的影响。教师应允许学习者说完整和不完整的句子，不论正确或错误，并要让学习者在语言交际的情景中进行实践；纠正学生的语言错误应像母亲纠正孩子的语言错误一样，使用“成句扩展”的方法。迪勒（Diller，1971，1978）的观点较好地代表了认知法所持的学习论：

（1）一种活的语言是受规则支配的创造性活动。这一原则显然源于 Chomsky 所提出的两个观点：语言是受规则支配的、语言具有创造性。这条原则的含义是：学习语言就是有意识地学习一种体系。

（2）从心理学方面来讲，语法规则是真实的。一种语言规则同象棋规则一样，其最好的学习方法就是通过演示说明和练习实践相结合的办法。也就是说，一种技能的学习可以是有目的、有意识的，但只有通过运用才能逐步熟练起来。

（3）人类具有特殊的语言学习能力。学习语言是人类的一种特性，这种语言学习的特性不仅儿童有，成年人也有。就使用语言而言，只要是在有意义地使用语言的环境中，人一生中任何时期都可以学习语言。

（4）一种活的语言是人们能够用以思维的语言。语言与意义、思维是密切相关的。学习一种语言就要学会用这门语言去思维。学习语言的唯一方法就是在学习过程中进行有意义的实践而不是机械的句型操练。

认知教学法注重学习者的语言理解过程，反对“刺激—反应—强化”学习模式，不强迫学习者进行机械的语言操练。认知法和听说法在基本原则上是有差异的。听说法不主张教师给学习者讲解语言，即不教语法；而认知法却要求教师给学习者讲解语法，因为了解语法规则更有利于语言学习。认知法认为，学习者的语言基础建立在对语言规则的理解上。他们必须先学习语法规则（具有语言能力），在理解了语言体系之后才能运用语言。语言能力先于语言运用。认知法认为有意识、有计划的语法教学有助于语言学习，语法对于学习者是重要的，但是决不能为学语法而学语法。语法学习应该以语言功能为指导，二者结合起来，以便学习者把他们所学到的语法规则应用到真实的语言交际中去。认知法认为，外语学习是一个有意识地去掌握所学语言的语音、语法和词汇的过程，主要是通过学习和分析这些语言形式的方法来掌握语言知识。只要学生对语言结构的理解掌握达到一定程度，他们运用语言的能力将会随着语言在有意义的情境中的使用而得以自行发展和提高。

认知法的教学目标是把学生的能力发展到这样的水平：他们能像操本族语者一样用有限的语法规则创造出必要的句子来进行交际。认知法课堂教学的重点由三个部分组成：语言规则的学习（rule learning）、有意义的实践（meaningful practice）和创造性的活动（creativity）。在学习外语的过程中，认知法在对待学习者所犯错误的态度上和听说法不一样。认知法认为，在创造性使用外语的过程中，错误是不可避免的。学习者犯语言错误是必然的，是一种正常现象，它是外语学习进步的特征。不完全符合语法的句子被看作是通向成功的一个正常阶段，是可以接受的。教师应该引导学习者按“制订假设—验证假设—修正假设”这一过程来学习和运用外语。教师应该做的是了解和分析学习者的这些错误，以便找到犯错误的原因，并且有针对性地加以改正解决。

六、自然法（The Natural Approach）

自然法是克拉申（Krashen）和特雷尔（Terrell）提出的一种教学法，其教学原则是：强调自然的语言交际而不是规范的语法学习，并对学习者的错误持宽容态度。Krashen 和 Terrell（1983）在自然法中强调了意义的重要作用，他们强调词汇的重要性，认为语言的基础是词汇，语法仅具有次要的功能，它只是确定如何用词汇来表达意思。他们认为语言是一种用来交流意义的载体，并表明“只有当人们理解目标语中的信息时，才能产生语言习得”。尽管如此，他们还是把语言学习看作是逐步掌握语言结构的过程。这一点清楚地显示在他们以下的论述中：“在目标语的习得过程中，为了获得下一阶段的进步，习得者需要懂得目标语在下一阶段中带有新结构的语言输入。”Krashen 把这一点用公式 i+1 表示出来，意思是语言输入中的结构内容要稍微高出学生当时的水平（即 i）。Krashen 等人认为，信息中的词汇必然是按照语法规则组织起来的，信息越复杂，其语法结构也就越复杂，语法结构不必明确地解释，教师、学习者和教学材料也都没必要注意语法。他们（1983）认为：“如果我们组织讨论，就要有语言输入；要达到交际目的而展开的各种广泛话题的讨论中，语法结构会自动地出现在语言材料之中”。

自我监测模式（monitor model）是 Krashen 第二语言学习理论的中心。Krashen 这一理论是在 20 世纪 70 年代后期他发表的一系列文章和出版的几部著作的基础上逐渐发展形成的。他为第二语言习得提出了普遍的原则，对语言教学具有重要的指导意义。Krashen 的自我监测模式区分了两个性质截然不同的过程。一个是“习得”（acquisition），它是在一种自然交流的环境中通过语言有意义的相互作用而产生的，说话者关心的不是语言形式，而是语言的意义；这是一种由潜意识加工而导致“语言能力”发展和提高的过程，不是通过语法规则的学习来获得的。另一个是“学得”（learning），指的是有意识地学习语法规则。Krashen认为，有意识地学习语法规则对习得没有帮助；学得的语法规则仅具有一种功能，即在语言输出的过程中，对语言的表达起到了控制和校订的作用（即自我监测）。因此，自然法认为要有限度地使用语法教学，绝不让语法教学影响语言交际。

在自然法的课堂上，大部分时间用来开展有助于语言习得的活动。为了让学生按照自然顺序习得语言，教师允许学生犯错误而不过分强调纠正错误，但会鼓励使用适当的和最令人满意的语言规则自我监测。在课堂上，教师要求学生能听懂操目标语的人所讲的话并能用目标语表达自己的想法，但不要求学生在口头交际活动中有意识地使用语言规则。对于学生所犯的错误，如果学生的回答影响到意义的正确表达，教师应立即予以纠正；但如果学生说话时只是犯了语法形式上的错误，教师则不必直接地去纠正。

自然法大纲不限定语法规则的顺序，唯一确定的顺序是以交际目标为基础的顺序；这表明自然法是以语义来定位而不是以语言形式来定位。自法然教学中，促进语言习得的各种课堂活动在教学中起着支配性的作用。对孩子而言，课堂上的习得活动将始终发挥支配性作用，学得活动将主要用于写作练习。对成年人而言，应安排至少80%的课程用于习得活动，仅安排20%或更少一些来进行学得操练。典型的学得练习包括书面语法规则练习、听说句型操练和交际性的语法操练。

基于对在自然环境中如何习得第一语言（母语）和第二语言（目标语）的观察和解释，自然法反对把语法结构的讲授作为教目标语的前提条件。自然法的重要理论假设是：语言习得的唯一途径是理解信息，语言被视为传达信息和意义的工具。自然法的独创性不在其教学法本身，而在于该方法在运用时强调能理解的有意义的语言实践活动，而不是要产生语法正确完美的话语和句子。开展所有活动的目的是将学生的注意力集中到意义上而不是语言形式上。自然法的重点是培养学生的交际能力，与当今流行的交际法是相类似的。自然法把重点集中到听力理解、有意义的语言交际和提供能理解的语言输入上，这三个方面为在课堂上进行成功的第二语言（外语）习得创造了充分的和必要的条件。

七、交际法（The Communicative Approach）

交际法主要是由英国的应用语言学家发展起来的，最初被称为功能—意念法，现在尚有人将之称为功能法。到20世纪60年代末，外语教师和语言学家对当时占主导地位的外语教学法产生了不满。当时对语言学习者的首要要求就是精确地掌握语法，对语言结构的掌控程度是外语能力主要的测量依据。批评者认为，这种教学培养了一批掌握语言结构的学生，但他们常常不会用来进行语言交际。同时，一些理论语言学家开始意识到，在语言研究中语义和语境被忽略了。人们开始认识到，语义学对于任何一种语言理论模式来说都是最基本的。语言的意义在很大程度上取决于言语行为所发生的文化背景。语言使用中具有的社会文化含义受到功能主义者的强调，他们认为在正常的交流中，语言的目的从根本上决定了它的句法功能。

这一切都要求重新设计教学大纲，以便使学习交际和学习语法受到同样重视。威尔金斯（Wilkins）在这方面做了有益的基础性工作，他提出了以交际为标准而设计的功能意念大纲（The Notional-Functional Syllabus，缩写为NFS）的基本要点。与那些过分强调语法形式的方法不同，功能意念大纲十分重视在具体语境中语言的语用目的或实用目的。功能意念大纲最显著的特点是，它强调把功能作为第二语言课程设置的基本组成部分，这和结构主义大纲显然不同，因为结构主义把语法结构当作教材的基本组成部分。Wilkins分析了语言学习者必须理解和表达的交际意义，指出语言的结构成分不容忽视，然而，语言教学的方向主要应该是其社会交际目的而不仅仅是理解和掌握语言形式。（Wilkins，1976）

社会语言学家海姆斯（Hymes，1972）提出了交际能力（communicative competence）这一概念。Hymes所指的交际能力，既包括语言能力，又包括语言运用。他还进一步阐明了交际能力的四个特征：①能辨别、组织合乎语法的句子；②在适当的语言环境中使用适当的语言；③能判断语言形式的可接受性；④能知道语言形式出现的或然率，即能判断出该语言形式是常用的习语还是罕见的个人用语。Hymes所阐明的交际能力的含义，组成了交际法的目的，这也是交际法之所以叫作交际法的根本依据。

交际法认为，交际功能是语言最本质的社会功能。外语作为交际工具，要通过外语交际活动和有趣的课堂教学活动才能更好地为学生所掌握。因此，外语教学要选择真实的言语和真实的情景，要在真实的交际过程中使用语言。教材内容要选真实的、自然的言语，而不是特意编排的言语。有意义的语言输入、与学生有关和有趣味的话题及活动都能促进学习。教材内容主要根据功能、意念等要素选择，而不是根据语言形式选择。使用语言是指在话语中使用语言形式体系进行交际。那种把语言形式仅仅用作示例的做法只能叫作“用法”。外语教学重点不是讲解语言规则的用法和机械地操练句型，而是在适当的言语情景和适当的交际情景中恰当地使用语言。理解语言的用法和机械地操练句型，只能培养听、说、读、写技能，不能培养交际能力。尽管交际能力包括听、说、读、写技能，但交际能力决不等于这四项技能。（章兼中，1983）

由于交际原则适用于任何程度和任何一种语言技能的教学，可供交际法采纳的课堂教学活动及训练形式不胜枚举，因而很难归纳提炼出一种较为典型的课堂施教程序模式。综观迄今为止的交际法教学实践，可以得出这样一种印象——交际法的施教程序是从较为传统的施教程序模式进化而来的，是对传统程序的发展，赋予传统程序以新意。这一特点，反映在一些有代表性的交际法专著和教材中。例如：在 1983 年剑桥大学出版社的《功能—意念法：从理论到实践》一书中，Finochiaro 和 Brumfit 提出的授课提纲，与“听说法”和“情景法”的施教程序有着许多共同之处。1978 年由朗文图书公司出版的《主干英语入门》，以及由朗文图书公司出版的另一本教材《起点策略》（1977），虽然以语言功能为教学重点，但对语言现象的施教处理则与传统的程序相仿——先以对话作为信息输入的载体，继之以机械式训练对付主要的语法句型，然后配之以情景作进一步的练习。在完成了以上程序后，再转入较为灵活随意的活动，如扮演角色、即席表演等。因此，可对上述教学活动类型作一个顺序上的归纳：①交际活动之前的预备性活动：一是对外语结构的练习活动，二是具有一定交际性质的活动。②交际活动：一是功能性语言交际活动，二是社交性语言交流反馈活动。（姬建国，1991）

当前比较常见的交际法教学过程有三个步骤：接触、模拟范例练习和自由口头表达。

（1）接触。先让学生接触在自然环境中的场景式的对话，并在对话中接触多种多样的语言形式，其中包括教材以外的一些内容。对话是在逼真的情景中呈现和传授的，教师既可充分利用多媒体技术展示，也可以通过听的方式来接触即将学习的内容；教师可采取各种手段方便学生理解对话的内容，如运用身体语言中的表情、眼神、手势等，也可采用视觉教具包括挂图、幻灯片、照片、实物等。

（2）模拟范例练习。这个步骤的教学是要重点练习几种语言形式。学生在上文提到的自然场景对话中接触到各种语言形式，教师从中抽出一到两项供学生练习。学生不断重复模拟范例的练习，便于在表达思想时能灵活使用同类的句型。同时，模拟典型情景中典型语言结构，还能加速学习过程。因为只有通过模仿大量的范例才能掌握语言规则，然后根据这些数量有限的规则造出数量无限的句子来。模仿练习不完全是模拟操练句型的形式，而是通过回答的形式，使对话更接近日常会话中的言语。

（3）自由口头表达。凡受外部控制的语言表达活动只能算作学习语言知识的活动，而不是语言应用的活动。交际法认为，外语教学必须为学生创造更自由地使用语言的机会和条件，使学生能达到自由表达思想的程度。教师在整个语言教学过程中，应提供一定的情景和话题，让学生运用所学的语言形式来自由表达自己的思想。课堂交流活动应尽量具备真正的交际活动的特征，即信息沟、选择的余地和反馈。另外，要使学生具备自由表达的能力，教学的内容就应该是以日常语言为主，让学生学到在实践中拿来就用的语言知识，以便使学生尽快地具备应用语言的能力。（徐春英，2010）

在对待学生所犯语言错误的问题上，交际法认为：学生在使用语言进行交际的过程中犯语言错误是正常现象，错误是学习语言过程中一个“由不完善达到完善的路碑”。这与儿童在学习母语过程中存在中介语一样，标志着语言学习中各个阶段的发展水平。学生学习外语的过程是一个从常常出现错误的、不完善的阶段逐渐走向不出现错误的、完善的阶段的过程。不完善的中介语中的错误不必纠正。不断地纠正学生说话中的错误只会打断学生说话时的思路，分散学生的注意力。教师不用担心学生在交际过程中会出语言错误。这些错误，学生会在今后的言语交际活动中逐步改正，何况有些错误是学生尚未学习到它的正确形式前的一种尝试。交谈时，语言错误只要限制在不影响完整地理解语句的情况下，视个别学生的不同能力，容许他们犯不同程度的错误。不完善的交际往往是有效的、有价值的交际。(章兼中，1983)

交际法在实际教学中也暴露出一些问题，最明显的就是学生的语言错误易形成固定的习惯。因为交际法有一条基本原则，即避免直接纠正错误，教师宽容地接受学生在语言结构使用上的错误，并鼓励学生使用交际策略。人们担心过分地依据交际策略，学生就会采用这些策略，充分发展 Canale 和 Swain（1980）所说的“策略能力”，即在不具备足够语言能力时借助其他方式把自己的意思表达出来的能力。尽管这种能力在交际中是必要的，但却潜伏着危险：学生想进一步学习提高语言能力的欲望没有了，因为学生一旦发现自己已经能够应付紧急的交际情景时，大多数学生会认为没有必要再投入精力进一步努力学习了。

八、结　语

没有一种教学法能全然摒弃形式教学，但在具体的教学中，究竟应以形式为重还是意义为重，始终是困扰语言工作者的一个难题。通过上述回顾，我们对形式教学在各大外语教学法中的地位有了大致的了解，总的发展趋势是从“纯形式教学”（Focus-on-forms）走向“聚焦形式教学”（Focus-on-form）。“纯形式教学”将语言形式分解为孤立的学习对象，其特点体现在语法——翻译法、口语法、听说法、认知法等教学法当中。这些教学法关注学习者对持续呈现的语法结构的掌握与否，不注重培养学习者在真实情景下的交际能力（尽管除了语法翻译法，其他几种教学法都声称学生的交际能力是其培养目标之一）；因此，“纯形式教学”并不有益于学习者的二语发展，究其根本是以教师为中心的教学法。而早期的直接法注重形式与意义的直接联结，尽管不否认语法知识的作用，但教师不直接讲解语法规则，而是让学生通过接触运用外语来归纳语法规则，其形式教学处于无序、随意的状态。到了自然法和交际法，形式教学的地位被大大降低，意义成为课堂教学的核心，尽管形式教学没有完全被摒弃，但课堂教学中缺乏一种行之有效的方法使得语言的形式与意义兼顾，直接的后果是：尽管学生语言表达的流利程度提高了，但准确性不容乐观，甚至一些语言错误成为习惯而固定下来。越来越多的二语研究者（如 Doughty & Williams，1998；Long & Robinson，1998）提出，应当在以意义为中心的交际课堂中引导学习者把注意力转到语言形式中来，这样才能真正有效地提高其语言交际能力（Muranoi，2000：618）。也就是在这种情况下，“聚焦形式教学”应时而生。“聚焦形式教学”仍然强调二语教学应以意义和交流为核心，但当教师和学习者在理解或输出过程中遇到问题时，应暂时将注意转移到语言形式本身，这种对语言形式的关注并不妨碍语言意义的沟通，它同时能够使学习者更有效地学习语言形式，并在语言的形式与意义之间建立联系。Doughty 和 Williams（1998）指出，“聚焦形式教学”通过以意义和交际为中心的认知过程，给学习者提供了比“纯形式教学”更具优势的教学法。

参考文献

[1] Canale, M., Swain, M. Theoretical bases of communicative approaches to second language teaching and testing[J]. *Applied Linguistics*, 1980(1): 1-47.

[2] Chomsky, N. *Syntactic Structures*[M]. The Hague: Mouton, 1957.

[3] Chomsky, N. *Aspects of the Theory of Syntax*[M]. Cambridge, Massachusetts: MIT Press, 1965.

[4] Diller, K. C. *Generative Grammar, Structural Linguistics and Language Teaching*[M]. Rowley, Massachusetts: Newbury House, 1971.

[5] Diller, K. C. *Language Teaching Controversy*[M]. Rowley, Massachusetts: Newbury House, 1978.

[6] Doughty, C., Williams, J. Pedagogical choices in focus on form[A]//Doughty, C., Williams, J. *Focus on Form in Classroom Second Language Acquisition*[C]. Cambridge: Cambridge University Press, 1998.

[7] Finochiaro, M., Brumfit. C. *The Functional-Notional Approach: From Theory to*

Practice[M]. Oxford: Oxford University Press, 1983.

[8] Firth, J. R. *Papers in Linguistics*: 1934—1951 [M]. Oxford: Oxford University Press, 1957.

[9] Fries, C. C. *Teaching and Learning English as a Foreign Language*[M]. Ann Arbor: University of Michigan Press, 1945.

[10] Fries, C. C., Fries, A. C. *Foundations for English Teaching* [M]. Tokyo: Kenkynsha, 1961.

[11] Halliday, M. A. K. Categories of the theory of grammar[J]. *Word*, 1961, 17(3): 241 – 292.

[12] Halliday, M. A. K. Functional diversity in language as seen from a consideration of modality and mood in English[J]. *Foundations of Language*, 1970(6): 322 – 361.

[13] Halliday, M. A. K. *Explorations in the Functions of Language*[M]. London: Edward Arnold, 1973.

[14] Halliday, M. A. K. *Learning How to Mean: Explorations in the Development of Language*[M]. London: Edward Arnold, 1975.

[15] Halliday, M. A. K. *Language as Social Semiotic: The Social Interpretation of Language and Meaning*[M]. London: Edward Arnold, 1978.

[16] Halliday, M. A. K. *An Introduction to Functional Grammar* [M]. London: Edward Arnold, 1985.

[17] Hornby, A. S. *A Guide to Patterns and Usage in English*[M]. Oxford: Oxford University Press, 1954.

[18] Hymes, D. On communicative competence[A]//Pride, J. B., Holmes, J. *Sociolinguistics*[C]. Harmondsworth: Penguin Books, 1972.

[19] Long, M., Robinson, P. Focus on form: Theory, research and practice[A]// Doughty, C., Williams, J. *Focus on Form in Classroom Second Language Acquisition*[C]. Cambridge: Cambridge University Press, 1998.

[20] Krashen, S. D. *Second Language Acquisition and Second Language Learning* [M]. Oxford: Pergamon Press, 1981: 67 – 80.

[21] Krashen, S. D. *Language Acquisition and Language Education*[M]. New York: Prentice Hall, 1989.

[22] Krashen, S. D., Terrell, T. D. *The Natural Approach: Language Acquisition in the Classroom*[M]. Oxford: Pergamon Press, 1983.

[23] Muranoi, H. Focus on form through interaction enhancement: Integrating formal instruction into a communicative task in EFL classrooms [J]. *Language Learning*, 2000, 50: 617 – 673.

[24] Palmer, H. E. *Principles of Language Study* [M]. New York: World Book Co., 1921.

[25] Palmer, H. E. *The Oral Method of Teaching Languages*[M]. Cambridge: Heifer, 1923.

[26] Skinner, B. F. *Verbal Behaviour*[M]. New York: Appleton-Century-Crofts, 1957.

[27] Wilkins, D. A. *Notional Syllabuses*[M]. Oxford: Oxford University Press, 1976.

[28] 韩新民. 高等教育自学考试指定教材同步配套题解：外语教学法（第2版）[M]. 北京：光明日报出版社，2003.

[29] 姬建国. 外语教学法的内部结构 [M]. 西安：陕西师范大学出版社，1991.

[30] 徐春英. 现代外语教学法：理论基础与流派演进 [M]. 北京：九州出版社，2010.

[31] 章兼中. 国外外语教学法主要流派 [M]. 上海：华东师范大学出版社，1983.

第十二章　从纯形式教学到聚焦形式教学

语言教学研究者常常将各种教学方法归为二类（Ellis，1997）：一类是“以意义为中心”的教学（Meaning-Focused Instruction，简称 MFI）；另一类是“以形式为中心”的教学（Form-Focused Instruction，简称 FFI）。语言中的“形式”与语法不是同一概念，语法是语言形式的重要组成部分，但它显然不是语言形式的全部。从广义上讲，语言形式是指构成复杂的语言系统的各个层面和组成部分（如语音、词汇、语篇衔接、语用标记等）以及描述这些组成部分的运用和分布的语言规则（如搭配、主谓一致、时体等）。Ellis（2001：1－2）强调，“FFI”是一个总称，指所有用来引导学习者注意语言形式的所有计划性的或是偶发性的教学活动。在 MFI 模式下，学习者的目标是使用语言，而在 FFI 模式下，学习者的目标是学习语言。研究发现（De Keyser，1998）：完全依靠 MFI 无法获得高水平的语法能力。而 FFI 却能在开展以意义为中心的教学活动的同时，关注语言“形式”，Focus-on-form 即为此理念的典型代表，与传统的 Focus-on-forms 形成对比。Focus-on-form 和 Focus-on-forms 这两种教学，英文表述上几乎相同，只有单复数之别，但在理念上却有着重大差异。“纯形式教学”把语言成分与使用情景割裂开来，而“聚焦形式教学”则始终以交际为先决条件。

一、纯形式教学的困境

在具体概念上，根据 Long（1991）的研究，“纯形式教学”指的是一种以语法结构为教学中心的教学方法，它的课程设计往往是围绕语法点的难易顺序进行安排的。其课堂实例就是典型的三段式教学法（presentation，practice，produce），即呈现语言结构、按事先设计的练习操练、输出练习。

“纯形式教学”的理论假设是“语言技能习得三阶段”：第一阶段是掌握

“是什么”等的陈述性知识；第二阶段是运用语言知识了解该如何去做的程序性知识；第三阶段是根据规则就能够自动地将陈述性知识转化为程序性知识。“纯形式教学”主要特点是脱离语境和交际活动，孤立地讲授语法形式，它以单个语法项目逐步积累为课程设计主要组织原则、依据结构主义合成式（synthetic）教学大纲的传统语法教学模式。“纯形式教学”可以采用多种方式得以实施，其中较为常见的方法包括：①显性和隐性纯形式教学（explicit & implicit focus-on-forms）；②结构性输入和产出练习（structured input & production practice）；③功能性语言练习（functional language practice）。

显性纯形式教学指的是“在学习过程中思考某些规则”的教学方法（De Keyser，1995，转引自 Ellis，2001：18）。这些规则可以通过演绎法和归纳法来习得。演绎法通过将规则呈现给学习者来实现，而归纳法可以让学习者通过分析含有规则特征的材料来自我获得。显性纯形式教学方法可以是说教式（didactic），即要求学习者阅读或听讲有关这些规则的材料；也可为发现式（discovery），即要求学习者在句子中识别这些规则。隐性纯形式教学要求学习者在并不知晓的情况下记住实例或推理规则或者两者皆有。因此，要区分显性和隐性纯形式教学，关键是学习者是否知晓。两者均希望学习者建构呈现他们正在学习的语言形式的规则，但显性纯形式教学法能够通过使规则外显化达到帮助学习者的目的，而隐性纯形式教学法则是通过帮助学习者在无意中习得内隐性规则。

结构性输入和产出练习基于二语习得计算模型。这一计算模型假定三种过程：摄入（intake，亦译为“吸收”，指注意输入中的语言形式并将其存储在短时记忆里）；习得（将新的语言形式存储在长期记忆里，并重新调整中介语结构）；语言产出。这样，就需要给学习者提供机会来不断练习以产生目标语结构。给学习者提供结构式输入，即提供大量目标语结构的实例，并要求学习者执行某些任务，以便使他们注意到语言的形式以及语言加工的意义。结构性输入之所以被看作是纯形式教学法，是因为它使学习者关注形式而不是意义，使学习者反复注意特定的、预先挑选的语言特征。事实上，它就是教授结构教学大纲的另一形式。（VanPatten，1996，转引自林琼，2010：18）

功能性语言练习旨在使学习者通过练习，在某种情境下能够产生目标语结构。原先这些活动被称为“情境或语境语言练习”，现在更习惯于被称为“功能性练习”。功能性语言练习之所以被纳入到“纯形式教学”范畴，是因为这些活动的目的仍然是使学习者注意语言形式而不是语言的意义，学习者明白其目的是通过反复练习目标语特征来达到准确掌握或使用该语言特征。

“纯形式教学”以综合性的（synthetic）教学大纲为依据，且明显地聚焦于某一语言形式，语言学习被等同于一个积累各个孤立的语法项目的过程。学习者的角色是把这些孤立的项目综合起来，以备交际之需（Long & Robinson，1998）。Long（1991）认为，“纯形式教学”是基于结构主义语言观的综合教学法，课堂活动的中心首先是语言形式而不是意义。在“纯形式教学”中，主要聚焦的语言目标是预先准备好的，课程设计者首先对目标语言进行分析，将语言形式分解为孤立的学习对象，即将之分解为词汇及固定搭配、语法规则、音位、语调、重音模式、句子结构、概念、功能，等等，然后以线性的方式将其排序，形成教学大纲。教师按照教学大纲进行授课，学生按照既定的顺序系统地学习一个个语言点，并通过各种课堂练习（如重复、问答、填空、改错等），巩固所学的知识。语法翻译法（The Grammar-Translation Method）、听说法（The Audiolingual Method）、视听法（The Audiovisual Method）、情景教学法（The Situational Language Teaching Method）等都可以归为这类教学模式。其课堂实例就是典型的三段式教学法，即呈现语言结构、按事先设计的练习操练和输出练习。这些教学法的主要特点是不注重交际，而是关注学习者对持续呈现的语法结构的掌握与否。因此，该教学方法并不有益于学习者的二语发展，并不看重学习者的真实语境交流，究其根本是以教师为中心（teacher-centered）的教学法。

二、聚焦意义教学的不足

随着二语教学与研究的进一步发展，“纯形式教学”取向的基本理念开始受到质疑，另一种取向由此产生。该取向认为，二语学习的过程不是一个个孤立的语言知识积累的过程，应以意义作为教学的核心（focus-on-meaning），林琼（2010）将其译为“聚焦意义教学”。“聚焦意义教学”的支持者们认为，只要向学习者（成人或青少年）呈现足够的可理解的二语输入，他们就能够像儿童习得母语那样习得二语。自然主义教学法（The Natural Approach）、沉浸式教学法（The Immersion Approach）等都可以归为这种取向。尽管研究者的观点和具体教学方法不尽相同，但他们大多持“不干预”（noninterventionist）的立场，不将语言本身作为学习目标，而将语言作为意义交流的媒介，通过提供真实、可理解的目标语言输入及言语互动活动，使学习者以伴随的、内隐的方式习得二语的语法。

在以意义为中心的教学中，“meaning”的含义有两种：第一种含义是语义概念，即词汇含义或特定的语法结构；第二种含义涉及语用意义，即体现在交际中的上下文意义。教学应确保为学习者提供两种层面含义练习的机会。但对语言学习者来说，语用意义是关键。因为从语义意义上讲，教师和学习者把语言看作学习的对象和功能，学习者被看作是语言的学习者；而从语用意义上讲，语言是交流的工具，教师和学习者是语言的使用者（Ellis，2005）。在“聚焦意义教学”中，如果不去关注语言形式，这就是通常所说的自然法和沉浸式教学法。它们只注重交际而忽视传递信息的形式，提倡所有语言活动以意义的理解和表达为核心，教师只给学习者提供正面证据和大量的交际机会，避免外显的语法教学。这一模式曾非常盛行，以至让“语法教学”曾经成为教师们避之唯恐不及的字眼。但这种取向也渐渐暴露出一些问题，加拿大沉浸式（immersion）项目的研究表明：学习者的语言能力在以意义为中心的沉浸式课堂中不太可能达到很高的水平。由此，引发了二语习得研究者如 Swain（1995）的观点：学习者不仅需要在交际互动中使用语言，还应当注意具体的语言形式。二语习得及教学实验研究证明：如果二语教学完全集中在经验式的语义交流上，而不注重语言形式的使用及练习，虽然可能提供大量的语言输入（language input）甚至语言互动（language interaction），但结果并不一定理想。其问题表现在学习者的语言使用有很多表达错误，其中介语发展过程拉得较长，语言发展到了一定阶段后停滞不前，语言表达能力无法提高到接近母语者的水平（Harley & Swain，1984）。越来越多的二语研究者（如 Doughty & Williams，1998；Long & Robinson，1998）提出，应当在以意义为中心的交际课堂中引导学习者把注意力转到语言形式中来，这样才能真正有效地提高其语言交际能力（Muranoi，2000：618）。也就是在这种情况下，“聚焦形式教学”应时而生。

三、聚焦形式教学的理论基础

Long（1991）提出的“focus-on-form”，林琼（2010）将其译为“聚焦形式教学”，指的是在以意义和交际为中心的基础上，将学习者的注意力引向语境中偶然出现（incidental）的语法形式，其主要特点是对语言形式的注意建立在意义和交际的基础之上。

上文已经提到，大量“以意义为中心”的教学无法使学习者达到较高水平的语法和社会语言能力，尽管“以意义为中心”教学法的地位并没有被全盘否定，但教育学家和研究者们越来越意识到有必要补充一种类似于“以语言形式为中心”的新教学法（Long，1991）。由此，一种新的教学理念的产生成为必然。“聚焦形式教学”之所以受到人们关注是有其理论基础的，具体如下：

（一）Long 的“互动假设”

Long 的“互动假设”（1983）认为，二语习得是学习者与其他讲话人——特别是语言水平比自己高的人互动的结果。他还认为，这种互动中最重要的是“意义协商”。意义协商对语言习得起到促进作用，它能预防、修补理解中出现的缺口，可带来交互型可理解输入，并能创造输出机会。Long 认为，双向交际比单向交际更有利于语言习得。因为在双向交际中，当一方无法理解另一方时，会有机会告知对方。这将促使双方进行意义协商和交互调整，从而提高语言输入的可理解性（周星、周韵，2002）。Long 还指出，使得输入变得可理解的最重要的途径就是在会话交互过程中不断地相互协商，对可能出现的理解问题进行调整和修正。Long 的观点是，交互输入比非交互输入更重要。意义协商可启动调整与交互修正，把语言输入、选择性注意与语言输出有效地联系起来。具体来说，在交际过程中，为了避免可能产生的不理解或误解，双方相互沟通，信息输入方对不解之处提出疑问，信息输出方则对自己的信息表达形式不断地进行修正，如用同义词、用更简单的语言表达方式等，以达到交际顺利进行的目的。换句话说，在交互过程中遇到困难时，学习者不得不将自己的语言表达修改得更连贯、更准确。当学习者有机会对理解中出现的问题进行意义协商时，形式注意才会出现在以意义为中心的交际环境中（从这个意义上来说，互动是“聚焦形式教学”的前提）。通过意义协商，输入中所含有的学习者不认识的词汇、没掌握的语法结构会变得易于理解；同时这种互动还可以诱导对话人对学习者表达中的错误做出负面反馈，这种反馈可以帮助学习者注意到输入与输出间的差距，并使其关注引发这些问题的语言形式。

（二）Schmidt 的“注意假设”

在认知心理学家看来，注意力对任何学习都是不可缺少的。具体到二语习得，Schmidt（1990，1992，1994）提出并发展的“注意假设”（noticing hypothesis）成为“聚焦形式教学”强有力的理论依据。该假设认为，某个语言形式习得的关键是注意到输入中出现的形式，只有被有意识注意到的东西才能被吸收（intake，或译为“摄入”）。注意是“学习中输入向吸收转化的充分必要条件”（Schmidt，1994：17）。学习者在构建语言假设之前，他们需要注意到语法的特征，因此，形式注意在语言学习过程中是必不可少的准备阶段。这样一来，“注意假设”对 Krashen（1981）有关“习得过程是无知觉”的论断提出了挑战。“注意假设”认为语言形式教学在输入过程中通过吸引学习者注意语言形式来帮助学习者习得语言，否则，学习者就不会注意到形式，从而导致吸收失败。Gass（1997）也认为，注意之所以重要，是因为有了注意，学习者才会意识到自己的中介语与目的语之间的差距。意识到了这种差距，学习者才会修正自己的中介语。因此，没有“有选择的注意”，就没有语法的发展。Skehan（1998）曾具体阐释了注意同以规则为基础的表征系统（rule-based representation system）之间的关系，以证明注意对中介语的重构（restructuring）是非常有帮助的。由此可见，刺激学习者对语言形式的注意在语言教学中是不可或缺的。但纯粹以形式为中心的教学方法只能帮助学习者掌握孤立的语法项目，无法培养他们自然使用目的语进行交际的能力

（Ellis，2002；Norris & Ortega，2000）。因此，必须设法在交际活动的过程中吸引学习者对形式的注意。

（三）VanPatten 的“信息加工模型”

VanPatten（1996）的“信息加工模型”建立在几个假设之上，即：①为了保证习得的产生，学习者需要注意到语言形式；②人类信息处理的能力有限；③注意的容量有限——不是所有的信息都能被同时注意到；④对注意力的争夺始终存在于语言形式与交际意义之间，而且交际活动中的信息处理是以意义为先的。VanPatten（1996）认为，由于加工能力有限，学习者特别是初学者同时关注语言形式与交际意义非常困难，因此，往往会两者选一。他认为，在以意义为中心的交际活动中，学习者不太容易注意到语言形式。因此，在以交际为中心的课堂中，就必须采用必要的教学干预手段，以帮助学习者把注意力聚焦到相关的语言形式上去。

上述三种假设，既对新的教学形式提出了要求，同时也为新的教学形式提供了理论基础。聚焦形式教学很好地融合了上述三种假设的基本理念。首先，聚焦形式教学强调教学活动要在“以意义或交际为中心的课堂中”展开，符合 Long 的“互动假设”；其次，聚焦形式教学赞同“学习者的注意力是习得某种语言形式必不可少的条件”，符合 Schmidt 的“注意假设”；再次，聚焦形式教学赞同“对注意力的争夺始终存在于语言形式与交际意义之间”，所以主张要采用必要的教学干预手段以帮助学习者把注意力聚焦到相关的语言形式上去，符合 VanPatten 的“信息加工模型”。

四、聚焦形式教学概念内涵的扩展和分类

Krashen（1981）及后来的 Schwartz（1993）认为，语法只能被学习者从可理解输入中无意识习得，教语法和纠正错误对学习者的习得系统没有任何效果（转引自 Ellis，2001）。然而 Krashen 的假说被认为理论和实践上都存在不足之处。沉浸式教学的效果也证明了这一点。教师给学习者提供大量的可理解输入和交际机会后，虽然学习者的理解和表达力的流利度接近母语使用

者，但其语言表达的准确度和复杂度却差强人意，甚至出现中介语石化现象。因此，研究者开始重新审视形式教学在学习中的地位与作用，指出自然输入只有与形式教学相结合，才能对语言习得发挥作用，其作用在于促进习得过程而不在于改变习得过程（Ellis，2001）。1988 年 Long 最先提出了 focus-on-form（聚焦形式教学）教学理念，即语言意义与语言形式相结合的教学方法。时至今日，这一概念的内涵发生了很大的变化，分类上也一直存在着争论。

（一）概念内涵的扩展

Long（1991：45－46）最初对“聚焦形式教学”的定义是：“focus-on-form ... overtly draws students' attention to linguistic elements as they arise incidentally in lessons whose overriding focus is on meaning or communication。”即“在以意义或交际为中心的课堂中，随着语言形式的偶然出现，学生的注意被明显地吸引到这些语言形式上去”。该定义有两个基本特征：关注语言形式发生在以意义或交际为中心的课堂活动中；关注语言形式是在交际需要时附带发生的。很明显，该定义偏重理论探讨，仅仅是理论上的构念（construct），对如何在课堂教学中进行操作没有具体的建议。随后，他又重新对这一概念做出了更加便于课堂操作的定义：“focus-on-form involves...an occasional shift in attention to linguistic code features—by the teacher and/or one or more students—triggered by perceived problems with comprehension or production”（Long & Robinson，1998：23）。大意为“在聚焦形式课堂里，由教师和/或一个（或多个）学生把注意随机转移到语言形式特征，这种注意由理解或产出中的问题所引起。”该定义属于操作性定义，因此更加便于课堂操作。而且该定义意味着，“聚焦形式”这一概念既可用来描述可观察的外在行为及结果，也可显示学习者头脑中的内在状态。（Long & Robinson，1998）

针对课堂教学环境，Ellis 等人（2001：282－285）总结了“聚焦形式教学”的五大特征：①“聚焦形式教学”发生在交际互动中，是可观察的行为；②“聚焦形式教学”发生在交际课堂上，师生的注意力都聚焦在语言的交际运用上，而不是在与教授/学习有关的语言形式上；③“聚焦形式教学”发生在以交际意义为中心的课堂，但师生有时选择或需要去关注某些语言形式，即“聚焦形式教学”是在无准备的情况下偶然发生的；④“聚焦形式教学”的发生必须是偶尔的、短暂的；⑤“聚焦形式教学”所关注的语言形式是广泛的，即在完成一项交际任务时，关注到许多不同的语言形式，而非只关注到某一种单一的语言形式。

Ellis 等人（2001）主张，聚焦形式教学必须是在无准备的情况下偶然发生的，他们认为有准备的聚焦形式教学与无准备的聚焦形式教学虽然同样发生在以交际意义为中心的课堂中，但语言形式的关注数量与强度却大不一样——前者仅关注一个或有限的几个，教学处理强度较大；后者可以关注多个，但教学处理强度较弱。这两类无论在理论上还是在教学中都存在重要的差异，之所以把有准备的情况归到聚焦形式教学中是为了开展实验性研究，因为在无准备情况下的聚焦形式教学无法开展此类研究，只能做描述性研究。（Ellis，2001：16）

Long（1991）最初认定“聚焦形式教学”必须在无准备的情况下发生，认为它源自修补交际失败的需要，而非对一般语言形式的关注。但不少研究者并不认可这一观点（如 White，1998；Doughty & Varela，1998；Harley，1998），在他们开展的“聚焦形式教学”研究中，选择哪些语言形式作为聚焦的目标往往是事先有选择、有准备的。

后来 Long 也不再严格坚持这一看法。在他看来，课堂上需要开展“聚焦形式教学”活动时，可以采用事先准备好的含有大量特定语法结构或词汇的交际活动（Long & Robinson，1998：25）。Ellis 等人（2002）目前也完全承认了有准备的情况在这一概念中的地位，并把两类分别称为“有准备的”（planned）与“偶发性的”（incidental）聚焦形式教学。

综合上述各家之言，林琼（2010）将“聚焦形式教学”作了重新定义，现摘录如下：“聚焦形式教学”是指在二语课堂互动环境下教师或学生启动的针对语言错误的任何计划性或偶发性的教学策略，旨在使学习者在关注语言意义的同时关注语言形式。

（二）分类

不同的学者对 focus-on-form 的分类各不相同。Long（1988，1991）认为

focus-on-form 是随机的，Doughty 和 Williams（1998：205）扩展了 Long 认为的“聚焦形式教学应是无准备的”这一观点，把 focus-on-form 分为前摄性的（proactive）和反应性的（reactive）两种情况：前者指教师事先计划好要注意的语言形式，课堂交际活动中有目的地引导学习者注意该形式；后者则对要学习的语言形式并无准备，在交际活动中当学习者出现问题后再做出临时的反应。

Ellis（2001），Ellis 等（2002）对 focus-on-form 又作了进一步分类，如下图所示。

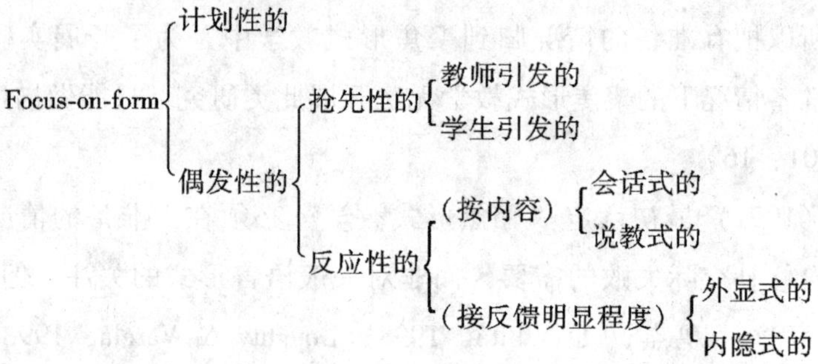

图　Focus-on-form 的分类

注：此分类图参见 Ellis，R. The place of grammer instruction in the second/foreign curriculum ［A］// Hinkel，E.，Fotos，S. *New Perspectives on Grammar Teaching in Second Language Clasroom* ［C］. Mahwah，New Jersey：Lawrence Erlbaum Associates，2002：429.

Ellis 将 focus-on-form 分为计划性的和偶发性的。前者与 Doughty 和 Williams（1998）提出的前摄性 focus-on-form 相似，即教师对要关注的语言形式有所准备，即使并无言语表达错误情况的发生，教师或学习者也会暂时脱离交际活动，把注意力集中到某个可能会引发问题的语言形式上去。

偶发性的 focus-on-form 在无准备情况下发生，可再分为抢先性的与反应性的两类。抢先性的聚焦形式教学不一定因学习者的错误而引发对某个形式的关注，如教师经常问“How do you spell…?”这样的显性语言形式问题。抢先性的 focus-on-form 处理的是学生知识中已存在的或被感知的缺陷。

反应性聚焦形式教学处理的是学习者的语言运用，为其提供负面证据，是在无准备情况下，教师（有时也会是其他学习者）对交际活动中学习者存在的语言形式问题做出即时反馈。按反馈明显程度，反应性聚焦形式教学可再分为内隐式（implicit）聚焦形式教学与外显式（explicit）聚焦形式教学。内隐式聚焦形式教学是指学习者语言运用出现错误后，教师不直接指明错误或做元语言解释，而是用重铸、澄清、重复、确认等隐含手段引导学习者注意到出错的语言形式；外显式聚焦形式教学则是指学习者语言运用出现错误之后，教师直接指明其言语错误或做元语言分析。（Long & Robinson，1998）

反应性聚焦形式教学是关于协商并由问题引起的，若按内容来分，可以分为会话式（conversational）和说教式（didactic）两种情况。会话式指"意义协商"，即由于不理解某一语言形式所蕴含的意义而导致了交际中断，为了使交际顺利继续，交际双方对该语言形式进行交互调整，提高语言输入的可理解性。说教式指"形式协商"，即某一语言形式所蕴含的意义并未引发理解困难而导致交际中断，只是为了提高语言的准确度而去注意该语言形式。

应该指出的是，上图中的分类也并不全面，因为在计划性聚焦形式教学中，其实也存在着再分类的问题，如它发生在学习者出错前还是出错后，它的明显程度如何等，这些在现有文献中都未曾讨论；Ellis 等人（2002：427）指出，"抢先性的聚焦形式教学也可分为会话式的与说教式的"，但在其研究中，几乎所有抢先性聚焦形式教学都为说教式的；反应性聚焦形式教学中其实也存在发起者之分，等等。但就目前而言，图中的分类较好地代表了当前绝大多数研究者的观点。（林梅、刘学惠、林昕，2008；林琼，2010）

五、聚焦形式教学的教学策略

众所周知，教学方式应根据学习的需求进行调节。聚焦形式教学的有效开展所依赖的正是教学方式的有效调节，而教学方式的有效调节是教学策略运用的结果。教学策略指教学活动的顺序安排和师生间连续的实质性交流，指为实现预期效果所采取的一系列有用的教学行为（熊川武，1997：38）。

（一）计划性聚焦形式教学及其策略

实行计划性聚焦形式教学的具体策略包括强化输入（enriched input）和

聚焦交际任务（focused communicative task）两项。

强化输入指的是事先设定或更改输入以给学习者提供丰富的目标语言结构的实例，学习者被要求聚焦于意义的策略。所有强化输入的任务从性质上来说全部属于交际性的，旨在使学习者回应输入内容。从根本上来说，强化输入是为了迎合偶然性语言习得（incidental language acquisition）的需要，而不是有目的的语言习得（intentional language acquisition）。强化输入的目的是在聚焦意义的活动语境中诱发对目标语言形式的注意。

而聚焦交际任务旨在在进行交际任务的语境下诱发特定的目标语言特征。这类交际任务在设计时预设有形式焦点，能够在以意义为中心的情景中引发对某一具体语言形式的使用。在这种情况下，聚焦形式教学是教师根据学生学习的难点和重点提前设定的。图片对比或配对就属于此类任务。任务要求学生通过小组讨论寻找出图片之间的差异。为完成任务，他们首先要交际，而任务的性质决定了他们需要频繁地使用一些语言形式。例如，在图片对比任务中，学生会经常用到否定句和疑问句，甚至是具体的句型结构或词汇，如“Is there…?”“Are there…?”以及介词 in 或者 at。这些形式正好是教学的目标。而对某一语言形式的高频率使用能够使它变得突出，使学生注意到它的用法。

计划性聚焦形式教学需要教师提前选择特定语言形式，与“纯形式教学”的具体做法相类似。但 Ellis（2002）认为它有两个特征与“纯形式教学”存在本质上的不同。第一，计划性聚焦形式教学中，学习者对形式的注意出现在以意义为中心的交际中；第二，学习者并没有被提前告知某一具体的语言形式是学习的目标。因此在完成任务时，他们扮演的角色仍然是语言的“使用者”而不是“学习者”。这种教学方法在实际使用中存在两个难题：一是形式焦点的选择；二是任务的设计。教师事先对学习者学习困难的估计很难做到完全准确，有时选择的形式并不是学生所需要的。教师在识别出学习者可能存在语言困难之后，要设计出适当的任务把形式焦点融合进去，既不影响交际又能保证学习者在任务过程中会注意到这些形式，因此，此方法对任务设计的要求很高。Loschky 和 Bley-Vroman（1993）曾把语法形式与交际任务的融合程度分成三个层次：任务自然（task naturalness）、任务实用（task utility）和任务必需（task essentials）。“任务自然”是指某一语法结构在完成具体任务的过程中自然出现，但是不使用这个结构任务仍可以圆满完成，有时甚至更容易；在“任务实用”的情况下，不使用某个结构任务可能可以完成，但用了这个结构，任务会变得更简单；“任务必需”则是任务与结构融合的最高阶段，如果不使用某个结构任务根本无法完成。就“聚焦形式教学”的目的而言，“任务必需”是最理想的，但 Loschky 和 Bley-Vroman（1993）认为，产出型任务很难做到这一步，在理解型任务中实现的可能性更大。

（二）偶发性聚焦形式教学及其策略

偶发性聚焦形式教学包括抢先性聚焦形式教学和反应性聚焦形式教学两种类型。抢先性聚焦形式教学又可细分为学习者启动和教师启动两种，而反应性聚焦形式教学按不同的标准又可细分为会话式和说教式、内隐式和外显式等几种。

1. 抢先性聚焦形式教学策略

抢先性聚焦形式教学是指在没有错误和理解困难出现的情况下，由于需要用到某一个形式，教师或学习者在交际中将这一形式作为谈话的主题（该语言形式为目标语结构）。Ellis（2001）认为，在以意义为中心的课堂教学中，抢先性聚焦形式教学出现的频率几乎与反应性聚焦形式教学是一样的。它大多是由学习者发起，是显性的而非隐性的。因此，也往往容易引起学习者修正性反应行为。Ellis 等人（2002）的研究结果表明，尽管抢先性聚焦形式教学相较于反应性聚焦形式教学而言常常是被忽视的，而且其有效性如何，于二语习得的作用究竟有多大，该以何种方式来实施这一教学模式等问题，至今未有答案，但其潜在的重要性还是应当受到广大二语习得研究者以及语言教师重视的。Ellis（1999）认为，抢先性聚焦形式教学几乎无一例外的都是说教式的。但他特别说明，根据定义，抢先性聚焦形式教学应该是出现在以意义为中心的交际活动中，因此与以形式为中心的纯形式教学有本质差异（Ellis，2002）。

抢先性聚焦形式教学多数是由学生启动的（student-initiated），也有一些是由教师启动的（teacher-initiated）。学生启动的抢先性聚焦形式教学一般是由某个学生就自己表达或理解中所需的形式向老师询问和求助。以下的对话就属于这种情况。

S：How did the people in the store treat Charlie? What is? Excuse me，what means treat?

T：Treat means how did they act towards him.

S：Mm…maybe they think Charlie…that Charlie not find this dollar. （引自Williams，1999）

Ellis等人（2002：427）认为，由学生启动的抢先性聚焦形式教学能反映出哪些是学生语言知识中所欠缺的，以及与目标语之间的差距。有些研究还表明（Slimani，1989；Williams，2001），学习者更容易记住他们自己引发的对话中所用到的新形式。但是这种方法的缺陷在于，它往往容易引起交际中断。因此，教师常常会采取不予理睬的做法。另外一个不利之处是，某一学习者的语言欠缺未必一定是其他人的欠缺，其他学生可能无法从教师的答复中受益，因为这一语言形式对于他们也许并不是问题。Loewen（2003：6）指出，由学习者发起的抢先性聚焦形式教学存在很多的变量，学习者的文化背景、课堂环境、个体特征，以及学习者对其在课堂角色的感知度等因素都有相关性。这些都还有待我们今后做出进一步的探究。

教师启动的抢先性聚焦形式教学是指教师暂时中止交际活动，将学习者的注意力转向某一形式，因为他们认为这个形式会给学习者的交际或理解带来困难。教师往往采用建议性的表达（advisory statement）帮助学习者注意到输入或表达中的语法形式，譬如“Remember the accident happened yesterday, so the man *saw*…He *didn't* know…”。而若想提醒学习者注意某些词汇的意义，则可采用提问的方式，如“What does collation mean? Do you know?”

Ellis等人（2002：428）认为，教师启动的抢先性聚焦形式教学也有缺陷，因为教师无法保证他们对学习者可能存在困难的语言形式的估计一定是准确的。如果学习者对教师希望他们引起注意的语言形式已经掌握了，那么，教师的提醒就不起任何作用了。因此，从学习者的角度来说，采取由“学习者启动的抢先性聚焦形式教学”更为可取（何莲珍、王敏，2004：27）。而教师在学生有明确需要的情况下（如反应性聚焦形式教学中）提供帮助则更有效。

2. 反应性聚焦形式教学策略

反应性聚焦形式教学是在学习者错误地感知话语时或者其话语中产生错误时，教师或其他学习者对此做出反应，即给学习者提供否定性证据（negative evidence）。Long 和 Robinson（1998）指出，这种否定性证据可以是明示的，即直接指出学习者的话语错误，或提供与正确的语言形式相关的元语言信息；也可以是内隐的，即以重铸、诱导等反馈方式间接暗示学习者的话语错误。

反应性聚焦形式教学与抢先性聚焦形式教学两者的区别在于，前者是由话语错误产生交际困难而引发的形式或意义协商；而后者是由教师或学习者启动的对语言形式的注意，即使在没有发生实际产出困难的情况下也是如此。换句话说，反应性聚焦形式教学针对的是语言运用问题（performance problem），而抢先性聚焦形式教学则是针对学习者的中介语知识与目标语之间实际存在的或感知到的语言差距。

在反应性聚焦形式教学中，完成交际任务并不需要使用特定的语言形式，但教师和学生可能会偶然地注意到语言形式。他们对语言形式的注意是宽泛的，即有可能一次注意到多个语言形式，而不是同一个语言形式被重复多次地注意（Ellis et al.，2002：423）。这类教学方法似乎更接近于 Long（1991）心目中 focus-on-form 的概念，与交际教学的一般目标高度吻合，因而受到了更多的关注。Long 等人认为，focus-on-form 就是教师应交际的需要，使用各种手段对交际中明显的语言错误做出反馈，使它们更为突出，更容易被学习者所注意（Long & Robinson，1998）。反应性聚焦形式一般都是会话式的（conversational），即当交际中的理解或产出出现问题时，教师与学生进行“意义的协商”，达到提醒他们注意形式的目的。但同时也可能是说教式的（didactic），即教师完全能够理解学生的表达，却仍然对学生的错误进行纠正，由此产生的会话不是“意义协商”（negotiation of meaning），而是“形式协商”（negotiation of form）。

反应性聚焦形式教学常常发生在“协商”的语段中。Pica（1994：493）把“协商”定义为：当交际中发生理解上障碍时，互动中的学习者及其对话方就语音、词汇和词形句法等方面所做的调整。也就是说，协商是因交际问题而引起的。协商可分为意义协商与形式协商。意义协商侧重交际性，它是为了交际双方相互理解，使交际得以继续。形式协商则以说教为主，旨在提高语言的准确性，即使没有任何理解性问题产生时也会发生。Lyster 和 Ranta（1997）认为，这两种协商形式在聚焦意义教学课堂中都有可能发生，而且两种形式的协商都运用了纠正性反馈策略，因此，就其本质而言是反应性聚焦形式教学。

反应性聚焦形式教学主要以负反馈（negative feedback）形式出现，具体做法通常有以下几种：①要求确认（request for confirmation）：教师重复学习者表达中有错误的部分，并调整语调使这一部分突出。在重复的过程中教师可能修正也可能不修正学习者的错误。②要求澄清（request for clarification）：如果教师没有完全听清学习者的话语，他们通过“Pardon?”或“Could you say that again?”之类的表达，要求学习者进行重复。③重铸（recast）：教师隐晦地全部或部分修正学习者的表达。重铸有时也能起到要求确认的作用。但这种做法有一个很大的问题，那就是学习者往往注意不到自己的表达和老师修正后的表达之间的差异（Ellis，2002）。为了确保对语言形式的注意，教师有必要提高反馈的明晰度。Doughty 和 Varela（1998）建议教师首先用重读和升调重复学习者的表达，突出错误。如果学习者还是不进行自我修正，教师再做修正。④诱导（elicitation）：教师通过问题直接引发学习者对自己表达中的错误进行修正（reformulation）。譬如“How do we say that in English?”或者是通过停顿让学习者来补全教师的话，或要求学习者修正自己的表达。⑤元语言提示（metalinguistic clue）：教师就学习者表达中的语法错误提出问题，进行评论，或给予提示。譬如“Is water a countable noun?”或“You can't say that in English.”这种做法较之以上几种，明晰度大大增加，能确保学习者注意到形式。⑥外显纠错（explicit correction）：教师明确指出学习者的表达错误而且提供正确的形式。这种反馈是完全明示的，很容易伤害学习者的自尊心（Seedhouse，1997），而且往往会使交际活动变成语言训练。

Ellis 等（2002：429）曾经以表格的形式对所有偶发性聚焦形式教学策略做了汇总，并对每种策略分别给予描述和解释，具体如下表所示。

偶发性聚焦形式教学策略

策略	策略描述
A. 反应性聚焦形式教学 (reactive focus-on-form)	在交际活动中，教师或另一学习者对学习者话语错误做出的反应
1. 协商	
a. 会话式聚焦形式教学 (conversational focus-on-form)	语言错误引起理解上的困难而引发的教师或另一学习者对语言意义的协商
b. 说教式聚焦形式教学 (didactic focus-on-form)	教师或另一学习者在未引起交际中断的情形下所做的对语言形式的协商
2. 反馈	
a. 隐性反馈（implicit feedback）	教师或另一学习者通过不直接指出对方话语错误，也不打断双方交流的方式（如重铸）对话语错误做出的反应
b. 显性反馈（explicit feedback）	教师或另一个学习者用明示性或元语言反馈直接纠正话语错误
B. 抢先性聚焦形式教学 (preemptive focus-on-form)	指在学习者没有发生言语错误和理解困难的情况下，教师或学习者在交际会话中将某一语言形式作为会话的主题（该语言形式为目标语结构）
1. 学习者启动的抢先性聚焦形式教学（student-initiated preemptive FonF）	学习者就某一语言形式提问
2. 教师启动的抢先性聚焦形式教学（teacher-initiated preemptive FonF）	当教师认为某一语言形式会给学习者带来交际或理解困难时，暂时中止交际活动，通过建议性的表达或直接询问，将学习者注意引到这一语言形式上

（资料来源：Ellis, R., Basturkmen, H., Loewen, S. Doing focus on form[J]. *System*, 2002(3): 429.）

六、尚待解决的问题

尽管西方学者对“聚焦形式教学”理论做了深入的理论探讨和实证研究，形成了一套比较成熟的理论体系，但是，就其具体实施办法及其有效性和本质等问题，人们还有不少疑虑，林琼（2010：37）对其进行了总结，摘录如下：

（1）聚焦形式教学模式中，教师的介入应该到何种程度？

当教师引导学习者注意到语言形式时，提高运用语言的准确性是能够保证了，但往往会以牺牲流利性为代价。

（2）聚焦形式教学应该以会话式为主还是以说教式为主？

这与第一个问题具有相关性。会话式聚焦形式教学是在交际活动中因语言错误引起理解上的困难而发生的，本质上是意义协商，其对语言形式的协商调整为意义服务，目的是为了恢复交际，因此对形式的准确程度没有太高的要求，而且交际活动不一定能引起学习者对语言形式的注意。而说教式聚焦形式教学则是在未引起交际中断的情形下由教师或另一学习者所做的对语言形式的协商，它是课堂环境的产物，目的是为了引起学生对语言形式的注意，提高学生使用语言的准确度，但这种形式多少会影响课堂活动的交际性特征。

（3）聚焦形式教学应该以隐性为主还是以显性为主？

这与前两个问题具有相关性。当课堂活动以交际为主时，开展隐性的聚焦形式教学似乎更为合适，但学习者却是在显性聚焦形式教学模式中更有可能注意到语言的形式。如何解决此矛盾尚无令人满意的方案。

（4）教师应当如何开展抢先性聚焦形式教学？

反应性聚焦形式教学针对的是语言运用问题（performance problem），而抢先性聚焦形式教学则是针对学习者知识与目标语实际或感知到的语言差距。相比较于反应性聚焦形式教学，抢先性聚焦形式教学常常是被忽视的，而且其有效性如何，于二语习得的作用究竟有多大，该以何种方式来实施这一教学模式等问题，至今未有答案。尽管“抢先性聚焦形式教学”应该出现在以意义为中心的交际活动中，与以形式为中心的“纯形式教学”有本质差异（Ellis，2002），但在实际操作中如何贯彻交际原则，仍然处于探索之中。

（5）如何在不影响交际的前提下，确保学习者注意到语言的形式？

应该说，聚焦形式教学的产生，正是源于这一问题的提出。聚焦形式教学的理念是：强调二语教学应以意义和交流为核心，但当教师和/或学习者在理解或输出过程中遇到问题时，应暂时将注意转移到语言形式本身上，这种对语言形式的关注并不妨碍语言意义的沟通，它同时能够使学习者更有效地学习语言形式，并在语言的形式与意义之间建立联系。但如何将上述理念付诸实践，形成完备的可操作的教学模式，目前尚处于摸索阶段。

参考文献

[1] De Keyser, R. Beyond focus on form: Cognitive perspectives on learning and practicing second language grammar[A]//Doughty, C., Williams, J. *Focus on form in Classroom Second Language Acquisition*[C]. Cambridge: Cambridge University Press, 1998: 42 – 63.

[2] Doughty, C., Varela, E. Communicative focus on form[A]//Doughty, C., Williams, J. *Focus on Form in Classroom Second Language Acquisition*[C]. Cambridge: Cambridge University Press, 1998.

[3] Doughty, C., Williams, J. Pedagogical choices in focus on form[A]//Doughty, C., Williams, J. *Focus on Form in Classroom Second Language Acquisition*[C]. Cambridge: Cambridge University Press, 1998.

[4] Ellis, R. *SLA Research and Language Teaching*[M]. Oxford: Oxford University Press, 1997.

[5] Ellis, R. Focusing on form: Towards a research agenda[Z]. Paper presented at annual regional English Language Centre Conference, Singapore, 1999.

[6] Ellis, R. Investigating form-focused instruction[J]. *Language Learning*, 2001, 51 (Suppl. 1): 1 – 46.

[7] Ellis, R., Basturkmen, H., Loewen, S. Learner uptake in communicative ESL lessons[J]. *Language Learning*, 2001, 51: 281 – 318.

[8] Ellis, R. The place of grammar instruction in the second/foreign curriculum[A]//Hinkel, E., Fotos, S. *New Perspectives on Grammar Teaching in Second Language Classroom*[C]. Mahwah, New Jersey: Lawrence Erlbaum Associates, 2002.

[9] Ellis, R., Basturkmen, H., Loewen, S. Doing focus on form[J]. *System*, 2002, 3: 419 – 432.

[10] Ellis, R. Measuring implicit and explicit knowledge of a second language: A psychometric study[J]. *Studies in Second Language Acquisition*, 2005, 27:

141 – 172.

[11] Gass, S. M. *Input, Interaction and the Second Language Learner*[M]. Mahwah, New Jersey: Lawrence Erlbaum Associates, 1997.

[12] Harley, B., Swain, M. The interlanguage of immersion students and its implications for second language teaching[A]//Davies, A. Criper, C. Howatt, A. *Interlanguage*[C]. Edinburgh: Edinburgh University Press, 1984.

[13] Harley, B. The role of form-focused tasks in promoting child L2 acquisition [A]//Doughty, C., Williams, J. *Focus on Form in Classroom Second Language Acquisition*[Z]. Cambridge: Cambridge University Press, 1998.

[14] Krashen, S. D. *Second Language Acquisition and Second Language Learning* [M]. Oxford: Pergamon Press, 1981.

[15] Loewen, S. The occurrence and characteristics of student-initiated focus on form [Z]. Proceedings of the Independent Learning Conference, 2003: 1 – 8.

[16] Long, M. H. Native speaker/non-native speaker conversation and the negotiation of comprehensible input[J]. *Applied Linguistics*, 1983 (4): 126 – 141.

[17] Long, M. H. Instructed interlanguage development [A]//Beebe, L. *Issues in Second Language Acquisition: Multiple Perspective*[C]. Rowley, Massachusetts: Newbury House, 1988.

[18] Long, M. H. Focus on form: A design feature in language teaching methodology [A] de Bot, K., Ginsberg R., Kramsch, C. *Foreign Language Research in Cross-cultural Perspective*[Z]. Amsterdam: Benjamins, 1991.

[19] Long, M. H., Robinson, P. Focus on form: Theory, research and practice[A]// Doughty, C., Williams, J. *Focus on Form in Classroom Second Language Acquisition*[C]. Cambridge: Cambridge University Press, 1998.

[20] Loschky, L., Bley-Vroman, R. Grammar and task-based methodology [A]// Crookes, G., Gass, S. *Tasks and Language Learning: Integrating Theory and Practice* [C]. Clevedon, England: Multilingual Matters Ltd., 1998: 123 – 167.

[21] Lyster, R., Ranta, L. Corrective feedback and learner uptake: Negotiation of form in communicative classrooms [J]. *Studies in Second Language Acquisition*,

1997,19:37 -66.

[22] Muranoi, H. Focus on form through interaction enhancement: integrating formal instruction into a communicative task in EFL classrooms[J]. *Language Learning*, 2000,50:617 -673.

[23] Norris, J., Ortega, L. Effectiveness of L2 instruction: A research synthesis and quantitative meta-analysis[J]. *Language Learning*, 2000, 50: 417 -528.

[24] Pica, T. Research on negotiation: What does it reveal about secondlanguage learning conditions, processes and outcomes?[J] *Language Learning*, 1994, 44: 493 -527.

[25] Schmidt, R. The role of consciousness in second language learning[J]. *Applied Linguistics*, 1990, 11: 129 -158.

[26] Schmidt, R. Psychological mechanisms underlying second language fluency [J]. *Studies in Second Language Acquisition*, 1992, 14: 357 -385.

[27] Schmidt, R. Deconstructing consciousness in search of useful definitions for applied linguistics[J]. *AILA Review*, 1994, 11(1): 11 -26.

[28] Schwartz, B. On explicit and negative data effecting and affecting competence and linguistic behavior [J]. *Studies in Second Language Acquisition*, 1993 (15), 547 -583.

[29] Seedhouse, P. Combining meaning and form[J]. *English Language Teaching Journal*, 1997, 51: 336 -344.

[30] Skehan, P. *A Cognitive Approach to Language Learning* [M]. Oxford: Oxford University Press, 1998.

[31] Slimani, A. The role of topicalisation in classroom language learning [J]. *System*, 1989, 17: 223 -234.

[32] Swain, M. Three functions of output in second language learning[A]//Cook, G., Seidlhofer, B. *Principles and Practice in Applied Linguistics: Studies in Honour of H G. Widdowson*[C]. Oxford: Oxford University Press, 1995.

[33] VanPatten, B. *Input Processing and Grammar Instruction in Second Language Acquisition*[M]. Norwood, New Jersey: Ablex, 1996.

[34] White, J. Getting the learners' attention: A typographical input enhancement study [A]//Doughty, C., Williams, J. *Focus on Form in Classroom Second Language Acquisition* [C]. Cambridge: Cambridge University Press, 1998.

[35] Willams, J. Learner-generated attention to form [J]. *Language Learning*, 1999, 49(4):583 - 625.

[36] 何莲珍,王敏. 交际课堂中的形式教学——国外近期研究综述[J]. 外语与外语教学,2004(1):23 - 27.

[37] 林梅,刘学惠,林昕. 国外“形式聚焦”理论综述[J]. 外语教学理论与实践,2008(4):82 - 87.

[38] 林琼. 聚焦形式教学引论[M]. 合肥:安徽大学出版社,2010.

[39] 周星,周韵. 大学英语课堂教师话语的调查与分析[J]. 外语教学与研究,2002(1):59 - 66.

[40] 熊川武. 学习策略论[M]. 南昌:江西教育出版社,1997.

第十三章　任务型教学和聚焦形式教学

根据 Yalden（1987）的观点，交际法在发展中逐渐形成了五个主要分支：功能法（Functional Approach）、协商法（Negotiated Approach）、自然法（Natural Approach）、内容法（Content-based Approach）、任务法（Task-based Approach）。"任务型教学"是交际法的五大分支之一。近年来，语言研究、语言学习研究、二语习得研究的成果为任务型教学的成熟和发展不断注入新的生机和活力。任务型教学在创造接近真实自然的语言学习环境、提供交流互动和意义协商机会、促进学生积极的认知参与、培养用语言做事和解决问题的能力等方面的潜能和价值备受注目，因此从任务型教学的角度审视"聚焦形式教学"，是一个值得关注的议题。

一、何谓任务型教学

研究任务型教学，首先要明确"任务"的界定问题。早期的任务型教学将"任务"理解为人们日常的交际活动，将非语言的交际活动也包括在其中，这种认识可以称之为"广义的任务论"，代表观点如 Long（1985：89）认为"任务就是人们每天的工作和生活中不断重复的各种活动。如给围栏刷油漆、给儿童穿衣服、填写表格、购买鞋子、预订机票……"但研究者很快就意识到这一定义过于宽泛。语言教学的目的是发展学习者的语言交际能力，"任务"应该排除那些不依赖语言来完成的活动，专指那些需要使用语言的交际活动，这种认识可称之为"狭义的任务论"。以后的研究者大都持"狭义的任务论"，在语言教学过程中坚持只有为了规定的交际目的而使用语言的活动才是任务型教学所讲的"任务"。代表性观点如 Ellis（2003：3）认为"任务是一个活动，它要求学习者为达到某个目标而使用语言，并在使用中把重点放在意义上，选择该任务是为了给师生提供有助于他们学习的信息"。

任务型教学（task-based language teaching approach）是一种以任务为核心单位，计划、组织、实施第二语言教学的途径。这里的“任务”并非语言问题，而是有待学习者用目的语去解决的交际问题。任务型教学从促进“学”的角度设计课堂，认为促使第二语言习得的实质性条件是：接近自然的语言学习环境、丰富而大量的目的语输入和语言实践，以及由此产生的师生之间、学习者之间的交流互动和意义协商。“任务”被视为创造上述条件的有效媒介物。任务型教学主张：有效的语言学习不是传授性的，而是经历性的。学习活动和学习内容一样重要。任务型教学视学生为教学活动的主体，任务的选择、设计和组织力求尊重学生的兴趣和需求，使他们形成学习的内在动机。从发展认知、培养能力的角度看，以任务为本的学习是一种“做中学”，通过任务学习可以让学生体验人是如何用语言做事或处理矛盾的。这方面典型的例子有决策任务（decision-making tasks）和问题解决任务（problem-solving tasks）。完成这样的任务要求学习者设法用所学语言去解决问题，克服困难，学会处理人际交往中的信息差、推理差、观点差。这是一个各方通过相互合作、交换看法、协调斡旋以达到相互理解，争取最终达成共识的过程，潜移默化中也培养了学习者解决实际问题的能力。由此可见，任务型教学一定程度上把语言能力目标与生活工作能力目标联系起来，通过完成任务学会交际，从而超越了语言学习本身。综上所述，任务型教学反映出当前语言教学正开始从研究如何“教”到研究如何“学”、从以教师为中心到以学生为中心、从侧重教语言知识到注重培养学习者语言运用能力的转变趋势。（樊玲，2008）

二、任务型教学理论基础的新补充

为什么要把任务作为课堂的焦点？为什么要强调学习任务的意义性、真实性、相关性？为什么任务型教学要遵循上述原则，把“用中学”、互动、体验、参与、自我建构视为语言学习的有效途径？这些问题反映了任务型教学的语言观、语言学习观和教学观。系统功能语言学、当代认知学习理论有关语言的本质、学习的发生、如何“教”能够促进“学”等观点奠定了任务型教学传统的理论基础，本章对此不再赘言，而集中于当代二语习得研究成果中的“输入假说”、“互动假说”和“输出假说”。这些学说对任务型教学的发展、完善都产生了重要影响，构成了理论基础的新补充。

1985 年，Krashen 提出“输入假说”用以解释语言习得的发生。其核心思想是输入对于语言学习很重要，只有当输入的语言形式略高于学习者现有水平时才能够被其理解，继而得到内化，产生语言习得。他提出“i + 1”的公式（i 代表学习者现有水平，i + 1 即略超出现有水平）。在他看来，语言习得的唯一途径是通过理解信息或者说吸收可理解输入。他同时还提出了“情感过滤说”，认为学习者的态度会影响习得，良好的情感将形成低过滤，促使学习者从输入中获得更多。因此，有别于传统输入研究主要从“教”的角度研究输入什么和如何输入，Krashen 的输入假说在强调输入重要性的同时，明确指出输入不等于理解，要关注学习者内在因素，特别是现有水平、知识背景、情感态度等状况，并以此作为选择语言输入材料重要依据。

Long（1983）的“互动假说”（The Interaction Hypothesis）从另一个侧面研究了如何使语言输入可理解。其基本假设是：交流发生困难时，交谈双方都必须依据对方理解与否的反馈，进行诸如重复、释义、改变语速等语言上的调整，也就是说要进行意义协商，调整的结果使语言输入变得可以理解，从而促进语言习得。互动假说对于语言教学的启示在于：若语言课堂长期处于教师对学生的单向信息流动，缺少师生之间、学生之间双向、多向的互动调整和意义协商，教师不了解学生是否理解语言输入，学生也无法从教师有针对性的反馈中获得求证，这样的语言课堂恐怕难以取得理想的效果。

Swain（1985）的“可理解输出假说”（comprehensible output）是在对加拿大法语沉浸式教学（immersion program）调查研究的基础上提出的。沉浸式教学虽进行了大量的“可理解输入”，但效果不够理想，针对此问题，Swain 认为要使学习者的第二语言水平全面提高，达到既流利又准确，仅有“可理解输入”是不够的，还必须有充分的“可理解输出”。也就是说，要积极创造条件，鼓励学习者用目的语交际，因为只有在这一过程中，学习者才会反复修正语言，使其更加连贯、准确，即追求所谓的“可理解输出”，以达到充分准确表达自我、为他人理解的目的。总而言之，输出对二语习得的促进作用可概括为四个方面：①能引起学习者对语言问题的注意；②能促使学习者对目的语的结构及语义进行假设验证；③具有元语言功能；④能促进目的语表达的自动化。

外语学习的过程应该是学得与习得、输入与输出的统一。在非目的语教学环境中，首先可通过听、读等学习任务让学生获得足够的语言输入，接触和理解语言材料的意义与形式、结构与功能。在此基础上，学生将输入的语言材料和相关的知识吸收并内化于已有的知识结构中。然后，学生在新的交际环境中重新组织语言材料和知识进行输出。在教学实践中往往会出现两种情况，第一种是重输入，轻输出。这种情形主要体现在以教师为中心的课堂教学中，教师是课堂的主导，学生缺少语言实践与输出的机会，导致学生语言运用能力低下。第二种是轻输入，重输出。一味追求语言的流利性，忽略了准确性。本书前几章已经讨论过，足量的输入不会自动导致学习者输出能力的提高，但高质量的语言输出必须建立在足量的、有效的语言输入之上。学习者词汇的贫乏、句型的单调、社会文化知识的匮乏必然导致交际浮于浅表，无法深入，从而影响交际的有效性。“输入学说”、“互动学说”、“输出学说”从学科教学的角度解释了为什么任务型教学坚持围绕任务组织课堂，借助任务创造接近自然的语言学习环境，把创造语言输入、输出、交流互动和意义协商的机会视为有效课堂教学的基本要素，试图通过人人参与完成交际任务，实现师生互动、学生互动，从根本上改变语言课堂普遍存在的信息流向单一、意义协商匮乏的状况。（束定芳、庄智象，2008：210－220）

三、任务型教学原则

任何一种二语/外语教学方法都体现着对语言的本质、语言学习过程、如何“教”才能促进“学”的认识。“任务”是任务型教学的灵魂。什么样的任务符合任务型教学的要求？Skehan（1998：95）提出的“任务”的五个主要特征得到了广泛认同：①意义是首要的；②有某个交际问题需要解决；③与真实世界中类似的活动有一定关系；④完成任务是首要的考虑；⑤根据任务的结果评估任务的执行情况。换句话说，“任务”首先关注的是学生如何用语言沟通信息，进行有实质意义的交际，而不强调使用何种语言形式；任务具有在现实生活中发生的可能性；学生应把学习的重点放在如何完成任务上；评估的标准是任务是否成功完成。

用这样的任务组织的语言教学应该具有什么样的特征呢？Nunan（1991：279）作为任务型教学的主要倡导者就任务型教学的特征进行了如下概括：①强调通过用目的语相互作用和影响学会交际；②将真实文本引入学习环境；③为学习者提供不仅关注语言，而且关注学习过程本身的机会；④增强学习者个人经历作为重要的、促进课堂学习的要素的作用；⑤努力使课堂语言学习与课外语言激活联系起来。

Nunan 的表述蕴含着任务型教学所遵循的一系列原则，其中包括：

第一，互动性原则。任务型教学强调学习者通过使用目的语进行交互活动，进而获得语言交流的实际能力。在任务型教学中，任务是课堂教学活动的中心，也是课堂教学的基础；学习者所完成的各项语言交流任务是有实际意义的；而这一意义是在学习者交互过程中，以及完成语言任务中得以体现和实现的。

第二，语言材料的真实性原则。任务型教学要求将真实的社会活动中的语篇引入课堂的语言教学和语言学习的情景之中。因此，任务型教学更强调语言使用的真实环境和语言互动的实际意义。从这一观点看，任务型教学更客观地反映了在实践中学习和使用目的语的基本原则。采用真实语言材料的意义在于：它能使学习者直接接触目的语文化，获得真实体验。同时，语义的产生和理解不能脱离语境。真实语言材料不脱离语境，能保证学得的语言是动态的、有血有肉的。

第三，过程性原则。任务型教学倡导者们坚信，有效的语言学习不是通过传授而是通过亲身经历才能达到。语言学习活动和学习内容一样重要。但传统外语教学却忽视过程性，一味将学生的注意力引向学习内容本身。以语言规则学习为例，传统教学的方法主要表现为用灌输的方式直接呈现、讲解语言规则，只说明“可以这样做”或“应该这样做”，却忽视让学习者真正明白“为什么可以这样做”和“为什么应该这样做”。忽视学习过程不可避免地造成学生死记硬背，即使学了规则也不会用，语言知识难以转变成真正的交际能力。与此相反，任务型教学以活动和任务组织教学内容，创造接近真实的语言学习环境，由学习者在完成任务中体验语言、感悟和发现规则、运用规则，在用目的语解决问题的过程中学会交际。同时，语言学习的过程也将促进学习者学会认知、学会做事、学会合作。

第四，重视学习者个人经历对学习的促进原则。该原则体现了对学习者主体地位的确认和关注。一方面，要把学生的知识背景、已有的关于语言和外语学习的经验作为一种资源加以开发利用；另一方面，教学过程必须强调学生积极的认知参与、对学习内容的感受和体验，帮助他们建构起对语言结构、功能、语义及其用法的完整认识。这一原则是对过程性原则的进一步补充。

第五，课堂语言学习与课外语言运用的相关性原则。该原则体现了“学用结合”、“学以致用”的理念，目的在于克服传统语言教学与社会实践的脱节，缩小课堂与社会的差距，使交际真实化、课堂社会化，把学生作为社会的人，通过学习促进其社会化进程。同时，课内学习与课外运用的相关性也有利于激发学生的动机和兴趣。

上述五项原则事实上揭示了任务型教学的本质特征，体现了该教学途径的思想精髓和根本价值，是其引人注目、值得借鉴的原因和意义所在。（束定芳、庄智象，2008：208～210）

根据任务型教学的需要，“任务”设计的主要原则可归纳如下：

（1）真实性。这主要指语言活动的“任务”具有实际意义；这些任务应该是学习者在日常生活和社会活动中能够接触或者能够亲身经历的事情。

（2）适宜性。任务的难度要适宜，一方面不能太简单，过于简单的任务会使学习者失去解决问题的兴趣；另一方面又不能过于复杂，难度过大的任务会使学习者望而生畏，最终难以完成。（Skehan，1996：23）

（3）互动性和交流性。任何一项语言任务的设计需要考虑到两人或多人来完成。因此，需要为学习者设计出语言交流的具体场景和基本的交流素材。例如，在商场退货，需要为学习者提供这方面的话题、提示、扮演的角色、词汇和基本的表达思路等。

（4）多样性。如果只有少数几种任务形式，会导致课堂教学单调乏味。

Willis（1996：25，75）强调了语言学习任务的种类，并介绍了6种任务的设计方案。任务形式的多样化以及任务题材的多样性有利于学习者从不同的角度接触到语言在不同社会活动层面上的运用，使他们能够更好地将语言能力与社会活动和交流能力紧密地联系起来。

（5）任务设计的完整性和连贯性。Willis（1996：56－57）提出了任务前、任务过程和任务后三个阶段。介绍了教师和学生在不同的阶段应该做的具体事情。例如，在任务前，教师需要介绍有关情况，解释难词和要点，分配任务等。学生需要熟悉有关任务的素材，了解自己的角色，以及完成某项任务的思路等。每一项任务都应该是一个比较完整的计划，包含各种机会和接触面。学生在完成这些任务的过程中发展了认知潜力，有可能逐步形成一种有明确目的的生成、转换、运用语言知识和交际技能的潜力。（刘延，2007）

四、任务型教学在形式教学方面的局限性

和任何一种教学方法一样，任务型教学也有其自身的局限性，主要表现在：任务型教学在重视学习者自主性、主动性的同时，低估了教学的作用，尤其是形式教学的作用。它站在了传统语言教学的对立面，反对将语言规则直接告知学生，认为教学的作用主要是引起学生对目的语系统的注意，应由学生自己去完成对系统的抽象和概括。这显然有些矫枉过正。我们反对一味地讲解语言形式，但规则具有生成性，对于初学者，特别是在把英语作为外语、对目的语的接触极其有限的情况下，规则的学习更是不可或缺的。必要的讲解有利于规则的明晰化。认知图式理论表明，规则的学习有利于形成目的语系统的图式，使新的语言形式找到落脚点，使用时便于提取，从而大大降低认知加工量。任务型教学要求“学习者在使用和感受目的语的过程中自己领悟、进而归纳概括出规则”的主张需要前提条件，那就是学习者对目的语的接触量必须达到或接近自然语言习得条件下对目的语的接触量。这一条件对于已经生活在随时接触和使用目的语的社会之中，将其作为第二语言来学的学习者是有可能满足的；但对于将目的语作为外语来学的学习者，仅凭

课堂上有限的目的语接触就指望他们能够领悟并概括规则是不切实际的。这就意味着任务型教学作为第二语言教学途径或许很有效，但若用于将目的语作为外语来学的环境，其适用性是有限的。（束定芳、庄智象，2008：221－222）

从心理语言学的角度看，语言输入必须满足两个条件才能成为吸收：被注意和进入认知处理程序。由于大脑的工作记忆有限，人们在交际活动中倾向于选择注意语言中最具交际价值的部分，通常是词汇，因为人们从直觉上意识到，词汇承载了更多意义。从某种意义上讲，语言形式和意义都在争夺注意力，得胜的一方往往是后者。语言形式自然而然地退居其次甚至被完全忽略。由于时间仓促，越是在真实的交际活动中越是如此。我们知道，除非语言中的语法特征得到认知处理，否则语法信息无法被摄入中介语发展系统。由此可见，语言学习和语言交际并不如人们通常所想象的那样你中有我、我中有你。早在1989年，Willing就一针见血地指出，“由于过分忙于交际，学习者在交际活动中不能学到语言。”（张伊娜，2006）从任务型教学的角度，我们可以将这句话理解为，“由于过分忙于完成任务，学习者不能在完成任务的过程中学到语言”。这在一些学者的实证研究中亦已得到证明。Seedhouse（1999）通过对大量课堂教学片段的观察发现，在任务型学习活动中，由于全神贯注于任务完成本身，学习者将语言形式视为完成任务的工具，将其降居次要地位，尽量减少语言的使用，不得已使用的语言也大都简短、句法单一、类似洋泾浜语，对语言习得并无积极作用。Foster（1998）曾对一系列任务型活动中学习者发起的意义协商进行计数，结果发现，尽管出现过多次交际中断，大多数情况下学习者都懒于协商。在仅有的少数意义协商中，学习者大多只进行词汇而非句法调整。而根据“可理解输出”（Swain，1985）假说，唯有句法调整才能促进中介语系统的发展。

Skehan（1998：95）提出的“任务”的五个主要特征得到了广泛认同。在这五个特征中，语言的意义得到了强调，那么语言的形式在任务型教学中处于什么位置呢？Widdowson（1990：173）在谈到实施任务过程中语言形式与意义的关系时指出，任务中的问题不是语言问题，但需要用语言来解决；学习者使用语言的最终目的并不是语言本身，而是将它作为达到独立交际目的的一种方式来实现它的潜能。所以，需要通过问题的设计来调和语言的形式与意义之争，应该使两者互相补充、互相依赖。

Willis（1996）提出实施任务教学法的五项原则：①提供有价值和真实的语言材料；②运用语言；③所选任务应能激发学生运用语言；④适当注重某些语言形式；⑤有时应突出注意语言形式。根据这五项原则，她提出了教学的三个步骤：

步骤一，前任务（pre-task）：

（1）教师导入任务。

（2）学生可听到一段与即将进行的任务类似的对话，或阅读即将学习的课文的一部分。

（3）教师强调有用的词语和结构（但并不讲授）。

（4）学习者考虑如何执行任务。

步骤二，任务环（task cycle）：

（1）任务（task）：学生结对子或分小组执行任务。

（2）计划（planning）：各组学生准备以口头或笔头的形式向全班报告任务完成的情况。

（3）报告（report）：学生口头报告任务完成的情况或交换笔头报告。

步骤三，后任务（post-task）：

（1）分析（analysis）：学生讨论课文或录音材料的细节，进行新单词、短语、句型练习。

（2）操练（practice）：教师指导学生练习语言难点。

以上模式的特点是"先实践，再学习"，在以任务为主的前提下，融入了语言练习。Willis 把这一任务型教学框架称为 PPP 步骤的颠倒模式（PPP upsidedown），它与 PPP 所采用的呈现（presentation）、练习（practice）、表达（production）的步骤是相反的。Willis 指出，与 PPP 步骤相比，任务型教学为学生提供了更多的语言使用机会，并认为在这个框架中，对语言形式的重视主要体现在任务环节和语言分析这两个阶段。学生执行任务、做计划并向全班做报告能促使他们密切关注语言的形式。为了准确，他们会尽力使报告构思清晰，对无法确认的单词和句型进行核查。语言分析环节通过教师有意识的引导来引起学习者对语言形式的关注。Willis 的观点对任务型教学长期以来存在的忽视语言形式的倾向起到了匡正作用。对任务型教学的片面认识会导致急于驱使学生运用语言做事，而低估了语言形式的必要性。语言形式在任务型教学中的地位应该得到应有的重视，因为语言能力是语用能力的前提，这是不言而喻的。（苏秋萍，2004）

五、任务型教学原则在聚焦形式教学中的体现

对于 FFI（form-focused instruction，以形式为中心的教学）模式的分类，许多研究者做过尝试（Ellis，1997；Doughty & Williams，1998），其中被广泛采用的是 Long（1988，1991）的分类方法。他认为 FFI 有两种表现形式，分别称之为“纯形式教学法”（focus-on-forms/FonFs）和“聚焦形式教学法”（focus-on-form/FonF）。

（一）纯形式教学法（Focus-on-Forms/FonFs）

纯形式教学法（FonFs）就是基于句法大纲的传统意义上的“语法教学法”，它把语言本身看成一个学习目标，通过教师把互不关联的、离散的语言结构遴选出来，在毫无上下文背景的情况下讲授语法结构来实现（衡仁权，2007：27）。其理论假设是“语言技能习得三阶段”，即第一阶段是掌握“是什么”等陈述性知识；第二阶段是运用语言知识了解“该如何去做”的程序性知识；第三阶段是根据规则自动将陈述性知识转化为程序性知识（Anderson 1993；Dekeyser，1998）。然而，近年来的相关研究并不支持这种陈述加操练的“纯形式教学法”。Skehan（1996）明确指出，围绕某一特定语言结构进行反复操练和实践会导致这一结构的自然掌握和运用的说法，在语言学和心理学上都不可信。Ellis（2005）也认为，那些有关语言结构和语法规则的显性知识不可能自动转化为潜藏于下意识中有关语言理解和语言输出的隐性知识，在短时间内它也不会促成语言学习者的中介语的变化。

回顾传统语法教学的种种策略如“显性 FonFs”、“隐性 FonFs”、“结构性输入法”、“产出练习法”、“功能语言训练法”等，尽管有足够的证据表明

FonFs 能够产生学习，但却很难证明学习者在口语输出中能够自如地运用目标语言形式。

“显性 FonFs”针对的是语法规则，采用的是演绎或归纳式教学方法。演绎法是将语法规则直接教给学习者，而归纳法是通过示例和数据分析，由学习者自己归纳出相应的规则，Robinson（1996）分别称之为“说教法”（didactic）和“发现法”（discovery）。“隐性 FonFs”要求学习者在无意识的状态下记忆示例或推理出语法规则，因此，它区别于“显性 FonFs”的关键是：学习者对于正在学习的语法规则是在“不知情”状态下进行的，“隐性 FonFs”往往通过让学习者记忆一组内含某一语法特征的例句，帮助他们习得内隐性规则。但这两种模式下学习者的学习任务都不是以意义为导向的，学习者之间没有进行有实质意义的交际，而任务型教学的“任务”首先关注的是学生如何用语言沟通信息，进行有实质意义的交际。

“结构性输入法”是指输入中含有预先设定的目标语结构示例，学习者在听或读的过程中被推动着去注意语言的某一特征（VanPatten，1996）。可见，“结构性输入法”注意的焦点是在事先选定的语言形式上而非语言意义的加工上。“产出练习法”既可以是传统意义上的纯机械操练，也可以在交际环境下进行，如 VanPatten 和 Cadierno（1993）采用的就是口头转述、替换练习以及其他交际活动，但是和“功能语言训练法”一样，都属于“纯形式教学法”，这是因为，表面上看，注意的焦点是语言意义，而实际却是语言形式，其目标是通过反复操练目标语特征掌握其准确的用法。

（二）聚焦形式教学法（Focus-on-Form/FonF）

语言形式与语言意义是同等重要的，后者是教学的最终目的，而前者是达到这一目的的必要手段。Long 和 Crookes（1992：14）认为，如果过于注重意义，学生往往会把注意力都放在交际上，而忽视语言的形式，导致学生无法真正地发展语言能力。尽管 MFI（meaning-focused instruction，以意义为中心的教学）的地位并没有被全盘否认，但教育学家和研究者越来越意识到有必要补充一种类似于 FFI（form-focused instruction，以形式为中心的教学）的新的教学法。由此，一种新的教学理念的兴起成为必然。以 Long（1988）为首的二语习得研究者率先提出了“聚焦形式教学法”的教学新理念。Long（1991：45－46）对FonF下的定义是：有意识地引导学习者注意交际中偶然出现的语言成分，而且，对语言形式的注意和对意义的注意是交错进行的。Fotos（1991）认为，FonF是在一定交际环境下呈现语法知识，而不是教师明确地就某一语法现象进行孤立的教学，它把对语言形式的注意、语言意义的理解和对语言的运用三者都联系起来了。这一教学新理念的理论假设有以下几点：

（1）学习者要习得新的语言形式，务必要有在以意义为中心的课堂环境下运用语言的机会（Prabhu，1987）。

（2）学习者习得新的语言形式的前提是在其运用语言的同时，还有机会注意到语言形式。

（3）如果学习者对于第二语言的加工能力有限，那么在进行交际活动时要同时注意到语言形式和意义就会有困难，他们往往会优先注意意义而非形式。

正是这些原因，研究者认为有必要寻找到能够在进行交际活动的同时引导学习者注意语言形式的教学方法。

从心理语言学的角度来看，FonF也是切实可行的。因为它激发的这种对语言形式的注意发生在自然言语习得中，所针对的语言问题也是学习者个体所实际遇到的，而且这种“注意”一直是被假定为能够有助于习得。

从Long（1991）最早的定义中可以发现FonF的两大特征：一是对形式的注意同时发生在以意义为中心的交际活动中；二是对形式的注意应交际需要而偶然产生。但Long的定义忽略了FonF的第三个特征：应当事先分析学习者的语言需求，才能了解哪些语言形式是需要关注的。为此，Doughty和Williams（1998）补充了第三个特征：分析学习者的语言需求（语言发展水平），以明确哪些语言形式往往需要纠正。该特征说明：对形式的注意可以是事先计划好的。由此，Ellis（2001：16）认为，FFI也可分为三类，第一类是FonFs，即注意的焦点是语言形式，并专门针对事先选定的语言形式；第二类是“计划性聚焦形式教学”（Planned focus-on-form，简称Planned FonF），往往采用“强化性输入”和“聚焦交际任务”这两种策略，它区别于FonFs的关键之处是注意的焦点不是语言形式，而是语言的意义；第三类是“偶发性聚焦形式教学”（Incidental focus-on-form，简称 Incidental FonF），其注意的焦点也是语言的意义，但有别于前两类：它可以同时注意几个不同的语言形式，但这些语言形式不是事先选定的，而是在交际活动中产生的。由于越来越多的研究者认同在课堂交际中应当融合对语言形式的教学，因此，对其过程的研究就显得尤其必要。“偶发性 FonF”反映的就是课堂过程的研究成果，揭示的是 FFI 中实际所发生的情形。它可以在出现交际问题时，也可以在没有出现任何交际困难的情况下发生。

Long 和 Robinson（1998）依据 FonF 是前摄性的，抑或是偶发性的将其分为两种策略，一种称作“反应性 FonF”（reactive FonF），另一种称作“抢先性 FonF”（preemptive FonF）。两者的区别在于：前者是指在以意义为中心的课堂环境中，教师针对学习者话语错误以纠正性反馈（或者称为“否定性证据”）的方式做出反应，从而引导学习者注意具体的语言项目。后者是在没有发生实际的交际困难时，由教师或学习者本人发起的对那些有可能让学习者感觉困难的某些语言形式的注意。可见，“反应性 FonF”针对语言运用问题（performance problem），而“抢先性 FonF”则针对学习者原有知识与目标语之间实际或感知到的语言差距。（林琼，2010：168－178）

（三）聚焦形式教学中的任务设计

在外语教学中，既要注重培养学生的语言运用能力和自主学习能力，又不能完全排除教师对语言知识的讲解和学生对语言形式的操练，其关键问题就在于对任务的设计。但是，对于任务的设计，语言教学界的看法却不一致。Skehan（1998）就述及了三种不同的任务设计模式。

首先，结构取向型的任务（structure-oriented tasks）。这种任务设计模式强调任务执行中语言形式的运用，认为许多语言结构可以巧妙地设计到任务中去，学习者在完成某一任务时一定要使用某一特殊语言结构。Skehan（1998）认为这种结构取向的任务很难成为真实的交际，但他同时又指出任务的“避免特定结构”与“涉及值得完成的意义”这两个重要特征都只能是程度性的，即只要是意义优先，那些指向某一特定语言结构的活动也属于任务的范畴。这一点与Gass所见略同。

其次，强调自然性和真实性的交际型任务模式（communication-driven tasks）。这种任务的设计是出于真实世界的需要，认为符合真实自然情景的任务才能使学习者达到语言习得的目的，因此，设计任务时不应该去迎合某一特殊语言结构的需要，实施任务时也不应该强调语言规范，使之变成语言结构的演练。

最后，中间型教学任务（intermediate-position tasks）。这种教学任务可以说是上述两种任务的折中，它既注重对自然真实的语言环境的创设，又强调通过任务的设计和方法的选择以兼顾语言的形式。因此，在设计任务时不能因为突出一方而损害另一方，必须要兼顾语言形式与意义之间的平衡，以便增加学习者中介语发展的机会。（骆爱凤、叶张煌，2005）

由上述三种任务的对比分析可知，中间型教学任务（intermediate-position tasks）是最为理想的，因为它兼顾了形式和意义，符合语言习得的内在规律。Focus-on-form就是理想的中间型教学任务，正如Fotos（1998）认为，Focus-on-form是在一定交际环境下呈现语法知识，而不是教师明确地就某一语法现象进行孤立的教学，它将对语言形式的注意、语言意义的理解和对语言的运用三者都联系起来了。该教学理念的优势在于意义或交际中心对语言成分认知处理的帮助，简而言之，就是学习者的注意力因交际的需要被准确地引向某一个语言特征（Long & Robinson，1998）。

六、结　语

任务型教学代表了西方重视输出的语言学习理念，其引进和倡导为我们的英语教学增添了新的途径和视角，这对改变我国传统的高校英语课堂教学具有重要的借鉴意义。但同时还应看到，由于母语学习环境与外语学习环境之间的重大差异、母语习得机制与外语学习机制的重大差异，使得任务型教学的实施存在一定的局限，特别是传统的任务型教学忽视语言形式训练这一点饱受诟病。因此，如何在保证交际任务的前提下引导学习者对语言形式的注意，以实现形式与意义之间的平衡，是一个极具现实意义的问题。本书在理论层面上探讨了将任务型教学原则引入聚焦形式教学活动的合理性。但其实现的可能性，也即具体的操作方式，依然是一个亟待深入探讨的重要课题。

参考文献

[1] Anderson, R. *Rules of the Mind* [M]. Hillsdale, New Jersey: Lawrence Erlbaum Associates, 1993.

[2] Dekeyser, R. Beyond focus on form: Cognitive perspectives on learning and practicing second language grammar [A]//Doughty, C., Williams, J. *Focus on Form in Classroom Second Language Acquisition* [C]. Cambridge: Cambridge University Press, 1998: 42 – 63.

[3] Doughty, C., Williams, J. Pedagogical choices in focus on form [A]//Doughty, C., Williams, J. *Focus on Form in Classroom Second Language Acquisition* [C]. Cambridge: Cambridge University Press, 1998.

[4] Ellis, R. *SLA Research and Language Teaching* [M]. Oxford: Oxford University Press, 1997.

[5] Ellis, R. Investigating form-focused instruction [J]. *Language Learning*, 2001, 51 (Suppl. 1): 1 – 4.

[6] Ellis, R. *Task-based Language Teaching* [M]. Oxford: Oxford University Press, 2003.

[7] Ellis, R. Measuring implicit and explicit knowledge of a second language: A psychometric study [J]. *Studies in Second Language Acquisition*, 2005(27): 141 – 172.

[8] Foster, P. A classroom perspective on the negotiation of meaning [J]. *Applied Linguistics*, 1998(19): 1 – 23.

[9] Fotos, S., Ellis, R. Communicating about grammar: A task-based approach [J]. *TESOL Quarterly*, 1991(25): 605 – 628.

[10] Fotos, S. Shifting the focus on forms to form in the EFL classroom [J]. *EFL Journal*, 1998, 52(4): 301 – 307.

[11] Krashen, S. *The Input Hypothesis: Issues and Implications* [M]. London: Longman, 1985.

[12] Long, M. H. Native speaker/non-native speaker conversation and the negotiation

of comprehensible input [J]. *Applied Linguistics*, 1983(4): 126 – 141.

[13] Long, M. H. A role for instruction in second language acquisition: task-based language teaching [A]//Hyltenstam, K., Pienemann, M. *Modeling and Assessing Second Language Development* [C]. Clevedon, Avon: Multilingual Matters, 1985: 77 – 99.

[14] Long, M. H. *Instructed Interlanguage Development* [M]. New York: Newbury House Publishers, 1988.

[15] Long, M. H. Focus on form: A design feature in language teaching methodology [A]//de Bot, K., Ginsberg, R., Kramsch, C. *Foreign Language Research in Cross-cultural Perspectives* [C]. Amsterdam: Benjamins, 1991.

[16] Long, M. H., Crookes, G. Three approaches to task-based syllabus design [J]. *TESOL Quarterly*, 1992(1).

[17] Long, M., Robinson, P. Focus on form: Theory, research and practice [A]//Doughty, C., Williams, J. *Focus on Form in Classroom Second Language Acquisition* [C]. Cambridge: Cambridge University Press, 1998: 15 – 41.

[18] Nunan, D. *Language Teaching Methodology: A Text Book for Teachers* [M]. Hemel Hempstead: Prentice Hall International, 1991.

[19] Prabhu, N. S. *Second Language Pedagogy* [M]. Oxford: Oxford University Press, 1987.

[20] Seedhouse, P. Task-based Interaction [J]. *ELT Journal*, 1999(53): 149 – 156.

[21] Skehan, P. Second language acquisition research and task-based instruction [A]// Willis, J., Willis, D. *Challenge and Change in Language Teaching*. Macmillan Publishers Ltd., 1996.

[22] Skehan, P. *A Cognitive Approach to Language Learning* [M]. Oxford: Oxford University Press, 1998.

[23] Swain, M. Communicative competence: Some roles of comprehensible input and comprehensible output in its development [A]//Gass, S. M, Madden, C. G. *Input in Second Language Acquisition* [C]. Rowley, Massachusetts: Newbury House Publishers, 1985: 235 – 253.

[24] VanPatten, B. *Input Processing and Grammar Instruction in Second Language Acquisition* [*M*]. Norwood, New Jersey: Ablex, 1996.

[25] VanPatten, B., Cadierno, T. Explicit instruction and input processing [J]. *Studies in Second Language Acquisition*, 1993(15): 225 - 243.

[26] Widdowson, H. G. *Aspects of Language Teaching* [M]. Oxford: Oxford University Press, 1990.

[27] Willis, J. *A Framework for Task-based Learning* [M]. Addison Wesley Longman Limited, 1996.

[28] Yalden, J. *Principles of Course Design for Language Teaching* [M]. Cambridge: Cambridge University Press, 1987.

[29] 樊玲．任务型教学的借鉴意义及其局限性[J]．北京化工大学学报（社会科学版），2008（2）：67 - 70.

[30] 衡仁权．国外语法教学研究的最新发展综述[J]．外语界，2007（6）：25 - 34.

[31] 林琼．聚焦形式教学引论［M］．合肥：安徽大学出版社，2010.

[32] 刘延．试论“任务型教学”及其对大学英语教学的启示[J]．西安外国语大学学报，2007（1）：92 - 94.

[33] 骆爱凤，叶张煌．论任务语言教学中形式与意义的平衡[J]．东华理工学院学报（社会科学版），2005（4）：381 - 384.

[34] 束定芳，庄智象．现代外语教学——理论、实践与方法[M]．上海：上海外语教育出版社，2008.

[35] 苏秋萍．任务型教学在实践中的定位[J]．天津外国语学院学报，2004（4）：52 - 55.

[36] 张伊娜．交际教学法问题之思考[J]．外语与外语教学，2006（4）：21 - 23.

第十四章　外语输出型教学中的“形式协商”：认知理据及策略优势

传统的英语教学往往重视语言的输入而忽视输出。为了改变以往灌输式的教学习惯，输出型的教学模式便为越来越多的教学研究者和实践者们所关注。输出虽然不是语言习得的唯一途径，却是一个重要途径。输入与输出两者兼备才构成完整的互动交际，而当交际双方在互动中进行协商时，学习机会将大大增加。作为互动交际的一种特殊形式，从20世纪80年代初期开始，意义协商就吸引了众多研究者的关注，Pica将其定义为“学习者与对话者预测、觉察或遇到意义理解困难时对话语进行的修改和重构。”（Pica，1994：493－527）也就是说，意义协商是口语交际过程中为解决理解困难所进行的交互活动。它能预防、修补理解出现的缺口，可带来交互型可理解输入，并能创造输出机会，因而对语言习得起到促进作用。但是，正如Swain（1985）所指出的那样，假如二语学习只注重交际成功的话，一些语言特征将无法达到相当于目标语水平的准确性。以意义协商为核心的教学只注重交际的成功进行而忽视传递信息的形式，提倡所有语言活动以意义的理解和表达为核心，教师只给学习者提供正面语据和大量的交际机会，避免外显的语法教学。这种教学能使学习者的理解能力和表达的流利度接近母语使用者，但表达的准确度和复杂度却相对滞后，甚至出现石化（fossilization）现象。而形式协商则不然，它在保持交际互动的前提下，为语言学习者及时提供目的语形式和功能衔接的机会，激发学生自我纠错的潜能，促进其陈述性知识向程序性知识转化，因而具有明显的策略优势。

一、“形式协商”的概念内涵和理论基础

（一）概念内涵

基于对交际课堂师生互动活动的描述性研究，有研究者提出，教师的课堂纠正性反馈话步可以分为三类：一是显性纠错（explicit correction）；二是以重铸（recast）为代表的隐性纠错（implicit correction）；三是提示性反馈（prompt）。（Lyster，2002：237－253）“显性纠错”是指教师明确指出学习者的言语错误，并以正确的形式对其中不符合目标语的形式予以重构。但研究表明，在实际课堂教学中，教师很少采用这一策略，其主要原因在于这种过于明显的纠错方式容易伤害学生的自尊心。“重铸”是一种隐晦的纠错方法，指教师没有明确示意学生的语言中有错误，而是在保持学生本意的情况下，对学生含有错误的语言进行全部或部分修正。而“提示性反馈”则是用各种不同信号来暗示学习者，使其进行话语的自我修补（self-repair）。Lyster 和 Ranta 称其为“形式协商”，主要是为了避免与以理解交际信息为目的的“意义协商”相混淆。（Lyster & Ranta，1997：37－66）“形式协商”的发生，并非缘于意义理解障碍而是学生话语中的形式错误，教师不直接纠错而是“协商式”地引起学生注意以帮助其自我纠正。这是一种涉及语言正确性、准确性而非仅仅可理解性的纠错反馈。它大致可以分为以下四类：

（1）诱导（elicitation）：指教师通过提问来直接引导学习者重构出正确的表达形式，或策略性地使用暂停等方式让学习者自己填充（fill the blank）以完成话语。

（2）澄清要求（clarification requests）：教师使用“Pardon?”或“I'm sorry?”等疑问句式提示学习者有部分话语表达错误，并要求其予以重构。

（3）重复（repetition）：教师重复学生错误的话语，利用语调（通常用升调）来突出错误。

（4）元语言线索（metalinguistic clues）：指教师使用元语言对学习者话语中的错误形式提出问题、进行评论，但并不提供明晰的正确形式，而是指出

了错误的本质，使学习者能够从语言规则的角度来分析自己的话语进而实现自我纠错。

（二）理论基础

上文已经提到，大量以意义协商为核心的教学无法使学习者达到较高水平的语法和社会语言能力，尽管意义协商的地位并没有被全盘否定，但教育学家和研究者们越来越意识到有必要补充一种类似于“以语言形式为中心”的新教学法（如 Long，1991）。“形式协商”之所以受到人们关注是有其理论基础的，具体如下：

1. Schmidt 的“注意假设”

在认知心理学家看来，注意力对任何学习都是不可缺少的。具体到二语习得，Schmidt（1994）的“注意假设”（noticing hypothesis）认为，某个语言形式习得的关键是注意到输入中出现的形式，只有被有意识地注意到的东西才能被吸收。注意是“学习中输入向吸收转化的充分必要条件”。（Schmidt，1994：17）学习者在构建语言假设之前需要注意语法的特征，因此，形式注意在语言学习过程中是必不可少的准备阶段。这样一来，“注意假设”对 Krashen（1981）有关“习得过程是无知觉的”论断提出了挑战，认为语言形式教学在输入过程中通过吸引学习者注意语言形式来帮助学习者习得语言，否则，学习者就不会注意到形式，从而导致吸收失败。Gass（1997）也认为，注意之所以重要，是因为有了注意，学习者才会意识到自己的中介语与目的语之间的差距；意识到了这种差距，学习者才会修正自己的中介语。Robinson（2003）针对二语习得，强调了外围注意（peripheral attention）和选择性注意（focal attention）的区别。他认为，感官信息首先通过外围注意被觉察到，并临时储存在感觉记录器（sensory register）中；然后，选择性注意选择一部分信息做进一步加工。选择性注意在短时记忆和长时记忆的信息加工和信息贮存过程中发挥很大的作用，它不仅具有控制信息和记忆编码的功能，还具有保持记忆的功能。Skehan（1998）曾具体阐释了注意与以规则为基础的表征系统（rule-based representation system）之间的关系，证明注意对中介语的重构（restructuring）是非常有帮助的。由此可见，刺激学习者对语言形式的注意在语言教学中是不可或缺的。但纯粹以形式为中心的教学方法只能帮助学习者掌握孤立的语法项目，无法培养他们自然地使用目的语进行交际的能力。(Ellis，2002）因此，必须设法在交际活动的过程中吸引学习者对形式的注意。

2. VanPatten 的“信息加工模型”

VanPatten（1996）的“信息加工模型”建立在几个假设之上：①为了保证习得的产生，学习者，需要注意到语言形式；②人类信息处理的能力有限；③注意的容量有限——不是所有的信息都能被同时注意到；④对注意力的争夺始终存在于语言形式与交际意义之间，而且交际活动中的信息处理是以意义为先的。VanPatten（1996）认为，由于加工能力有限，学习者特别是初学者，同时关注语言形式与交际意义非常困难，因此，往往会两者选一。他认为，在以意义为中心的交际活动中，学习者不太容易注意到语言形式。因此，在以交际为中心的课堂中，就必须采用必要的教学干预手段，以帮助学习者把注意力聚焦到相关的语言形式上去。

3. 多级记忆储存理论

根据多级记忆储存理论（Kihlstrom，1984），信息加工可分为三个阶段：感觉记录器（Sensory registers）、短时记忆储存库（Short-termstore）和长时记忆储存库（long-term store），具体如图 14－1 所示：

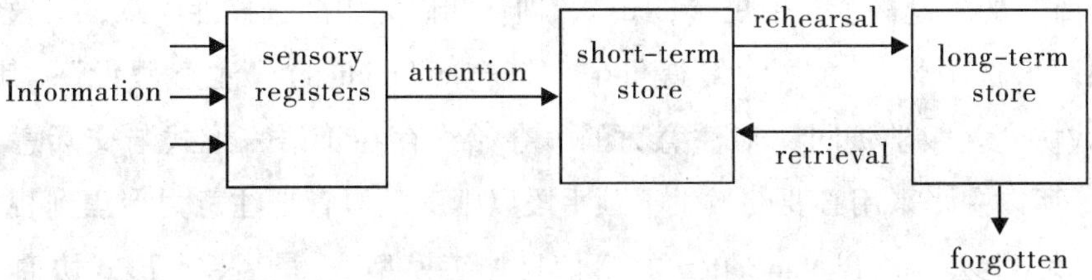

图 14－1　多级记忆储存模式

如图 14－1 所示，部分进入感觉记录器的信息由于未能引起足够的注意将会丢失，而一般来说，没能进入短时记忆储存库的信息势必将被永久遗忘。Bowers（1984）认为，被感知的信息与被注意的信息之间存在着非常重要的差别，感知并不一定能够促使外部事物的内在化，只有在充分注意的前提下，感觉信号才能被编入短时记忆储存库。随后，信息将得到进一步筛选，那些能够与被提取的信息发生记忆连接的信息会进入长时记忆储存库，而其他不相关的信息可能很快被遗忘。（郑佩芸，2007）

二语习得的认知加工包括微处理与宏处理。微处理的一个重要方面是认知比较，就是在二语输入和学习者已有的知识之间建立联系或接口（interface），在两者之间不断重构语言知识，并为处理新的信息准备认知运行窗口（cognition window）。学习者就是在这样的过程中不断完善其知识结构。而宏处理是一个连续性的、接近自动的认知过程，包括输入的内化、匹配以及重构等。（林琼，2010）Doughty（2001）认为，从认知心理学角度讲，对输入的吸收是对语言材料的同化，包括简化、推断、构建和重构等认知处理过程。学习者通过组块—分割（chunking-and-segmentation）认知过程，对新输入语言信息进行分析、匹配和重构。当输入的信息与已有的知识结构相匹配时就会导致同化和吸收。在以后输入相同或类似的语言形式特征时，学习者就可以进行检验、修正和确认等认知处理，以便不断发展或完善目标语系统。可见，宏处理的目的是“通过学习者对输入的认知处理，在选择性注意和工作记忆中分配认知资源，最终在其中介语系统中建立长时记忆的认知表征”（杨烈祥，2008：71）。

上述三种假设，既对新的教学形式提出了要求，同时也为之提供了理论基础。“形式协商”教学很好地融合了上述三种假设的基本理念：首先，“形式协商”的关键构念在聚焦（focus），即认知研究中的选择性注意，其教学模式强调“选择性注意”的习得价值，符合 Schmidt 的“注意假设”；其次，“形式协商”教学赞同“对注意力的争夺始终存在于语言形式与交际意义之间”，所以主张采用必要的教学干预手段以帮助学习者把注意力聚焦到相关的语言形式上去，符合 VanPatten 的“信息加工模型”；最后，“形式协商”强调自我纠错的记忆连接功能和对语言知识的重构及程序化功能，符合多级记忆储存理论。

二、输出型教学：“形式协商”有效开展的教学环境

形式协商作为一种新兴的教学理念，它的有效开展离不开与之相宜的

“输出型”教学环境。而输出型教学理念则源于加拿大应用语言学家 Swain 的语言输出假设。

Swain 在分析了加拿大国内法语沉浸式课堂教学的调查结果后指出，学生在二语学习中犯大量语法错误的一个重要原因是他们很少进行语言表达练习，课堂中基本上是老师在进行注入式的输入；教师对学生所犯语误的反馈也多属随意、偶然。（Swain，1985）继而 Swain 提出了“可理解输出假设”，指出仅仅依靠可理解输入还不能使二语学习者准确而又流利地使用语言；成功的二语学习者既需要接触大量的可理解输入又需要产出可理解输出。Swain 认为要真正掌握一门外语，外语学习者必须被赋予正确运用语言的机会，通过写和说这两种输出性的语言运用手段，给学习者以压力，迫使学生运用所学的知识，充分调动学习者学习语言和运用语言的积极性，从而使学生在写和说的过程中，实现可理解输出，达到知识内化的目的。（Swain，1995）

语言的输入和输出涉及不同的认知过程。在输入时，学习者的重点是放在对意义的理解上；但输出的过程却要复杂得多，输出能使学习者注意语言形式，特别是当交际受阻时，说话者不得不使用准确、恰当、连贯的语言完整地表达自己的意愿。Swain 在对输出假设的解释中指出：“输出能激发学习者从以语义为基础的认知处理转向以句法为基础的认知处理。前者是开放式的、策略性的、非规定性的，在理解中普遍存在；后者在语言的准确表达乃至最终的习得中十分重要。因此，输出在句法和词法习得中具有潜在的重要作用。”（Swain，1995：125）

语言的输入与输出构成交际互动，当交际受阻时，对话双方需要进行意义协商，以恢复和推进交际。交际受阻的原因是多方面的，其中亦涉及语言形式的原因，即由于交际中某一方不理解某一语言形式所蕴含的意义而导致了交际中断，为了使交际顺利继续，交际双方对该语言形式进行交互调整，其目的是为了提高语言输入的可理解性，因而对语言形式的准确性不作硬性要求，可理解性是其底线。而“形式协商”则不然，它是课堂环境的产物，某一语言形式所蕴含的意义并未引发理解困难而导致交际中断，而是为了提高语言使用的准确度，由教师或另一学习者发起，“强迫”某学习者去注意该语言形式。Lyster 和 Ranta（1997）认为，在交际互动中，形式协商能够让学习者充分关注语言形式，“迫使”他们在对目标语中新的假设进行检验时重新分析和调整非目标性的语言输出，为学习者及时提供外部反馈，从而激发他们进行自我纠错。

具体说来，教师的“形式协商”反馈能引起学习者注意自己的语言问题，发现其语言知识与语言运用之间的差异性，即自己想表达的语义与能够输出表达的语义之间的差距，从而激发学习的主动性，努力去面对这些问题，增强语言能力，缩小差异，提高语言输出的准确性，这个过程诱发或刺激二语习得的认知过程，使学习者获取新的语言知识并巩固已有的知识。而且，“形式协商”引起学生的“强制性输出”（pushed output），这种输出正是一种对目的语潜在假设进行检验的手段。学习者在扩展他们的中介语以达到目的语交际需求时，就是通过输出这一形式尝试新的语言结构形式，形成新的假设并检验哪些假设是可行的，哪些假设是不行的。在修改与调整中，学习者的语言判断能力和解决问题的能力得到提高。还有很重要的一点是，学习者在执行“强制性输出”任务时，不仅会表明他们的假设，而且会用目的语思考自己的输出。当学习者反思他们自己的目的语用法时，输出即起着元语言功能作用，能使他们控制和内化语言知识，这是语言能力和语言技能发展的基础。(Swain，1993)

三、“形式协商”的认知机制诠释

Swain 和 Lapkin（1995）根据大量的实验结果，建立了如图 14－2 所示的语言输出和二语学习模式。

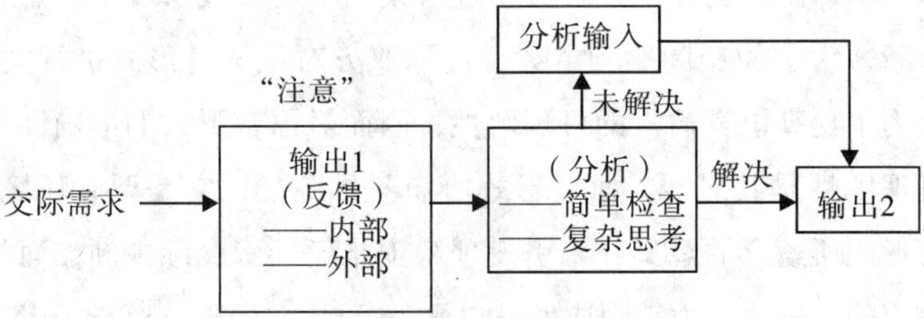

图 14－2　语言输出和二语学习模式图

如图 14－2 所示，一旦说话者用目的语进行交流，即为输出 1。这时的输出可能在语法结构、措辞等方面还不够准确、恰当。但是，如果来自内部（自发反思）或外部（同伴或老师）的反馈使得说话者注意到自己的产出与目标语之间的差距，他就会采用简单检查或复杂思考等加工手段去分析所用的语言形式（包括注意自己中介语系统的漏洞或是偏差，注意新语言输入中的相关特征，等等）。所得的分析结果有二：一是找到了可行的方案。这时说话者产出的语言可能具有相对的完整性，此为输出 2（可代表说话者的中介语最高水平）。二是没找到可行的方案，即说话者在其中介语中没有找到相应的语言形式来完成交际。在以后的学习中，他将会特别注意类似的语言输入，通过分配更多的认知资源去处理相关语言输入中的某些形式特征，从而更好地加工语言输入，补充和完善自己的中介语系统。（转引自王荣英，2008：31）不管采用何种方式，“第一次输出与第二次输出之间所发生的一切是二语习得过程的一个组成部分”。（Swain & Lapkin，1995：386）根据 Swain（1995）的观点，大量的口语输出机会并不能保证二语习得，只有强制性输出即学习者在受到外在压力情况下进行的输出，才可能有效地提高二语水平。而形式协商作为一种纠错性反馈，其优势之一就在于能迫使学生注意到自身语言形式上的缺陷继而进行自我纠错后的输出。

人的认知系统加工能力有限，注意和记忆资源也有限。认知活动中如何分配注意和记忆资源对于认知本身起着关键性作用。作为教学手段的“形式协商”，其可行性探讨涉及两个认知问题：其一，学习者是否拥有足够的认知资源注意到自身中介语的差距或漏洞？其二，“形式协商”作为一种教学干预，能否做到不阻断学习者本身的语言学习加工过程？

1. 学习者是否拥有足够的认知资源注意到自身中介语的差距或漏洞？

按照 Swain 和 Lapkin（1995）的观点，学习者的输出触发了“一系列的注意”，是注意促进了语言学习的进程。那么，输出要发挥作用，重要的前提是学习者必须有足够的认知资源注意到自身中介语的差距或漏洞。因而，在语言学习过程中，教学的作用及其目的应该是提高语言输入的突显性，促使新旧知识之间联系的建立，并辅助新的语言输入与已有中介语知识的比较。

（葛现茹，2009）“形式协商”就是要通过对这些微观加工过程的推动和促进，以期对宏观加工过程产生影响进而促进中介语的发展。

传统观点认为，如果把语言学习看作是一个信息加工过程，那么语言输入首先要经过学习者的短时记忆，在那里经过简单加工后进入到长时记忆成为中介语的一部分。但是现在的心理语言学理论认为短时记忆的功能不仅仅是简单加工并向长时记忆传输信息，它还可以暂时储存一些被激活了的长时记忆里的信息，并把新的信息与被激活的已有信息进行比较（如图 14－3 所示）。因而，短时记忆可以被看作是已知信息与新信息之间的接口，新旧信息在这里产生联系并进行比较，最终引起知识的重构。（Doughty，2001）

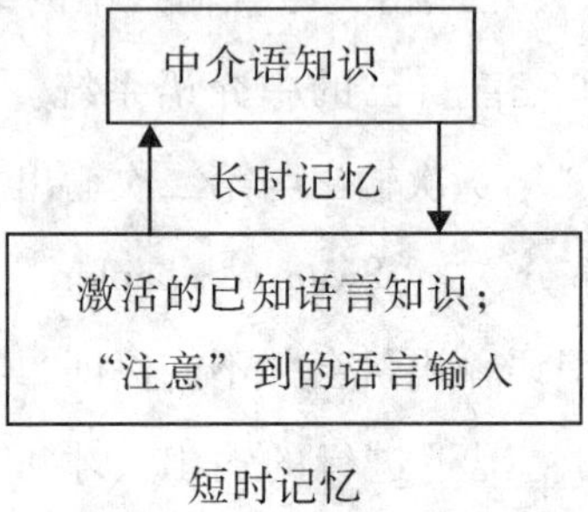

图 14－3　语言加工过程中的记忆模式

“学习者是否拥有足够的认知资源注意到自身中介语的差距或漏洞？”这一认知问题的满足有赖于一个重要的前提：“学习者是否在同一时间或至少在某一特定的认知窗口能够同时注意到言语加工过程中的输入和输出？”目前已有三项研究发现可以证实上述前提：①输入、输出话语的表征和比较都在短时记忆中进行；②已经被加工过的话语只有其更深层次（如语义）的表征可存在于长时记忆中，但在短时记忆中留有可以使用的通道与新的话语做比较；③传输到长时记忆的话语，在语言加工者发现其已有的知识和正在到来的语言证据之间配错（mismatch）时，可重新被激活。（Doughty，2001：229）

Robinson（2003）通过研究后也认为，学习者在短时记忆中能有意识注意到所学语言的特征，发现（detect）“别人怎么说”与“自己会怎么说”或者“自己还不会说的东西，别人是怎样说的”之间的差距或漏洞，进而排练

（rehearse）以使新注意到的语言形式进入长时记忆，以备日后使用。

由上述分析可知，学习者确实拥有足够的认知资源注意到自身中介语的差距或漏洞。

2. “形式协商”作为一种教学干预，能否做到不阻断学习者本身的语言学习加工过程?

在注意容量有限的前提下，是否还存在对语言形式、意义和功能同时加工的认知可能性? 对此，心理语言学有关自然言语中的语误分析和实验结果提供了肯定性证据。

根据 Levelt（1989：47）的言语产出模型理论，言语产生过程分为四个模块：概念形成模块（conceptualizer）、句法形成模块（formulator）、言语形成模块（articulator）和自我监控模块（self-monitor）。并且整个言语产生过程是并行的（parallel processing），而非串行的（serial processing）。可见，言语计划加工过程中的所有编码阶段基本上是模块化的（modular）。自然言语中的语误分析表明，的确存在将注意力吸引到语言环境中的某一方面而不中断言语计划执行的情况。Garrett（1980）使用了“可移性注意”（roving attention）一词来解释这一认知机制。

具体到“形式协商”，这种教学干预实际上是对有限注意容量的一种扩充，只要教师能够巧妙地运用这种认知干预，就可将学习者可移性注意吸引到语言形式特征上，而其他的选择性注意则依旧专注于对意义的加工。“形式协商”的开展有两个基本前提，即：①关注语言形式发生在以意义或交际为中心的课堂活动中；②关注语言形式是附带发生的，即由教师把“注意”随机转移到语言形式特征上，这种“注意”由输出中的形式问题所引起。这种课堂教学干预不会干扰语言的正常运用，即在以交际为中心的课堂中，师生主要关注交际意义，只是在必要时才会注意到有关语言形式。此处的“必要时”指的是教师出于形式教学之目的，在意义协商的基础上对学生作进一步的要求，“强迫”学生使用准确得体的语言，因此并不会阻断学习者本身的语言学习加工过程。

四、“形式协商”的策略优势

作为一种提示性纠错反馈，形式协商主要有三个方面的策略优势：

（一）兼顾形式与意义

那些直接明示的语法教学和元语言解释好像是最有助于语言加工过程的教学手段，但是过于明示的语言教学手段使语言形式脱离了语言的意义和功能，干扰了语言的自然加工，从而阻碍了中介语的发展。而纯粹“以意义为中心”的教学模式则只是让学习者接触大量的可理解性输入，“意义协商”式反馈只注重交际的成功进行而忽视传递信息的形式，最终还是发现其效果并不理想。（Swain & Lapkin，1995）

“形式协商”式教学则把交际和对形式的注意有效地结合起来，强调在对语言进行认知加工过程中同时注意形式和意义。这种联合加工正是“形式协商”式语言教学模式区别于纯形式教学及“意义协商”教学的一个重要特征，它有助于宏观加工过程中语言的形式、意义与功能的映射和匹配，而这种映射和匹配又对语言学习的发展起着根本的促进作用。（Doughty，2001）

（二）加快陈述性知识向程序性知识的转化

从语用意义上来看，“形式协商”完全不同于显性纠错和重铸。显性纠错和重铸是教师本人在一个话步之内发起并完成的修补行为。而形式协商是教师通过相应手段提示学习者，推动学习者提取其已有的资源做出调整性反应，产生自我修补行为。此互动过程能够为学习者提供机会，实现陈述性知识向程序性知识的转化。（de Bot，1996）

认知心理学家 Anderson（1983）主张把知识分为两类：陈述性知识和程序性知识。这两类知识获得的心理过程，在头脑中的表征、保持激活的特点都有很大的不同。陈述性知识即“描述性知识”，是用于回答“是什么”和“为什么”的知识，表现为一系列的概念命题、法则、定理和理论等。它是作为事实回忆之基础的知识，主要以命题（命题网络）或表象的形式在大脑中表征。程序性知识则是用于回答“怎么做”的知识，常表现为某种操作程序。Anderson（2004）的思维适应性控制理论提出几乎所有的学习都是从陈述性知识开始的，陈述性知识通过三个阶段转换为程序性知识：陈述性阶段、知识编辑阶段和调整产出式阶段。在陈述性阶段，学习者学得陈述性知识，并在遇到问题的过程中不断依靠它解决问题。在知识编辑阶段，陈述性知识通过实际运用转换成不甚稳固的暂时性的程序化知识。在调整产出式阶段，学习者通过类化（generalization）、分辨和强化来不断调整、强化已经获得的暂时性程序化知识，从而更有效地解决问题。练习在陈述性知识程序化的过程中是必不可少的环节，在解决问题的过程中，学习者对陈述性知识的依赖程度逐步减少。

语言学习过程中的练习一类基于语言输入，另一类基于语言输出。de Bot（1996）认为，与纯粹的输入接收相比，输出可以为语言学习者带来更大的好处，因为输出以目标语的提取为前提，这可以刺激大脑中的记忆连接，而对于目标语与非目标语之间差异的意识能够引起现有语言知识的重新调整。具体地说，当教师通过形式协商要求学习者调整有语病的输出时，学习者就会自觉地把纠错提示与陈述性知识连接起来，积极从长时记忆储存库里提取相关知识，分析并调整第一次输出的话语，使第二次输出的话语能严格遵循已内化的语言规则和知识。经过数次反复提取，陈述性知识逐渐地实现程序化，最终使语言输出变得更加准确和快捷。相反，以显性纠错和重铸为代表的教师纠错则不鼓励学习者主动进行陈述性知识的提取，在缺乏动力的情况下，学习者仅仅扮演一个被动接收者的角色，教师纠错性的输入未必总能唤起学习者的充分注意，有时甚至不一定被学习者所理解。（郑佩芸，2007）

（三）保持课堂互动

Long（1983）的“互动假设”认为，二语习得是学习者与其他讲话人——特别是语言水平比自己高的人互动的结果。双向交际比单向交际更有利于语言习得，因为在双向交际中，当一方无法理解另一方时，会有机会告知对方，这将促使双方进行协商和交互调整，对可能出现的理解问题进行调整和修正，从而提高语言输入的可理解性。具体来说，在交际过程中，为了避免可能产生的不理解或误解，双方相互沟通，信息输入方对不解之处提出疑问，信息输出方则对自己的信息表达形式不断地进行修正，以达到交际顺利进行的目的。

互动假设可以用来判断不同纠错方式在二语习得中所起的作用，直接纠错和间接修正使学习者丧失了自我调整输出的机会，便无法产生互动效应；而形式协商则能在师生互动中突出需要纠正的错误。（郑佩芸，2007）例子如图 14－4 所示。

T：Daniel is preparing a home party this Saturday night，do you know why?

↓

S：Because of his excellent performance，the boss rose his salary.

↓

Error correction types	Explicit correction	Recast	Metalinguistic clues	Repetition	Elicitation	Clarification
Possible response	T:No, raised his salary.	T: raised his salary.	T: Transitive verb.	T: rose his salary?	T:the boss...	T:Pardon me. What did the boss do?
Further interaction	/	/	S:Oh, raised his salary.	S: Um, raised his salary.	S:Raised his salary.	A:Oh, raised his salary.

图 14－4　不同纠错方式的互动模式

注：图中 T 指 Teacher，S 指 Student.

图 14－4 中的“提问—回答—反馈”话步模式在课堂会话中非常典型，我们可以发现，显性纠错与重铸虽然起到了反馈的评价作用，但却都中断了交流；而同属形式协商的四种纠错反馈方式则让学生进行自我纠错，因此能保持互动，使得“教学干预与学习者的语言学习加工融为不可分割的一体”（Doughty，2001：227）。

五、结 语

从我国的外语课堂教学来看，受教学条件、师资力量等的限制，课堂中真实、有意义的言语互动活动非常贫乏，学习者的语言输出大多是回答教师提出的问题或者进行模式化的、脱离语言情境的练习。与之相应，来自教师的反馈大多是直接的对错判断或错误更正（即显性纠错或重铸）。在此背景下，“形式协商”的探讨与应用就具有极其重要的现实意义。需要明确的是，言语互动或协商本身并不意味着语言学习的发生，它只是为语言学习搭建了一个平台或起到启动装置的作用（Gass & Selinker，2001：173 – 175）。同理，“形式协商”只是互动过程中语言学习得以发生的催化剂。需要思考的是，尽管本书尝试着从认知角度去诠释“形式协商”的工作机理，但相关认知因素到底在多大程度上制约着“形式协商”的有效性？“形式协商”作为教学干预，尽管具有策略上的优势，但其介入的最佳时机如何把握？哪些具体的“形式协商”方式更为有效？诸如此类的问题，都有待于日后作更深层次的考量。

参考文献

[1] Anderson, J. R. *The architecture of cognition* [M]. Cambridge, Massachusetts: Harvard University Press, 1983.

[2] Anderson, J. R. *Cognitive psychology and its implications* (*6th edition*) [M]. New York: Worth Publishers, 2004.

[3] Bowers, K. On being unconsciously influenced and informed [A]//Bowers, K., Meichenbaum, D. *The Unconscious Reconsidered* [C]. New York: Wiley, 1984.

[4] de Bot, K. The psycholinguistics of the output hypothesis [J]. *Language Learning*, 1996, 46: 529 – 555.

[5] Doughty, C. Cognitive underpinnings of focus on form [A]//Robinson, P., *Cognition and Second Language Instruction* [C]. Cambridge: Cambridge University Press, 2001.

[6] Ellis, R. The place of grammar instruction in the second/foreign curriculum [A]//

Hinkel, E. Fotos, S. *New Perspectives on Grammar Teaching in Second Language Classroom* [C]. Mahwah, New Jersey: Lawrence Erlbaum Associates, 2002.

[7] Garrett, M. F. Levels of processing in sentence production [A]//Butterworth, B. I. *Language Production. Vol. 1: Speech and Talk* [C]. London: Academic Press, 1980.

[8] Gass, S. *Input, Interaction and the Second Language Learner* [M]. New Jersey: Lawrence Erlbaum Associates, 1997.

[9] Gass, S., Selinker, L. *Second Language Acquisition: An Introductory Course* [M]. Machwah, New Jersey: Lawrence Erlbaum Associates, 2001.

[10] Kihlstrom, J. Conscious, subconscious, unconscious: A cognitive perspective [A]//Bowers, K., Meichenbaum, D. *The Unconscious Reconsidered* [C]. New York: Wiley, 1984.

[11] Krashen, S. D. *Second Language Acquisition and Second Language Learning* [M]. Oxford: Pergamon Press, 1981.

[12] Levelt, W. J. M. *Speaking: From Intention to Articulation* [M]. Cambridge, Massachusetts: MIT Press, 1989.

[13] Long, M. H. Native speaker/non-native speaker conversation and the negotiation of comprehensible input [J]. *Applied Linguistics*, 1983, 4: 126 – 141.

[14] Long, M. Focus on form: A design feature in language teaching methodology [A]//de Bot, K., Ginsberg, R., Kramsch, C. *Foreign Language Research in Cross-cultural Perspectives* [C]. Amsterdam: Benjamins, 1991.

[15] Lyster, R. Negotiation in immersion teacher-student interaction [J]. *International Journal of Educational Research*, 2002, 37: 237 – 253.

[16] Lyster, R., Ranta, L. Corrective feedback and learner uptake: Negotiation of form in communicative classrooms [J]. *Studies in Second Language Acquisition*, 1997, 19: 37 – 66.

[17] Pica, T. Research on negotiation: What does it reveal about second-language learning conditions, processes and outcomes? [J]. *Language Learning*, 1994, 44: 493 – 527.

[18] Robinson, P. Attention and memory in SLA [A]//Doughty, C., Long,

M. H. *The Handbook of Second Language Acquisition* [C]. Oxford: Blackwell, 2003.

[19] Schmidt, R. Deconstructing consciousness in search of useful definitions for applied linguistics [J]. *AILA Review*, 1994, 11(1): 11–26.

[20] Skehan, P. *A Cognitive Approach to Language Learning* [M]. Oxford: Oxford University Press, 1998.

[21] Swain, M. Communicative competence: Some roles of comprehensible input and comprehensible output in its development [A]//Gass, S. M., Madden, C. G. *Input in Second Language Acquisition* [C]. Rowley, Massachusetts: Newbury House Publishers, 1985: 235–253.

[22] Swain, M. The output hypothesis: Just speaking and writing aren't enough [J]. *The Canadian Modern Language Review*, 1993, 50: 158–164.

[23] Swain, M. Three functions of output in second language learning [A]//Cook, G., Seidlehofer, B. *Principles and Practice in Applied Linguistics* [C]. Oxford: Oxford University Press, 1995.

[24] Swain, M., Lapkin, S. Problems in output and the cognitive processes they generate: A step towards second language learning [J]. *Applied Linguistics*, 1995, 16: 371–391.

[25] VanPatten, B. *Input Processing and Grammar Instruction in Second Language Acquisition* [M]. Norwood, New Jersey: Ablex, 1996.

[26] 葛现茹.“形式焦点”式语言教学：形式与意义的整合 [J]. 重庆文理学院学报，2009（7）：132－136.

[27] 林琼. 聚焦形式教学引论 [M]. 合肥：安徽大学出版社，2010.

[28] 转引自王荣英. 大学英语输出教学论 [M]. 上海：上海交通大学出版社，2008.

[29] 杨烈祥. 外显语法指导的认知宏处理和微处理模式综述 [J]. 外语教学理论与实践，2008（2）：68－71.

[30] 郑佩芸. 形式协商的多视角研究和思考 [J]. 外语界，2007（5）：76－82.

附　录：重要术语说明

Second language（二语）、Foreign language（外语）：从语言学习者的角度来看，“二语”指某种不同于其本族语的语言，在学习者身处的环境中被作为交际媒介而普遍使用；“外语”则指作为学校课程所教的非本族语，一般仅在特定场合使用（如课堂）。广义层面上，语言学家对“二语”和“外语”不作区分，均指有别于“第一语言”（即母语）的任何一种语言。

Acquisition（习得）、Learning（学得）：狭义上说，“习得”不同于“学习”。“习得”指无意识地构建语言体系获得语言能力的方式。习得者将注意力放在语言所传递的信息上而非其载体语言的形式上，通过自然的、无意识的方式用目的语交流，语言能力随之提高。这一过程类似于儿童母语能力发展的过程。“学得”指通过听教师讲解语言现象和语法规则，并辅之以有意识的练习、记忆等活动，达到对所学语言的了解和对其语法概念的“掌握”。“习得”的结果是潜意识的语言能力，而“学得”的结果是对语言结构有意识的掌握。广义上，“习得”包括“学得”，泛指逐步掌握某种语言的过程。

Input（输入）、Intake（吸收）：“输入”指在语言学习中学习者接收到（包括听到和读到）的并能作为其学习对象的语言材料。“吸收”是将“输入”转化为学习者内部语法的心智活动，是学习者对语言输入中的信息进行整合的尝试。“吸收”是选择性过程，并不是所有被理解的输入都能够成为语言吸收。

Grammar（语法）、Form（语言形式）：从狭义上讲，语言形式主要是指描述语言特征的语法规则；从广义上讲，语言形式是指构成复杂的语言系统的各个层面和组成部分（如语音、词汇、语篇衔接、语用标记等）以及描述这些组成部分的运用和分布的语言规则（如搭配、主谓一致、时体等）。

Focus-on-forms（纯形式教学）、Focus-on-form（聚焦形式教学）：这对名词极为相似，区别仅在于前者的 form 后面加了复数后缀-s，但两者的内涵、意义却极为不同。根据 Long（1991）的研究，“纯形式教学”指的是一种以语法结构为教学中心的教学方法，它的课程设计往往是围绕语法点的难易顺序进行安排的，主要特点是脱离语境和交际活动，孤立地讲授语法形式；它是以单个语法项目逐步积累为课程设计主要组织原则、依据结构主义合成式（synthetic）教学大纲的传统语法教学模式。而“聚焦形式教学”则指在二语课堂互动环境下，教师或学生启动的针对语言错误的任何计划性或偶发性的教学策略，旨在使学习者在关注语言意义的同时关注语言形式。

Meaning negotiation（意义协商）、Form negotiation（形式协商）：“意义协商”是指会话者因话语中有意义不明的或超出其理解范围的词而进行的询问—修改（或核查）—肯定的过程。输出假说提出后，相关研究转向验证协商在引起形式注意和改进输出方面的作用。沿着这一思路 Lyster 和 Ranta（1997）首次区别了“意义协商”和“形式协商”，指出“形式协商”并非因意义理解障碍而是因学生话语中的形式错误而发生，但教师不直接纠错而是“协商式”地（如请求澄清、疑问式的重复）引起学生注意或帮助其自我纠正，因此有时“形式协商”被称为“提示性反馈”（prompt）。

后 记

本书为广东省哲学社会科学“十一五”规划2010年度青年项目“‘形式协商’视角下的高校英语输出型教学”（编号：GD10YWW01）的研究成果之一，自2010年12月6日获准立项，倏忽间已过三载多光阴。在此期间，作为身处第一线的教育工作者，备课、教书、批阅作业、组织参加教学活动依然是我生活的主要内容，只是由于有了课题，“忙里偷闲”四字也就基本和自己无缘了，有的只是如何忙里“挤”时间去阅读、思考，这是广大从事课题研究的教师的共同感受，其中甘苦，各各心知。也正是在“教学”和“科研”的双重压力下，才会对“教学相长”一语有着更为切肤的理解。

当前的外语教学研究，越来越呈现出多元化的态势。不可否认，这其中存在着概念笼统、界限不明、特征模糊等一系列问题，但我认为不必为此担忧，因为外语教学法本身就是一门具有宽厚包容特征的学科，正是这一特征使得它在内涵和外延上不断得到扩充和更新，使得该学科始终充满生机活力。同时这门学科又是一项群策群力的系统工程，大批的研究者、教师、学者投身其中，对当前的外语教学进行了广泛而深入的理论探讨和现实问题分析，并将自己的研究成果公之于世，不吝分享，从而推动这一学科与时俱进，不断发展。本书是对前人相关研究成果的汇编、总结和反思，各章节的编写或参考或摘录了相关研究者的论著，具体如下：第一章：李春侠2001，韩新民2003，王荣英2008；第二章：王荣英2008，卢仁顺2002；第三章：王荣英2008；第四章：刘儒德2010，王荣英2008，王改燕2007；第五章：王荣英2008，林琼2010；第六章：张戈、王明利2008，王荣英2008；第七章：束定芳、庄智象2008，刘学惠、钱薇薇2007，王荣英2008，林琼2010；第八章：王荣英2008，王初明2008；第九章：束定芳、庄智象2008，骆爱凤、叶张煌2005；第十章：戴炜栋、蔡龙权2001，宋华玲2006，刘春艳2009；第十一章：韩新民2003，第十二章：林琼2010，林梅、刘学惠2008；第十三章：束

定芳、庄智象2008，林琼2010；第十四章：郑佩芸2007

对于上述的各位学者，特别是王初明教授、王荣英教授和林琼教授，本书作者谨致以最诚挚的敬意和谢意。

感谢汕头大学文学院副院长李杰教授，他始终关心我的研究进度，不吝赐教，并在百忙之中为本书作序，其奖掖后进的宽广胸襟让人感动。

感谢广东省哲学社会科学“十一五”规划青年项目的资助。

感谢本课题立项和结项评审专家。

感谢汕头大学的出版资助。

感谢暨南大学出版社人文社科分社社长杜小陆先生和编辑刘晶女士。

感谢在本人研究过程中给予热忱关怀和帮助的单位领导、同事及家人。